스마트
미디어의
이해

스마트미디어의 이해

1판 1쇄 인쇄 2014년 3월 20일
1판 1쇄 발행 2014년 3월 25일

지은이 스마트미디어연구포럼 **펴낸이** 박혜숙 **펴낸곳** 미래M&B
책임편집 황인석 **디자인** 이정하
영업관리 장동환, 이도영, 김대성, 김하연
등록 1993년 1월 8일(제10-772호) **주소** 서울시 마포구 서교동 464-41 미진빌딩 2층
전화 02-562-1800(대표) **팩스** 02-562-1885(대표)
전자우편 mirae@miraemnb.com **홈페이지** www.miraeinbooks.com

ISBN 978-89-8394-762-8 93330

값 20,000원

*잘못 만들어진 책은 바꾸어 드립니다.
*미래인은 미래M&B가 만든 단행본 브랜드입니다

스마트폰과 스마트TV에서 정보격차와 공유경제까지
스마트미디어를 둘러싼 핵심 이슈들을 정리한 입문서

스마트 미디어의 이해

스마트미디어연구포럼 지음

고삼석(중앙대) 고영삼(한국정보화진흥원) 권호영(한국콘텐츠진흥원) 김성민(한국전자통신연구원) 배상률(한국청소년정책연구원) 성은모(한국청소년정책연구원) 송민정(KT경제경영연구소) 이상호(경성대) 이창호(한국청소년정책연구원) 정승안(동명대) 정의철(상지대) 최두진(한국정보화진흥원) 허윤정(동국대) 황유선(중부대)

미래인

저자 서문

스마트폰이나 스마트TV, 스마트PC 등 최근 우리 사회의 화두는 단연 스마트미디어이다. 미래창조과학부에 따르면, 2013년 10월 현재 국내 스마트폰 가입자 수는 3,700만여 명에 이르고 태블릿PC 가입자 수는 67만여 명에 달하고 있다. 즉 국민 10명 중 7명은 스마트폰을 가지고 있을 정도로 최근 몇 년간 스마트미디어는 우리 생활의 중요한 부분을 차지했다. 지하철이나 버스 등 대중교통수단을 이용하면 많은 사람들이 스마트기기를 들여다보고 있는 모습을 관찰하는 것도 이제 일상이 되어버렸다.

사회학자 김문조(2012)는 2010년 이후 정보사회론 3.0으로 지칭할 수 있는 스마트사회론이 등장하고 있다고 주장한다. 그에 따르면, 1960년대부터 1980년대까지는 탈산업사회론이 지배했고 인터넷이 확산된 1990년대와 2000년대는 연결망사회론이 부각되었다. 2010년 스마트기기의 출현과 확산에 따른 스마트화는 기존의 소통방식과 구별되는 새로운 소통방식을 낳았다. 즉 언제 어디서든지 자유롭게 대화할 수 있는 소통환경이 출현하고 소통 당사자들의 사회성이나 주관성이 중시되는 시대가 출현하고 있다는 것이다. 바야흐로 인간사회에서 일어나고 있는 모든 것들이 스마트기기로 연결된 시대가 온 것이다. 많은 사람들이 스마트기기를 통해 정보를 얻고 타인과 교류하고 있다.

이처럼 스마트기기가 우리 사회에 많은 영향을 미치고 있지만 스마트미디어의 특성이나 스마트미디어가 일상생활에 미친 긍정적, 부정적 영향을 다룬 책은 좀처럼 찾아보기 힘들다.

이 책은 대학교수뿐 아니라 한국청소년정책연구원, 한국정보화진흥원, 한국콘텐츠진흥원 등 정부 출연 연구기관에 근무하는 연구원들이 함께 모여 스마트미디어에 대한 이해를 돕고자 출간하였다. 따라서, 독자들은 스마트미디어의 개념에서부터 스마트미디어가 일상생활에 미친 영향, 스마트미디어로 인한 역기능, 스마트미디어를 둘러싼 이슈와 쟁점 등 스마트미디어에 대한 포괄적 이해를 도모할 수 있다.

각 장의 주요 내용에 대한 소개는 아래와 같다.

먼저 1장(황유선)은 기술적 관점, 산업적 관점, 일상 관점에서 스마트미디어의 개념에 접근하고 있다. 스마트미디어는 기존의 디지털 융합보다 확장된 차원의 융합을 통해서 보다 세부적인 개인화를 이루어내고 있을 뿐 아니라 인간 삶과의 긴밀한 밀착을 구현해내고 있다고 저자는 주장한다.

2장(이창호)은 스마트폰이 가져온 일상의 변화와 스마트사회의 특징을 잘 묘사하고 있다. 또한 스마트폰 확산에 따른 문제점도 지적하고 있다. 아울러, 건전한 스마트폰 사용을 위한 몇 가지 방안을 제시하고 있다. 특히 저자는 디지털세대인 청소년들이 스마트폰을 잘 활용해 그들의 사회적 자본을 높이고 교육적 효과를 달성할 수 있도록 건전하고 안전한 스마트폰 사용에 대한 교육이 강화되어야 한다고 주장한다.

3장(김성민)은 스마트TV가 우리의 일상생활에 미친 영향에 대해 논의하고 있다. 특히 스마트TV를 구매해서 이용하고 있는 사람들에 대한 조사를 바탕으로 이 집단들의 특성을 잘 보여주고 있다. 제조사들의 적극적인 마케팅으로 스마트TV 판매 대수는 증가하고 있으나 실제로 스마트TV 서비스 이용은 활성화되지 못하고 있는 것으로 평가되고 있다. 저자는 스마트TV의 진화는 국내외 다양한 사업자들의 기술 개발과 서비스 개발에 따라, 그리고 사회에서의 수용에 따라 달라질 것이므로 예측하는 것이 쉽지는 않으나 국내에서 개발되고 있는 스마트TV 2.0 기술을 통해 대략의 방향성을 가늠해볼 수 있을 것이라고 주장한다.

4장(배상률)은 태블릿PC가 일상생활에 미친 영향과 확산 배경을 다루고 있다. 특히 구체적 경험 사례를 제시하면서 태블릿PC가 이용자들의 일상을 어떻게 지배하고 있는지 묘사하고 있다. 아울러, 태블릿PC에 대한 국내외 연구 동향을 정리하고 태블릿PC가 교육이나 신문 등에 미친 영향에 대해서도 상세히 서술하고 있다.

5장(정의철)은 인터넷과 SNS에 기반한 스마트미디어 시대의 의미와 이 기술이 우리의 일상과 정치참여에 어떠한 변화를 주고 있는지를 문헌 연구와 설문 및 인터뷰 조사를 병행해 탐색하고 있다. 특히 21명의 여성을 대상으로 한 스마트미디어 이용패턴에 대한 조사를 소개해 눈길을 끈다. 저자는 스마트미디어의 긍정적 기여를 강화하기 위한 대책과 함께, 청소년이나 젊은 층의 인터넷·스마트폰 의존과 중독, 이로 인한 사회관계에 미치는 부정적인 영향에 대한 대안도 마련되어야 한다고 주장한다.

6장(송민정)은 'N-스크린' 개념 및 등장 배경에 대해 자세하게 소개하고 있다. N-스크린 서비스는 네트워크에 초점이 맞추어져 있는 것이 아니라 네트워크를 기반으로 TV, PC, 휴대폰 등 다양한 단말기 간에 콘텐츠가 끊김 없이 연계될 수 있도록 함으로써 PC와 TV, 폰 내지 태블릿이 하나의 스크린인 것처럼 편리하게 활용될 수 있도록 하는 것을 의미한다. 저자는 N-스크린의 특징들을 재점검하여 2.0으로 도약할 수 있는 전략 방향으로 소셜 앱과 클라우드 앱을 고도화하는 것, 클라우드 인프라를 백엔드화시키는 것, 그리고 클라우드 기반에서 콘텐츠 장르를 확대해나가는 것을 제시하고 있다.

7장(권호영)은 스마트폰과 스마트TV의 등장으로 인한 미디어산업의 변화를 정리하고 있다. 저자는 스마트미디어 시장의 특징으로 앱 시장의 성장, 소셜네트워크서비스 확산과 수익모델, N-스크린과 클라우드 서비스, 생태계 구축 등을 제시하고 있다. 아울러 그는 스마트미디어 시장의 변화와 관련해 모바일 동영상 서비스 시장의 지속적 성장과 스마트미디어의 확산과 디지털 유료방송의 확산으로 인한 채널의 의미 약화와 개별 프로그램의 의미 강화를 예상한다.

8장(최두진)은 스마트혁명과 함께 등장한 '공유경제'의 개념과 비즈니스 모델에 대해 자세히 다룬다. 공유경제는 SNS나 인터넷 사이트 등 온라인 플랫폼을 기반으로 공유하고자 하는 자원을 보유하고 있는 대여자(소유자)와 이용자 간에 직거래 형태로 이뤄지는 비즈니스 모델에 기반을 두고 있다. 이 장에서는 이러한 공유경제를 기반으로 한 국내외 운영 사례도 풍부하게 제시하고 있다.

9장(허윤정)은 스마트기기를 활용한 모바일게임의 도입 과정과 확산 배경에 대해 자세하게 다루고 있다. 특히 저자는 최근 1년간의 한국 모바일 게임 시장을 'SNGSocial Network Game 시대'라는 단어로 설명할 수 있다며 스마트폰의 보급으로 SNS를 일상에서 떼어놓을 수 없게 된 지금, 소셜네트워크게임 역시 피할 수 없을 정도로 밀접하게 우리 생활 속에 자리 잡았다고 주장한다.

10장(성은모)은 스마트미디어가 갖는 매체적 특성을 바탕으로 스마트미디어의 교육적 활용 가능성을 제시하고 있다. 저자는 스마트교육이 단순한 스마트미디어를 활용한 교육이 아니라 스마트미디어가 가지고 있는 매체의 속성과 특성을 기반으로 교수학습 내용, 교수학습 자료, 교수학습 방법, 그리고 교수학습 환경 등을 보다 다양하게 구축하여 학습자의 수준과 맥락에 부합하는 개별화 또는 맞춤형 교육을 가능하게 하는 교육 지원체제라고 주장한다. 저자는 또한 스마트미디어를 활용한 다양한 교육 사례를 풍부하게 제시하고 있다.

11장(고삼석)은 스마트기기의 이용과 확산에 따라 나타나는 정보격차 문제를 조명하고 있다. 스마트 모바일 사회에서는 네트워크에 접속함으로써 사회적·정치적·경제적 참여가 가능할 뿐만 아니라, 접속을 통해서 스마트 모바일 사회가 제공하는 다양한 기회와 혜택을 누릴 수 있게 된다. 따라서, 네트워크에 대한 접속으로부터 배제된다는 것은 개개인의 욕구 충족과 삶의 질 측면에서 격차와 불균형을 초래하는 것이 되므로 스마트 시대를 맞아 보다 체계적이고 종합적인 정보격차 해소정책이 필요하다.

12장(고영삼)은 스마트미디어가 초래한 역기능 중 하나인 스마트폰중독에 대해 다루고 있다. 특히 기존의 인터넷중독과 다른 스마트폰중독의 특성을 자세하게 소개하고 있다. 아울러, 한국정보화진흥원의 자료를 활용하여 스마트폰중독의 실태를 서술하고 있다. 또한 스마트폰중독을 예방하기 위한 구체적인 방안도 제시한다.

13장(이상호)은 인터넷과 TV를 기반으로 한 스마트미디어의 쟁점 이슈를 다루면서 PC/TV로 제공되는 스마트TV와 OTT Over the Top를 IPTV와 구분하여 세밀하게 비교하고 있다. 아울러, 스마트폰으로 제공되는 방송사업자의 모바일 IPTV 서비스를 비교하고 관련 이슈를 논의한다.

14장(정승안)은 스마트미디어 시대에 초래되고 있는 '프라이버시' 침해의 다양한 양상과 해결 방향에 대해서 살펴보고 있다. 저자는 사생활 정보의 유출과 불법 정보 수집, 해킹이나 스팸메일 등 불법적 행위 사례들은 정보를 이용하고 관리하는 사람들의 윤리의식 확립을 진지하게 요청한다면서 열린 공간에서의 책임감과 더불어 타인에 대한 '존중'과 '배려'가 스마트 시대에 필수적인 정보윤리라고 주장한다.

이같이 이 책의 저자들은 스마트미디어가 사회에 미친 영향과 스마트미디어가 초래하는 여러 문제점들, 스마트미디어산업의 구조와 전망 등에 대해 풍부한 정보를 제공하고 있다. 따라서, 독자들은 이 책을 통해 스마트미디어의 문화적 · 산업적 · 사회적 영향에 대한 충분한 이해를 가질 수 있을 것이라 기대된다.

새로운 책을 기획하고 출판하는 과정에서 많은 분들의 도움이 있었다. 책의 출판에 지속적인 관심을 갖고 후원해준 미래인 출판사 김준묵 대표, 그리고 필자들의 원고를 멋진 책으로 엮어준 황인석 편집장과 편집진 모두에게 감사드린다.

2014년 2월 저자 일동

저자서문 5

CHAP01 | 스마트미디어란 무엇인가 | 황유선 |

스마트미디어에 대한 기존의 관점 23 스마트미디어의 개념에 다가가기 28 관점에 따른 스마트미디어에 대한 이해 32

CHAP02 | 스마트폰과 일상생활 | 이창호 |

스마트폰이 가져온 일상의 풍경 44 스마트사회의 출현 46 스마트폰 이용동기 및 목적 49 스마트폰 확산에 따른 문제와 대책 52 건전한 스마트폰 활용을 위한 방안 57

CHAP03 | 스마트TV와 일상생활 | 김성민 |

방송서비스 이용행태의 변화 65 스마트TV 보급 현황 및 전망 68 미디어 이용행태 변화 및 스마트TV 수용도 조사결과 분석 71 스마트TV 확산의 장애 요인들 79 스마트TV 2.0으로의 진화와 일상의 변화 81

CHAP04 | 태블릿PC와 일상생활 | 배상률 |

태블릿PC의 특징과 활용 93 태블릿PC, 종이신문의 대안모델인가? 103

CHAP05 | 스마트미디어시대와 SNS | 정의철 |

왜 스마트미디어시대인가? 112 참여와 네트워킹인가, 고립과 중독인가? 114 스마트폰 이용 패턴과 영향에 관한 조사 119 결론과 제언 132

CHAP06 | 스마트미디어와 N-스크린 | 송민정 |

N-스크린 개념 및 초기의 등장배경 140 스마트TV 출시로 경험한 N-스크린 서비스의 한계 144 우리나라의 사례로 본 N-스크린 현주소 150 세컨드스크린, 클라우드에서 시작되는 N-스크린 2.0 157 N-스크린 서비스 도약의 선결 조건 162

CHAP07 | 스마트미디어산업 | 권호영 |

스마트폰의 등장으로 인한 미디어산업의 변화 172 스마트TV로 인한 비디오 시장의 경쟁구도 변화 177 스마트미디어 시장에서 경쟁과 변화 방향 184

CHAP08 | 스마트미디어와 공유경제 | 최두진 |

공유경제의 비즈니스 모델 204 공유경제 기업의 국내외 운영 사례 207 공유경제의 전망과 과제 224

CHAP09 | 스마트미디어와 게임 | 허윤정 |

모바일게임이 도대체 뭐야? 233 모바일게임이 언제부터 시작되었지? 236 요즘 모바일게임, 얼마나 해? 242 모바일게임은 앞으로 어떻게 될까? 246

CHAP10 | 스마트미디어의 교육적 활용 가능성 | 성은모 |

스마트미디어의 특성과 교육적 가능성 256 스마트미디어를 활용한 스마트교육의 특성 264 스마트미디어를 활용한 교육 사례 268 스마트미디어를 활용한 교육혁명을 기대하며 275

CHAP11 | 스마트미디어와 정보격차 | 고삼석 |

정보격차 개념과 유형 282 스마트폰 이용과 정보격차 현황 289 스마트 모바일 환경에서 정보격차 해소와 정보사회통합 정책 294

CHAP12 | 스마트한 사람들, 스마트폰중독에 빠져들다 | 고영삼 |

스마트폰중독, 과연 있기나 한 것인가? 305 스마트폰중독 경향성, 왜 나쁜가? 312 스마트폰중독의 실태 316 스마트폰중독자를 어떻게 판단하는가? 320 스마트폰중독의 미래 322 어떻게 사용하면 중독을 예방할 수 있나? 324

CHAP13 | 스마트미디어를 둘러싼 이슈 | 이상호 |

스마트미디어 이슈에 관한 문제제기 332 인터넷과 TV 기반 스마트 미디어의 쟁점 이슈 334 스마트폰 기반 스마트미디어의 쟁점 이슈 346 스마트미디어산업의 향후 과제 355

CHAP14 | 스마트시대와 프라이버시 | 정승안 |

스마트사회의 도래와 모바일의 일상화 362 사이버스페이스의 등장과 익명성 365 스마트미디어와 프라이버시 침해 369 스마트미디어와 프라이버시 그리고 민주주의 376 배려의 사회화와 공공성의 윤리를 위하여 381

참고문헌 385
저자소개 405

CHAP 01

스마트미디어란 무엇인가

융합 미디어로서 스마트미디어는 분명 방송과 통신의 결합 차원에서 더 나아갔다. 스마트미디어는 기존의 디지털 융합보다 확장된 차원의 융합을 통해서 보다 세부적인 개인화를 이루어내고 있을 뿐 아니라 인간 삶과의 긴밀한 밀착을 구현해내고 있다. 디바이스의 크기는 더 작아졌음에도 불구하고 매개하는 서비스 및 플랫폼의 범위와 종류는 더 확대되었다. 그러한 의미에서, 스마트미디어는 오락과 정보의 활용, 혁신, 확장이 가능하며 이용자의 개성을 드러내는 인터랙티브한 복합 미디어라고 이해할 수 있다.

우리는 언제부터인가 애플 사의 아이폰 혹은 삼성의 갤럭시폰을 스마트폰이라고 칭하고 있다. 그리고 스마트미디어가 우리 삶과 일의 방식을 바꾸어놓았다고 인식한다. 우리 주변에는 스마트미디어 이용자들이 넘쳐난다. 스마트폰, 태블릿PC를 손에 들고 열심히 방송을 시청하거나 연신 사진을 찍어대며 자신의 SNS에 게시하는 모습을 발견하는 것은 전혀 어색하지 않다. 전자업체 또한 화질 경쟁뿐 아니라 다양한 기능이 탑재된 스마트TV 출시 경쟁으로 서로 서열을 다투고 있는 상황이다. 통계적으로도 스마트미디어를 이용하는 사람들이 늘고 있는 것으로 드러난다.

불과 얼마 전 소셜미디어가 사회적 화두가 되었을 때, 이를 모르고는 현대의 문화를 누리지 못하는 것인 양 떠들썩했고, 학자나 언론인이 아닌 일반인들 사이에서도 보편화된 용어이자 누구라도 쉽게 접근할 수 있는 미디어였다. 하지만 소셜미디어에 대한 정의는 명쾌하게 내려지지 않았고, 막상 소셜미디어가 무엇인지에 대해서 자신 있게 한마디로 정의할 수 있는 사람들도 그리 많지 않았던 것이 사실이다. 이렇게 소셜미디어의 개념이 모호했던 것은 이것이 단지 TV나 라디오 같은 특정 미디어를 지칭하는 개념이 아니라 페이스북Facebook이나 트위터Twitter와 같은 SNS, 동영상 콘텐츠를 유통하는 유튜브YouTube 혹은 사진 콘텐츠가 소개되는 플리커Flickr 등의 콘텐츠 커뮤니티, 그리고 '나꼼수'로 유명세를 탄 팟캐스트Podcast 등을 포함하여 다양한 유형의 참여적인 상호작용 미디어를 통칭하는 개념이었기 때문이라고 할 수 있다(황유선, 2012).

그렇다면 현재 사회적으로 화두가 되고 있는 스마트미디어는 그 정의가 명쾌하게 내려지고 있을까? 특히나 영어로 똑똑하다는 의미를 갖는 '스마트smart'라는 표현이 무엇을 의미하는지에 대해 매우 다양하고도 광범위한 해석이 이루어지고 있는 것이 사실이다. 대개는 전화기로 통화나 인터넷 또는 SNS를 할 수 있을 뿐 아니라 텔레비전도 시청 가능한, 이른바 세련되고 편리해진 최첨단 테크놀로지가 탑재된 고가의 기계를 스마트미디어라고 지칭하는 경우가 많다. 일반적으로 소프트웨어나 하드웨어의 정보 처리능력이 지금까지와는 다른 발전된 차원을 보유하고 있다는 점에서 스마트하다는 정의가 내려지기도 한다(박준우 · 유금, 2012). 최근의 '스마트'라는 용어는 구체적으로 스마트폰, 스마트TV 등 미디어에 사용되고 있다. 즉, 스마트미디어는 보편적으로 네트워크에 연계될 수 있는 다양한 커넥티드 디바이스connected device를 기반으로 하는 서비스라고 이해되고 있다(김도훈, 2012). 미디어 연구자들 역시 스마트미디어가 일정한 속성을 가졌다고 간주하고는 있지만 실상은 기기를 통해 누릴 수 있는 서비스에 집중하는 경향이 드러난다(심미선 외, 2012b). 따라서 '스마트'라는 단어와 결합된 휴대전화나 TV 같은 미디어 서비스는 기존 서비스와 다른 각도에서 그 특성을 규정할 필요가 있다(박춘우 · 유금, 2012).

이와 같이, 지금까지는 스마트폰과 같이 다기능을 수행하는 최신 기계가 스마트미디어로 이해되고 있다. 하지만 기계는 그 자체로서 미디어가 될 수 없기 때문에 스마트미디어의 정의에 대한 이러한 인식을 그대로 받아들일 수는 없다. 기계 자체보다는 우선, 기계를 통해 어떠한 성격의 시스템이 구동되고 있으며 기계를 매개로 한 프로그램들이 기존의 미디어 체계 및 수용자들의 삶 속에 어떻게 연동되는지, 산업적으로는 어떠한 지각 변동을 유발하는지, 그리고 인간의 삶에 미치는 영향은 무엇인지 등을 바탕으로 스마트미디어를 규정해야 할 것이다.

스마트미디어에 대한 기존의 관점

지식경제부는 스마트폰이 보급되고 있던 지난 2011년, 스마트기기를 통해 표현되고 사용자와 상호작용이 가능하며 시공간의 제약이 없는 융복합 콘텐츠 서비스를 스마트미디어라고 규정한 바 있다.[1] 이는 텍스트나 이미지, 비디오, 그래픽, 그리고 오디오 콘텐츠 등이 이전에 비해 유연하게 운영되고 상호소통 과정이 보다 수월하게 이루어질 수 있는 장으로서 스마트미디어에 대한 인식적 특성을 고스란히 드러내는 관점이다. 그에 앞서, 스마트폰은 일반적인 PC와 같이 범용 운영체제OS를 탑재함으로써 다양한 애플리케이션application을 설치하고 동작시키며 발전된 기능을 선보일 수 있는 초소형의 휴대용 컴퓨터(방송통신위원회 · 한국인터넷진흥원, 2010)라고 정의되었다. 휴대전화, TV, 게임 콘솔 등의 고유 미디어에 컴퓨터와 같은 개방형 운영체제 및 인터넷 연결 기능이 포함됨으로써 미디어 및 통신기기 간 융합이 가능해진 스마트폰, 태블릿PC, 스마트TV 등의 미디어를 총칭하는 개념으로 스마트미디어가 규정되기도 한다(최세경, 2012). 기기 간 융합은 방송과 통신 서비스의 융합을 의미하는데, 스마트미디어는 향상된 지능의 컴퓨터 기능이 추가되고 개방, 공유, 참여 기반의 콘텐츠를 혁신적인 인터페이스를 통해 이용할 수 있는 미디어라고 설명되기도 했다(홍진우, 2012). 이처럼 스마트미디어는 인터넷의 발전과 다채널 및 디지털 환경 이래 등장한 최신의 뉴미디어 개념으로서 기존 미디어의 특성을 모두 포함하고 있는 가장 진화된 융합 미디어라고 이해되어왔다.

하지만 융합 미디어는 이미 인터넷 환경에서도 구현되고 있었으며 융합이라는 특성만으로는 스마트미디어의 고유한 성격을 충분히 담아내기에 부족하다. 스마트미디어의 차별적 요인은 바로 애플리케이션이 탑재되어 있다는 점에서 찾을 수 있다(최민재, 2013). 애플리케이션뿐 아니라 애플리케이션이 실행되는 환경인 모바일 플랫폼이 개방되어 누구나 참여 가능하며 통신사에서 제공하는 와이파이 WIFI를 무료로 이용할 수도 있고 다양한 사회 네트워킹이 이루어지는 SNS와도 연동되는 특성이 있다(하성보 · 강승묵, 2011). 이러한 점에서 볼 때, 스마트미디어는 기존의 융합 미디어가 수행했던 기능보다 좀 더 유연한 구조로 되어 있으며 이용자들과 프로그램 사업자들에게 개방적인 시장 여건을 추구하고 있음을 확인할 수 있다.

최근의 경향에 따르면, 미디어의 스마트함이란, 지능형 서비스가 제공된다는 점을 의미한다(송진, 2011; 최세경, 2012). 인터넷을 바탕으로 이용자들의 참여와 상호작용에 관한 제약이 거의 사라지게 되었으며 지금은 다양하고 방대한 분량의 정보를 불편함 없이 수용할 수 있는 상황이다. 이러한 정보 가운데에는 가공된 정보는 물론이고 가공되지 않은 정보 역시 혼재되어 있다. 따라서 스마트미디어의 역할은 이용자에게 최적화된 지식 정보를 쉽고 빠르게 전달하는 쪽으로 발전되어왔다(윤장우, 2013). 이렇듯, 지식을 기반으로 지능화되어가는 스마트미디어의 발전 과정에서 다양한 서비스 제공도 이루어진다. 단적으로, '소셜 검색'이 바로 이러한 요구를 충족해준다.

페이스북에서 지난 2013년 선보인 그래프 검색graph search은 지식 기반의 '스마트한' 서비스를 지향하는 소셜 검색 서비스다. 그 배경은 모바일화된 디바이스가 이용자와 모든 생활 속에서 함께함으로써 이용자의 행동, 위치, 생활 패턴과 스케줄, 그리고 네트워크 관계까지를 포함한 모든 데이터를 가질 수 있게 되었다는 점이다. 따라서 이용자가 검색을 원하는 지식 관련 키워드로 인해 얻게 된 일

차원적 결과물이 아니라 이용자의 환경 분석을 토대로 가장 적절하게 제안된 검색 결과를 받아볼 수 있도록 하는 것이 소셜 검색의 기술적 특성이다. 다시 말해, 정해진 알고리즘에 기반한 검색이 아니라 공유된 정보나 소셜네트워크를 통해 연결된 사람들에 의한 의미론적semantic 검색 결과[2]를 선별해 보여주는 것이 바로 소셜 검색의 중심 개념이다. 그럼으로써 자신의 취향에 맞는 정보를 추려서 받아볼 수 있게 되는데, 이러한 검색 결과는 페이스북 공간에 참여하고 있는 가입자 10억 명과 그들이 만들어낸 2,400억 건의 사진, 1조 건의 대인 네트워크link를 기반으로 한다. 한편, 이러한 검색 프로토콜로 인해 발생되는 프라이버시 문제와 정보의 투명성 문제, 그리고 이 두 사안이 대립하고 있다는 점은 여기에서 논외로 하겠다.

|그림 1–1| 페이스북 '그래프 검색' 초기화면

특히 웹 1.0 시대로부터 웹 2.0을 거쳐 웹 3.0 시대를 맞이하는 상황에서는 지식과 네트워크를 중심으로 한 데이터와 정보를 고객화하

는 개인화 과정이 빠르게 진행되고 있다. 기계적으로 고안된 정확한 알고리즘만으로 충족되지 못하는 부분을 인간관계 내지는 집단지성의 힘으로 극복하려는 시도다. 이에 함께 고려할 수 있는 것은 스마트미디어가 빅데이터big data로의 접근을 더욱 수월하게 만들었다는 점이다. 온라인 상에서 개인의 활동이 일상화되면서 사람들의 흔적은 모두 기록으로 남게 되고 데이터 절대량이 폭발적으로 증가하고 누적된 결과물이 빅데이터다. 빅데이터는 사실상 인터넷의 출현 이후 존재해왔으나 최근 들어 소셜미디어와 스마트미디어의 등장으로 데이터의 양이 폭발적으로 증가하고 일반인들이 쉽게 빅데이터에 접근하게 되면서 유독 관심이 높아졌다.

이 과정에서 스마트미디어의 역할이 드러난다. 스마트미디어는 새로운 지능형 서비스와 가치를 창출하는 자기 최적성self-customized 환경을 제공할 수 있다(최세경, 2012). 지식 처리 관점에서 스마트미디어 서비스 변화의 큰 방향은 이용자의 상황과 미디어 소비 패턴 등 사용자 관련 지식을 이용하여 자동적으로 사용자의 의도에 최적화된 서비스를 제공하는 편리성이다(윤장우, 2013). 무엇보다도, 자기 최적성과 지식 기반의 스마트한 서비스는 다양한 소셜네트워크사이트를 기반으로 결국 이용자들 간 원활한 상호작용이 이루어짐으로써 가능하다. 더불어 지식 가치와 자기 최적성의 구현은 이용자들이 스마트미디어를 통해 생산해내는 수많은 정보를 근거로 한다. 디지털 데이터의 약 70% 정도는 이메일과 유튜브나 페이스북 등 소셜미디어를 통해 이용자들이 생성한 정보다(O'Reilly, 2011). 실제로, 소셜미디어에서 증폭되는 데이터 분량을 환산하면 "매일 500년 분량의 유튜브 동영상이 페이스북을 통해 시청"되고, "매분 700개 이상의 유튜브 동영상이 트위터에서 공유"되며, "300억 개 이상의 누적 트윗"과 "매일 2억 5천만 건 이상의 트윗"이 발생하고, "페이스북에는 매일 2억 장 이상의 사진이 업로드"되고 있다.[3] 즉, 다양한 소셜미디어가 구동되고 커뮤니케이션이 가능한 스마트미디어 상에서 개인의 경험은 대중의 신뢰와 사회적인 현상으로 확장될 수 있다. 한 예로, TV 프로그램 시청률의 경우 시청률에 의한 단순한 정량적 집계가 아니라 스마트미디어를 타고 이들의 경험이 사회적으로 어떻게 공유되고 사회적으로 실질적인 반응이 어떻게 드러나는지를 담은 정성적 데이터가 더 중요해진다. 그렇기 때문에 스마트미디어의 특징으로서 '사회적 관계성'(최세경, 2012)이 함께 대두되어왔다. 즉, 스마트하다는 것은 미디어 서비스가 수동적이지 않고 사용자와 상호작용한다는 특성 역시 포함한다(김도훈, 2012).

스마트미디어의 개념에 다가가기

스마트미디어에 대해 좀 더 면밀히 이해하고 스마트미디어의 의미를 최대한 정확히 짚어내기 위해서는 포괄적인 개념으로부터 접근해야 한다. 스마트미디어의 기술적 특성과 지식 정보의 활용 및 개인 맞춤형 서비스를 가능하게 하는 상호작용의 혁신을 기존의 미디어로부터 확장된 관점으로 살펴보아야 할 필요가 있다.

지금까지의 관점과 개념적 정의를 바탕으로 할 때, 스마트미디어는 여러 형태의 서비스와 기술적 특성 및 인간의 상호작용을 모두 관장하는 일종의 컨트롤 타워로서 위치하고 있음을 짐작할 수 있다. 이동성과 인터넷의 접근성이 보장되고 각종 애플리케이션 등이 한데 공존함으로써 보다 확장된 디지털 융합 미디어가 되었다. 특히 기존에는 이용자들이 디지털 융합의 과정에 관여할 여지가 매우 적었다. 가령, TV와 인터넷이 결합되는 것은 전자제품회사에서 만들어내는 기술 발전의 결과였다. 하지만 스마트미디어에서의 융합은 이용자 및 개발자들이 함께 이루어낸다. 이용자들은 SNS와 스마트폰을 연동시키기도 하고 방송사의 애플리케이션(e.g., Pooq, K-player 등)을 다운로드해서 스마트폰을 통해 TV 프로그램 콘텐츠를 소비하게 된다. 즉, 능동적인 융합의 결과로서 개인마다 차별화된 구성 요소를 보유할 수 있게 되는 것이다.

스마트미디어 애플리케이션의 이용 경향을 보면 이용자들이 스마트미디어를 주로 어떤 용도로 활용하고 있는지 단초를 찾을 수 있다. 애플리케이션의 종류는 게임, 날씨, SNS, 지도, 내비게이션, 음악, 뉴스, 쇼핑, 교육 등 다양하며 그만큼 각양각색의 활용 패턴이 드러난다. 기존에 인식되던 디지털 융합이 통신과 미디어 양대 서비스의 결합으로 이루어진 것이었다면, 스마트미디어를 통해 발생되는 융합은 이용자들의 삶의 반경을 한데 응축시킬 수 있을 정도의 포괄적인 융합이다. 그렇기 때문에 최근에는 스마트폰을 잠시라도 손에서 놓으면 불안해하는 사람들이 늘고 있는 실정이다. 일명 '스마트폰중독'으로 알려진 증상으로서 정상적인 일상생활을 할 수 없을 정도로 스마트폰에 지나치게 의존하는 현상이 심각한 문제로 대두되고 있다. 2013년 여성가족부에서 초·중·고생을 대상으로 실시한 조사에서는 스마트폰중독 위험군이 20% 정도에 달하는 것으로 확인되기도 했다. 스마트폰과 같은 미디어를 너무 오래 사용함으로써 안구 건조증이나, 터널 증후군, 거목 증후군 등이 동반된 이른바 '스마트미디어 증후군'이라는 신조어까지 등장하는 등 지나친 이용이 초래한 부작용도 속속 나타나고 있다. 반면, 이러한 현상이 심해진다는 것은 다양한 기능과 서비스로 무장한 스마트미디어가 사람들의 일상으로 깊숙이 파고들고 있음에 대한 방증이다.

스마트미디어는 또 이용자의 개성을 현저하게 드러내준다. 우선은 선택 디바이스에서부터 그 차이가 나타난다. 미국 애플 사의 아이폰이나 아이패드를 사용하는지, 삼성의 갤럭시폰이나 갤럭시노트를 사용하는지, 혹은 여타 브랜드의 국내 제품을 사용하는지 등에 따라 개인의 취향은 다르다고 할 수 있다. 이들 기기를 통해 사용할 수 있는 애플리케이션 및 각종 소프트웨어 프로그램에는 차이가 있으며 기기 간에 호환도 잘 되지 않는다. 그리고 개인 삶의 방식이나 문화적 취향에 따라 자주 구동하는 애플리케이션, 각종 기능 등이 상이하고 이들 기기 내 프로그램 디자인도 달라진다. 가령, 사진 찍기를 즐겨 하는 젊은 세대의 여성 이용자들이 레스토랑에서 맛있는 음식 사진을 찍고 이를 SNS에 업로드하며 지인들과 소통하는 모습은 매우 보편적이다. 구매력이 높은 30~40대 직장인들은 쇼핑몰 애플리케이션에 수시로 접속할 것이며 사회정치적 관심사가 높은 이용자들은 실시간 뉴스 애플리케이션에 의존할 것이고 음악이나 드라마 등 각종 문화적 콘텐츠를 즐기려는 이용자들도 있다. 이처럼 스마트 디바이스를 정보 습득이나 오락 활동에 사용하는 것뿐 아니라 교육 혹은 업무에 활용할 수 있는 방안도 물론 존재한다. 문서 작업이나 자료 정리 등 업무에 요긴한 애플리케이션을 구매해 사용할 수도 있고, 매일매일 업데이트되는 교육 프로그램을 구독하며 바쁜 시간을 효율적으로 절약하는 이용자들도 있다. 즉, 개인이 자주 사용하는 서비스는 그 사람이 무엇을 하며 어떤 방식으로 살아가고 있는지를 설명할 수 있다. 스마트미디어가 자기표현이나 자기과시 동기를 유발하고(양일영 · 이수영, 2011) 사회적 지위와 연관된 이용이 발생할 수 있다는 점(최민재, 2013), 그리고 애플리케이션 이용이 주요한 이용 동기가 된다는 사실(이혜인 · 배영, 2011) 등은 스마트미디어가 개성의 표출 창구가 되고 있음을 뒷받침한다.

| 그림 1-2 | 스마트미디어를 통해 맺어지는 인간관계
출처 : thefishfirm.blogspot.kr

융합 미디어로

서 스마트미디어는 분명 방송과 통신의 결합 차원에서 더 나아갔다. 스마트미디어는 기존의 디지털 융합보다 확장된 차원의 융합을 통해서 보다 세부적인 개인화를 이루어내고 있을 뿐 아니라 인간 삶과의 긴밀한 밀착을 구현해내고 있다. 디바이스의 크기는 더 작아졌음에도 불구하고 매개하는 서비스 및 플랫폼의 범위와 종류는 더 확대되었다. 그러한 의미에서, 스마트미디어는 오락과 정보의 활용, 혁신, 확장이 가능하며 이용자의 개성을 드러내는 인터랙티브한 복합 미디어라고 이해할 수 있다.

관점에 따른 스마트미디어에 대한 이해

기술적 관점에서의 이해 스마트미디어의 혁명적 발전은 그동안 지속적으로 기술적 '융합'을 추진하는 데 뒷받침이 되었던 IT의 기술적 역량이 좀 더 성숙되었기 때문이라고 할 수 있다. 또 기존 융합적 미디어의 특성에서 한 걸음 더 나아간 '똑똑한' 미디어에 대한 수용자들의 요구가 맞물려서 발전이 이루어졌다고 볼 수 있다. 스마트미디어의 융합적 특성을 보여줄 수 있는 영역은 크게 창조creation, 애그러게이터aggregator[4], 네트워크network, 디바이스device 등으로 구분할 수 있다(성대훈, 2011). 여기에서 창조 영역이란 콘텐츠를 개발하고 이를 게시하는 콘텐츠 사업자를 이른다. 애그러게이터는 애플의 앱스토어나 안드로이드 마켓 등의 플랫폼 영역이다. 네트워크는 이러한 서비스가 연결될 수 있도록 해주는 인프라로서 와이파이나 3G, LTE, 와이브로Wibro 등을 의미하며, 디바이스는 스마트폰이나 태블릿PC와 같은 기기 영역이다. 즉, 스마트미디어는 그것이 운영될 수 있도록 하는 서비스와 플랫폼, 그리고 기기 등의 개별 영역이 한데 모아짐으로써 하나가 된 복합적 개념을 나타낸다. 그러한 점에서 스마트미디어는 하나의 단말기 상에서 모든 기능을 수행할 수 있는 멀티미디어의 특성도 일부 갖는다(정부연, 2010). 지금까지는 이러한 영역의 일부, 가령 디바이스 영역인 스마트폰이나 혹은 창조 영역인 콘텐츠를 지칭하는 용어로 스마트미디어라는 표현이 사용되었으나 이는 스마트미디어의 극히 제한적인 부분만을 의미하는 것임을 상기해야 한다.

이러한 기술 혁명은 이른바 '스마트 혁명'으로 일컬어지며 다음의 다섯 가지 측면에서 발전적 변화를 불러왔다(윤장우, 2013). 첫째, 전달 미디어 측면이다. 기존 미디어는 지면이나 TV 같은 고정형 디스플레이였으나 스마트미디어는 스마트폰, 태블릿PC, 스마트TV 등의 디바이스를 이용하게 된다. 둘째, 전달 방향성 측면이다. 기존 미디어는 단방향이었으나 스마트미디어는 양방향성을 가지며 콘텐츠 제공자와 사용자가 상호적으로 데이터와 정보를 주고받는다. 셋째, 시간 의존성 측면이다. 기존 미디어는 1회성이고 시간 제약성이 있는 반면 스마트미디어는 원하는 시간에 항상 이용이 가능하다. 넷째, 공간 의존성 측면이다. 기존 미디어는 집이나 사무실에서만 가능한 공간 제약이 있었으나 스마트미디어는 모바일기기 특성상 제약이 없고 사용자 위치 기반으로 어디에든 존재가 가능하다. 다섯째, 표현성 측면이다. 스마트미디어는 동영상, 상호작용, 현실감 등이 더해지는 진보된 특징을 갖는다.

여기에 덧붙일 수 있는 것은 스마트미디어는 이용자의 개성을 최대한 존중하고 있으며 이용자의 선호나 스타일에 따라 제각각 그 용도와 모양새가 정해질 수 있다는 점이다. 예컨대, 스마트폰 이용자들은 스마트폰 애플리케이션의 조정 주체로서 이용자 개인에 초점을 두고 자신의 필요 및 관심에 따라 애플리케이션을 설치하고 이용한다(Verkasalo et al., 2009). 그럼으로써 이용자의 이용 맥락을 미리 인지하고 그에 가장 적합하도록 반응하고 변형하는 것 역시 가능하다(Storey et al., 2010).

결국, 기술적 관점에서의 스마트미디어는 전통적으로 방송과 통신이라는 상이한 기술적 결합이 만들어낸 이용의 편리성을 넘어서서 지식과 감성, 그리고 개성이 어우러지며 진화된 미디어이다.

산업적 관점에서의 이해 스마트미디어의 등장은 콘텐츠, 플랫폼, 네트워크, 단말기 사업자들이 유지해온 산업 영역과 서로 간의 가치 사슬의 관계에 변화를 주게 되었다. 스마트미디어의 등장은 Ccontents—Pplatform—Nnetwork—Tterminal 영역 간의 전방위적인 시장 변화를 초래했다(천현진 · 김동규, 2012). 이는 곧 어느 한 영역의 독보적 발전이나 어느 한 영역의 급격한 쇄락이 스마트미디어 생태계를 이루고 있는 균형 구도를 깨뜨리게 됨으로써 궁극적으로는 전체 산업의 위기를 몰고 올 수도 있음을 시사한다.

스마트미디어 산업에서 가장 두드러지는 분야는 바로 개방적 플랫폼 영역이다. 스마트미디어 생태계는 플랫폼 비즈니스의 등장과 함께라고 해도 과언이 아니다(김도훈, 2012). 심지어, 개별 스마트 디바이스가 탑재하고 있는 운영체제에 따라 플랫폼 운영 시스템이 상이하기 때문에 이용자들이 운영체제로 주로 무엇을 구동하는지에 따라 시장 구도는 물론 스마트미디어의 특성까지도 달리 인식될 수 있다(최민재, 2013). 스마트미디어 플랫폼의 가장 큰 특징은 지능형 융합과 개방성이다. 기존에는 서비스 사업자의 콘텐츠만 일방적으로 제공받을 수 있었던 폐쇄형의 초기 플랫폼이 존재했다고 한다면 스마트미디어를 통해서는 웹 상에 있는 다양한 기능과 결합되고 이용자에 맞춰 인지적으로 데이터를 창출하게 된다. 이는 사업자는 물론 이용자들 누구라도 참여가 가능하게 된 것으로서 전에 없이 유연한 오픈 플랫폼 생태계 환경을 제공한다.

최근 새로운 콘텐츠 전송과 소비 방식으로 주목을 받는 N-스크린N-Screen 서비스도 스마트미디어를 통해 구현이 가능하다. 스마트미디어의 종류가 증가하고 개별 콘텐츠가 네트워크를 통해 상이한 디바이스로 자유롭게 전송이 이루어질 수 있게 됨으로써 N-스크린 서비스가 대두되었다. N-스크린은 일명 '솔기 없는 시청seamless viewing'이라고 할 수 있는데, 특정한 스마트 디바이스에서 영상물을 시청하다가 다른 스마트 디바이스를 켜게 되면 이전에 보던 곳으로부터 이어서 보는 것이 가능한 시청방식을 일컫는다.

이는 스마트미디어 환경에 부합하는 콘텐츠 형식의 진화 내지는 재목적화re-purposing 노력이 요구됨을 의미하는 것이기도 하다. 예를 들어, 모바일 디바이스에 적합한 형태로 영상물을 압축할 수도 있고 각각의 에피소드를 짧게 끊어 재가공할 수도 있을 것이며, 이용자와의 상호작용 드라마, 댓글 혹은 태깅tagging으로 또 다른 콘텐츠를 생산하고 유통시키는 교류형 방식 활용 등이 있다(최세경 · 박상호, 2010).

또한 스마트미디어 산업에서 고려해야 할 점은 실감을 극대화하는 방향으로 진화가 이루어진다는 것이다. 스마트미디어를 통해 감상하게 되는 고화질의 사진 및 동영상, 일상에서의 손동작을 직감적으로 적용시킬 수 있는 인터페이스(가령, 엄지와 검지로 이미지를 늘리면 이미지가 확대되는 것), 음성과 촉각까지도 인지하는 오감과 감성인지의 구동체계 등은 최대한 현실에 가까운 방향으로 혁신을 이끌고 있다. 가상의 세계가 아닌 현실의 세계를 최대한 구현해낼 수 있는 미디어로 발전하고 있다.

그렇지만, 기존 미디어와의 관계에 있어서 스마트미디어가 전통미디어와 동일한 수용자를 두고 경쟁을 벌이는 양상이라고는 볼 수 없다. 스마트미디어 상에서는 미디어 플랫폼이 선택된 후 콘텐츠가 소비되는 것이 아니라 이용자 의도에 의해 콘텐츠가 우선 선택된 뒤 다양한 애플리케이션이나 서비스 플랫폼 등을 통해 콘텐츠가 소비되는 구조이다. 때문에 콘텐츠 생산과 소비가 과거보다 좀 더 직접적인 연결성을 갖게 되었을 뿐, 스마트미디어 상에서 방송 콘텐츠를 두고 경쟁하는 당사자들은 여전히 방송사들이다. 이와 관련하여, 스마트미디어 서비스가 장기적으로 기존 방송 사업자와 경쟁관계를 형성할 것이므로 현재의 수직적인 방송 사업 규제체계를 수평적 규제체계로 개편하여 비대칭 규제 문제를 해결해야 한다는 주장(김희경·김재철·오경수, 2011)도 제기된 바 있다. 하지만 이러한 우려는 자본력과 인력 구성을 앞세운 방송사 콘텐츠를 압도하는 참신한 아이디어로 무장한 제3의 영역에서 생산된 콘텐츠가 양산될 때 비로소 현실화될 수 있을 것이다.

즉, 스마트미디어는 새로운 서비스나 기기의 도입 차원에서 산업적 영향력을 제한할 필요가 없다. 스마트미디어는 생산이나 유통, 그리고 소비 가운데 어느 한 분야가 아니라 이 모든 부분의 변화를 야기하고 있으며 이들 분야는 점점 더 긴밀한 관계로 맺어지고 있다.

일상 관점에서의 이해 스마트미디어는 일상의 편리함을 넘어서서 우리의 삶을 담아낼 수 있는 여건을 조성했다고 볼 수 있다. 최근에는, 스마트미디어에 의해 매개된 삶과 현실에서의 일상을 구분하거나 비교하는 것이 그 의미를 잃었다. 이는 미디어화mediatization라는 개념으로도 설명될 수 있는데, 스마트미디어의 등장은 우리의 삶과 사회의 유지방식을 변화시키고 있다.

특히 대인 관계에 있어서 스마트미디어는 집요하리만큼 인간의 삶 속으로 파고들었다. 단적으로, 우리는 누군가를 만나 대화를 하는 도중에도 스마트폰을 계속 주시하고 각종 업데이트를 확인한다. 언제부터인가 다른 사람과 만나는 순간에도 스마트미디어를 보란 듯이 테이블 위에 올려놓는 행위가 매우 자연스러워졌다. 나아가, 현재 대면하고 있는 사람보다 더 중요한 사람으로부터의 연락이나 사안이 스마트미디어를 통해 공지된다면 그 순간의 대인 관계는 스마트미디어로 인해 지체 없이 중단된다. 즉, 스마트미디어가 일상에서 차지하는 비중이 커짐과 동시에 모순적이게도 대인 관계의 단절 지점에 스마트미디어가 존재하게 되었다. 또, 여전히 스마트미디어를 사용하며 지켜야 하는 대인 관계, 사회적 상호작용 과정에서의 예의보다는 스마트미디어 이용을 자신에게 최대한 유리하게 활용하기 위해 끊임없이 정보를 수집하는 데에 사회적, 개인적 역량이 더 집중되고 있는 모습이다.

물론 스마트미디어의 확산으로 인한 부작용만 있는 것은 아니다. 모바일 인터넷 서비스, 풀 브라우징, 그리고 다양한 SNS 애플리케이션을 활용한 사회적 네트워크 유지에 스마트미디어는 유의미한 역할을 담당한다. 또 즉각적인 뉴스 업데이트 확인이 가능함으로써 공동체에 대한 관심이 유지될 수 있다. 신속하고 긴밀하며 광범위한 인적 네트워크를 기반으로 도움을 요청하거나 받을 수도 있고 정말 중요한 정보를 순식간에 공유함으로써 사회적 공감대가 이루어질 수도 있다. 스마트미디어의 이동성을 이용해 TV나 신문 등 각종 미디어 소비가 어디에서도 이루어질 수 있게 됨으로써 우리의 생활 반경은 더 넓어졌다(Nielsen, 2012). 스마트미디어 상의 SNS

를 통해서 우리는 아무리 멀리 떨어져 있는 지인과도 거의 실시간으로 소식을 주고받을 수 있으며, 여러 가지 형태의 콘텐츠를 게시하고 공유할 수 있다. 스마트미디어는 그 사용방식이나 이용자 개인의 태도에 따라 상이한 영향력을 갖는다고 하겠다.

앞서 논의한바, 스마트미디어를 이해하는 기술적 관점이 스마트미디어의 의미를 미리 규정짓도록 한다면, 일상에서의 스마트미디어의 활용 경향이나 인식적 특성은 스마트미디어가 확산되며 과연 무엇으로 규정되어가는지를 유추해내도록 한다. 일상을 통한 스마트미디어에 대한 인식은 이용자들이 스마트미디어를 어떻게 활용하는지에 따라 그 가치가 종속되어 나타난다(심미선 외, 2012b).

즉, 스마트미디어는 언제, 어디에서, 누구에 의해, 어떤 상황에서, 왜 이용되는지 등에 따라 주 특성이 달라질 수 있고 정의 내려질 수 있다. 이러한 관점에서 스마트미디어의 '똑똑함'이란 기술적인 혁신이 아니라 이용자의 삶의 방식에 따라 제각각 규정될 수 있다. "나에게 스마트미디어는 어떤 의미를 갖는가? 그리고 나는 스마트미디어를 무엇이라고 인식하는가?"에 대한 해답이 여기에 있다.

주

1 보도자료 〈스마트미디어 산업 활성화 시동〉(2011년 5월).

2 방대한 정보들 중에서 검색을 한 사용자의 지인들이 공개한 사진, 음악, 장소, 관심사 등의 신상자료를 토대로 사용자 맞춤 검색을 한다. 예를 들어, '내 친구들이 최근에 본 영화'라고 치면 실제 지인들이 태그하고, 타임라인에 글을 올리고, '좋아요'를 누르는 등의 활동량을 바탕으로 검색 결과를 내주는 것이다. 현재 그래프 검색 운영은 이용자 자신과 친구를 맺은 사람들의 사진, 인물, 관심사, 장소로 한정되어 있지만 향후에는 타임라인의 글이나 링크, 페이스북 앱들이 만들어내는 데이터까지 모두 포함시켜 보여줄 예정이다.

3 출처: 페이스북/유튜브 공식 통계, 테크 크런치(www.techcrunch.com), 2011년 10월 현재.

4 사전적 의미는 '여러 회사의 상품이나 서비스에 대한 정보를 모아서 하나의 웹사이트에서 제공하는 회사'를 이른다.

스마트폰과 일상생활

CHAP 02

스마트미디어의 올바른 사용은 단순히 그 기술적 기능을 습득하는 데 있지 않다. 스마트미디어가 가진 여러 기술적 잠재력을 사회의 문제와 잘 접목시킬 때 그 가치는 배가될 수 있다. 따라서, 학생들이 스마트폰을 잘 활용해 그들의 사회적 자본을 높이고 교육적 효과를 달성할 수 있도록 건전한 스마트폰 사용에 대한 교육이 강화되어야 한다. 스마트폰 이용이 청소년들의 문화로 자리 잡은 만큼, 지금 필요한 것은 청소년들의 스마트폰 이용시간을 줄이는 것이 아니라 건전하게 스마트폰을 이용할 수 있도록 환경을 조성하는 것이다.

'손안의 작은 PC'로 불리는 스마트폰은 다양한 애플리케이션을 다운로드할 수 있고 쉽게 이메일을 주고받을 수 있으며 자유롭게 인터넷을 즐길 수 있는 모바일미디어로 규정될 수 있다(Ofcom, 2011). 즉 기존의 인터넷 기능과 휴대전화 기능이 결합된 매체라고 볼 수 있다. 스마트폰은 휴대하기 간편하고 언제 어디서든지 정보를 얻을 수 있는 이점 때문에 최근 빠르게 확산되고 있다. 국내 스마트폰 가입자 수는 2013년 8월 현재 3,600만 명에 달하는 것으로 나타났다. 즉 국민 10명당 7명 정도가 스마트폰을 가지고 있는 셈이다.

방송통신위원회 조사(2012)에 따르면, 전체 조사대상 3,453가구 중 스마트폰 보유율은 57.5%로 나타났다. 스마트폰 이용자를 대상으로 조사 전날 이용한 스마트폰 애플리케이션을 질문한 결과, 카카오톡 등의 메신저 이용이 84.7%로 가장 높았으며, 기사 검색(50.3%), 알람·시계(46.6%), 연락처 관리(43.2%), 날씨(34.6%) 순이었다. 음성통화를 제외한 하루 평균 스마트폰 이용시간은 106분이었다.

스마트폰이 가져온 일상의 풍경

청소년들의 경우에도 스마트폰 보급률은 80%에 육박하고 있다. 여성가족부와 한국언론학회(2013)가 발표한 자료에 따르면, 초·중학생 응답자 10명 중 8명가량이 스마트폰을 보유하고 있는 것으로 나타나 스마트폰이 청소년들 사이에 급속히 확산되고 있음을 알 수 있다. 이 조사에서 청소년들의 주중 하루 평균 스마트폰 이용시간은 2시간 이상~3시간 미만이 가장 많았고 청소년들이 주로 이용하는 애플리케이션은 카카오톡이나 마이피플 등의 채팅과 게임이 높게 나타났다. 여성가족부가 2011년 조사한 '청소년 매체이용 실태조사'에서는 청소년 10명 가운데 9명이 휴대전화를 소유하고 있었으며 스마트폰 소지자는 전체의 36.2%에 불과했다. 불과 2년 사이에 2배 이상 스마트폰 보급이 늘어난 것이다. 경기도교육청이 2012년 도내 초·중·고교생 전부를 대상으로 조사한 결과에서도 스마트폰을 가지고 있는 학생은 전체의 66%로 나타났다(안상준, 2012). 또한 주 사용 용도는 채팅 및 메신저, 전화 및 문자, 음악 및 MP3, 정보 검색, 게임 순으로 나타났다.

이처럼 최근 몇 년 사이에 스마트폰은 청소년들에게 급속히 확산됐다. 청소년들은 스마트폰을 통해 채팅과 게임, 음악 등을 즐겨 이용하고 있는 것으로 나타났다. 이제 청소년들에게 스마트폰은 일상이 되었고 떼려야 뗄 수 없는 존재가 되었으며 그들 문화의 중요한 아이콘으로 자리 잡았다. 대학생들의 경우도 10대 청소년들과 비슷한 스마트폰 이용 패턴을 보이고 있다. 가령, 황경혜 · 유양숙 · 조옥희(2012)의 연구에서 대학생들의 스마트폰 주 이용 기능은 SNS가 가장 많았으며 웹 정보 검색이 그 뒤를 이었다.

스마트폰은 우리의 일상생활을 획기적으로 바꿔놓고 있다. 요즈음 지하철이나 버스 등 대중교통을 이용하는 사람이라면 저마다 스마트폰을 들여다보며 뭔가를 열심히 하는 모습을 관찰할 수 있다. 불과 몇 년 전만 해도 잠을 자는 등 휴식을 취하거나 신문을 보고 있는 것이 흔한 일상이었다. 하지만 이제는 스마트폰의 보급으로 우리의 생활도 많이 바뀌고 있다. 이제 지하철 안에서 무가지를 보거나 신문을 보는 사람은 거의 찾아볼 수 없다. 많은 사람들이 스마트폰을 응시하고 있는 모습은 전혀 새로울 것이 없게 되었다. 직장 동료나 친구들과 이야기하는 도중에도 모르는 단어가 나오거나 사실을 확인하고 싶을 때 즉석에서 스마트폰을 통해 바로 검색하면 필요한 정보를 얻을 수 있다. 또한 스마트폰을 통해 주식거래도 가능하고 열차나 버스 승차권도 쉽게 구입할 수 있다. 지하철을 많이 이용하는 승객이라면 '하철이' 같은 애플리케이션을 이용하여 출발역과 도착역을 지정해주면 출발시간과 도착시간, 이동경로 등이 상세히 전달된다.

이처럼 스마트폰은 우리의 일상생활에 유익한 기능을 제공하기도 하지만 무분별한 사용으로 일상생활에 방해가 되는 경우도 많이 발생하고 있다. 가령, 회의 중에 스마트폰을 통해 누군가에게 전화가 걸려오면 회의 분위기가 나빠질 수 있다. 또한 스마트폰에 몰두한 나머지 앞을 제대로 못 보고 지나가는 행인과 어깨가 부딪치면서 사소한 다툼이 발생할 수도 있다. 특히 운전 중에 스마트폰을 통해 동영상을 본다든지 정보를 검색하는 행위는 운전자의 안전을 위협하는 위험한 행동이다. 부모들의 경우 스마트폰을 아이에게 쥐여주면서 아이를 달래는 경우를 흔히 관찰할 수 있다. 무심코 저지르는 이러한 행위도 자녀들의 스마트폰중독을 부추기는 측면이 존재한다.

이처럼 스마트폰은 우리의 일상 속에 깊숙이 스며들었으며 타인과의 끊김 없는 커뮤니케이션과 상호작용을 제공하고 있다. 하지만, 스마트폰의 무분별한 사용과 과다 사용은 일상생활에 많은 부작용을 낳고 있기도 하다.

스마트사회의 출현

스마트폰의 출현은 스마트사회나 스마트라이프라는 새로운 사회구조와 삶의 양식을 만들고 있다. 김문조(2012)는 2010년 이후 정보사회론 3.0으로 지칭할 수 있는 스마트사회론이 등장하고 있다고 주장한다([표 2-1] 참조). 즉 1960년대부터 1980년대까지는 탈산업사회론이 지배했지만 인터넷이 확산된 1990년대와 2000년대는 연결망사회론이 부각되었다. 2010년 스마트기기의 출현과 확산에 따른 스마트화는 기존의 소통방식과 구별되는 새로운 소통방식을 낳았

| 표 2-1 | 정보사회론의 계보학

유형	정보사회론 1.0	정보사회론 2.0	정보사회론 3.0
시기/계기	1960s-1980s 자동화 기술의 발전	1990s-2000s 인터넷의 확산	2010s 이후 SNS의 출현
관심사	산업 활동	사회 구조	문화
접근법	도구론적 접근	기반론적 접근	구성론적 접근
이론적 관점	탈산업사회론	연결망사회론	스마트사회론

출처 : 김문조(2012), 『새로운 미래가 온다, 세상을 바꾸는 스마트 혁명』, 20쪽

다. 즉 언제 어디서든지 자유롭게 대화할 수 있는 소통환경이 출현하고 소통 당사자들의 사회성이나 주관성이 중시되는 시대가 출현하고 있다는 것이다.

유승호 · 장예빛(2012)은 스마트미디어 환경에서 자기노출로 무장한 스마트 종족이 등장하고 있다고 주장한다. 즉 낯선 사람들과의 교류를 두려워하지 않고 자신의 일상과 고민을 자유롭게 털어놓는 새로운 특성을 가진 집단이 출현하고 있다는 것이다. 이처럼 스마트미디어는 새로운 사람과 만나고 교류할 수 있는 기회를 확장시키고 있다. 이른바 호모 모빌리스Homo Mobilis 시대가 도래하고 있는 것이다(이원태, 2012). 즉 스마트폰을 통해 정보를 습득하고 업무를 수행하며 인적 관계를 지탱하는 것이다.

리치 링(2009)은 휴대전화를 통해 매개된 커뮤니케이션이 유머, 가십, 인사말 등 의례적 상호작용 행위를 통해 집단 내 결속을 강화하는 역할을 하고 있다고 주장한다. 즉 휴대전화가 개인주의화에 기여하는 측면보다는 사회적 접촉의 확대를 가져와 사회적 결속과 유

대를 강화시킨다는 입장이다. 특히 10대 청소년들의 경우 휴대전화를 통해 사소한 일상 이야기를 나누는데 이때 중요한 것은 대화의 내용이 아니라 휴대전화를 통해 연결된 관계이다. 즉 스마트폰을 통해 학교생활을 이야기하고 또래와의 관계에 대해 메시지를 교환하는 것은 청소년들에게 의례적 행위이자 친구와의 친밀한 관계를 유지하고 강화시키는 행위인 것이다.

스마트사회에서 스마트폰은 중요한 사회참여의 수단이자 사회자본이다. 이원태 외(2012)의 조사에 따르면, 스마트폰 고이용자집단은 저이용자집단에 비해 정치담론에 대한 관심이 높았고 정치효능감도 높은 것으로 나타났다. 또한 스마트폰 고이용자집단일수록 정보탐색과 정치참여의견표명이 많은 것으로 드러났다. 이 연구에서는 스마트폰에 탑재된 여러 애플리케이션 가운데 뉴스정보 관련 애플리케이션을 많이 이용하는 사람들의 정치적 관심이나 참여가 높은 것으로 나타났다. 다시 말해, 스마트폰이 제공하는 여러 애플리케이션 중 정치, 사회적 정보를 전달하는 앱들이 정치적 관여와 참여를 증진하는 역할을 하는 것이다. 특히 스마트폰 이용자들은 소셜미디어를 통한 커뮤니케이션에 활발히 참여하는 것으로 나타났고 정치정보를 얻거나 정치인과의 소통을 위해 소셜미디어를 적극적으로 활용하는 사람들일수록 참여 정도가 높았다(금희조 · 조재호, 2010).

이처럼 스마트폰의 대중화와 더불어 스마트폰을 통해 정보를 찾고 문제를 해결하며 새로운 인간관계를 맺는 스마트사회가 출현하고 있다.

스마트폰 이용동기 및 목적

스마트폰에는 교통, 날씨, 뉴스, 음악, 게임 등 무수히 많은 다양한 종류의 애플리케이션이 있다. 이중 스마트폰 이용자들이 즐기는 주요 서비스는 소셜네트워크게임과 카카오톡과 같은 실시간 채팅 서비스, 트위터나 페이스북 같은 소셜네트워크서비스, 인터넷서비스, 음악서비스 등인 것으로 나타났다.

방송통신위원회 · 한국인터넷진흥원(2012)은 만 12~59세 스마트폰 이용자 4,000명을 대상으로 2012년 11월 스마트폰 이용실태를 조사했다. 그 결과, 응답자의 79.7%가 소셜네트워크게임을 이용한 경험이 있는 것으로 나타났다. 또한 스마트폰 이용자의 47.5%는 스마트폰을 통해 소셜네트워크서비스를 이용한 경험이 있는 것으로 드러났다. 스마트폰 이용계기로는 '모바일 앱과 같은 다양한 응용소프트웨어를 이용하고 싶어서'가 가장 많았고 '수시로 인터넷을 이용하고 싶어서'가 그 뒤를 이었다. 응답자의 주 평균 다운로드 모바일 앱 개수는 13.1개였고 조사 시점에 자신의 스마트폰에 설치된 앱은 평균 46.1개였다. 다운로드한 앱의 유형은 게임 · 오락(79.7%)이 가장 많았고 음악(32.4%), 유틸리티(30.8%), 커뮤니케이션(30.5%), 지도 · 내비게이션(30.3%)의 순이었다. 이러한 결과는 스마트폰 이용자들이 스마트폰을 통해 게임과 오락, 음악, 소셜네트워킹을 가장 즐겨 하고 있음을 보여준다.

김영주 · 정재민 · 이은주(2011)는 스마트폰 이용자 300명을 대상으로 웹서베이를 실시했다. 이용자들이 다운로드한 애플리케이션은 평균 43.9개로 나타났고 이용 정도는 커뮤니케이션 앱(SNS, 메신저 등), 생산성 앱(일정관리, 달력/알람/시계 등), 여가오락(게임, 사진, 음악, 동영상 등), 뉴스정보(뉴스, 생활정보 등), 위치기반(내비게이션, 길찾기 등) 순이었다. 스마트폰 앱 이용에 영향을 미치는 요인들을 살펴본 결과, 앱 자체의 유용성이나 용이성, 인기, 과시, 혁신성향 등이 중요하게 작용했다. 즉 스마트폰 이용자들이 애플리케이션을 채택하는 데 있어 앱이 제공하는 정보뿐 아니라 그 앱의 인기나 과시욕구가 중요하다는 것이다. 또한 새로운 아이디어나 상품을 먼저 이용하려는 성향이 강할수록 앱 이용에 긍정적인 영향을 미쳤다.

스마트폰을 이용하는 동기는 정보 획득, 커뮤니케이션, 서비스 통합성, 유행 및 과시, 즉시성 등으로 나타났다(양일영 · 이수영, 2011). 이러한 이용동기 중 정보획득동기가 앱 이용에 가장 많은 영향을 미치는 것으로 나타났다. 즉 정보 획득을 목적으로 스마트폰을 이용하는 사람들일수록 앱을 많이 이용하는 것이다. 이용자들이 스마트폰으로 가장 많이 이용하는 앱은 전화기능, 웹브라우저로 나타났고 SMS(문자메시지), 음악, 날씨정보 순이었다. 한편, 이영선 외 연구(2012)에 따르면, 청소년들은 스마트폰을 흥미와 즐거움 추구, 사회적 상호작용, 일정관리 및 메모, 학습활동도구를 위해 사용하는 것으로 나타났다.

박인곤 · 신동희(2010)는 스마트폰 이용자들의 만족 요인과 불만족 요인을 분석했다. 그 결과, 빠른 접속성, 오락성, 사회적 지위, 문제해결성, 촬영/스크린 등의 다섯 가지 요인이 만족 요인으로 나타났다. 불만족 요인은 소프트웨어 요인(느린 속도 등), 경제적 요인(비싼 이용요금 등), 하드웨어 요인(통화품질저하 등)이었다. 스마트폰 만족 요인이 스마트폰 몰입도에 어느 정도 영향을 미치는지를 살펴본 결과, 오락성과 문제해결성만 유의미한 영향을 미쳤다. 즉 스마트폰을 오락 목적으로 이용하는 사람들과 스마트폰을 업무 목적으로 이용하는 사람들일수록 스마트폰에 대한 의존도가 높은 것으로 나타났다.

김수연 · 이상훈 · 황현석(2011)은 기술수용모형Technology Acceptance Model을 적용하여 스마트폰 수용에 영향을 미치는 요인을 검증했다. 그 결과, 응답자가 스마트폰을 사용하는 것이 유용하다고 판단(지각된 유용성)하거나 스마트폰을 사용하는 것이 재미와 흥미를 유발시킨다고 느낄수록(지각된 유희성) 스마트폰을 사용하려는 의도도 많은 것으로 나타났다. 자기효능감[1]과 사회적 영향[2]은 지각된 유용성과 유희성에 긍정적으로 유의미한 영향을 미쳤다.

이처럼, 스마트폰을 이용하는 동기는 정보를 얻고 타인과 소통하며 즐겁고 재미있기 때문인 것으로 나타났다. 특히 정보 접근과 접속이 빠르다는 점은 스마트의 주요한 매력이었다. 또한 스마트폰이 제공하는 앱이 유용하고 인기가 있을수록 이용자들은 스마트폰이 제공하는 다양한 앱을 이용하려는 욕구가 강했다.

스마트폰 확산에 따른 문제와 대책

스마트폰은 생활에 필요한 날씨정보나 교통정보 등 유익한 정보를 제공하기도 하지만 SNS중독이나 게임중독 등 여러 문제를 야기하기도 한다. 특히 스마트폰이 확산되면서 청소년들의 유해사이트에 대한 접속이나 음란·유해 애플리케이션 이용 접촉도 늘어나고 있다. 여성가족부(2012)가 청소년 유해환경 접촉실태를 조사한 바에 따르면, 휴대폰을 통해 유해매체를 접한 청소년의 비율이 해마다 증가하는 것으로 나타났다([그림 2-1] 참조). 휴대폰을 통해 성인용 간행물이나 성인용 영상물을 본 경험이 있는 청소년의 비율은 2012년부터 급격히 증가하고 있다.

한국무선인터넷산업연합회(2012)가 2012년 6월부터 11월까지 조사한 바에 따르면, 청소년이 이용한 모바일 앱(62,379개) 중 성인용 앱은 3,747개로 전체의 6%로 나타났다. 성인용 앱의 대다수는 '여친옷벗기기'나 '룰렛걸즈' 같은 게임인 것으로 나타났다. 이 기간에 청소년들이 접속한 웹 사이트는 140여 개인 것으로 나타났는데 이중 성인용 웹사이트는 7개(5%)였다. 이중 해외불법음란물사이트가 5개나 차지해 해외불법사이트를 통해 음란물을 접촉하는 경우가 많다는 것을 알 수 있다. 행정안전부(2012)의 조사에서는 성인물 이용 경험 청소년들이 성인물을 접촉하는 주 이용매체로 P2P 및 파일공유사이트를 가장 많이 꼽았고, 포털이나 인터넷카페 등 인터넷서비스, 비디오/DVD, 텔레비전, 휴대전화 순이었다. 비록 휴대전화를 통

|그림 2-1| 휴대폰을 통한 유해콘텐츠 접촉비율

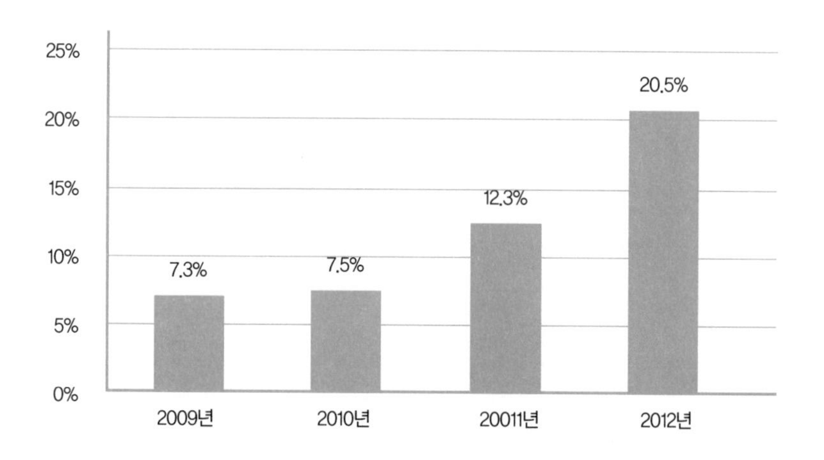

출처 : 여성가족부(2012), 〈청소년유해환경접촉 종합실태 조사〉

해 성인물을 접촉하는 비율은 높지 않았지만 성인물에 대한 타인과의 공유수단으로는 휴대전화가 높게 나타났다. 즉 성인물 이용경험 청소년들의 36.1%가 다른 친구들과 만나 성인물을 돌려본 적이 있다고 응답했고 25.3%는 휴대전화로 성인물을 친구들에게 전달했다고 답했다. 파일공유사이트는 20.0%, SNS는 5.7%, 카페/블로그는 5.4%로 나타났다. 이같은 사실은 청소년들의 성인물 주요 접촉경로는 웹하드 및 P2P이지만 친구들과의 성인물 공유수단은 휴대폰이라는 것을 보여주고 있다. 이 조사에서는 성인물을 이용한 청소년들의 5%가 성인물을 보고 성추행·성폭행 충동을 느꼈다고 답했다.

스마트폰이 확산되면서 초래되는 또 하나의 중요한 문제는 따돌림이다. 최근에는 카카오톡 가입자가 급증하면서 일명 '카따' 현상이 등장하기도 했다(박훈상 · 이철호, 2013). '카따'는 카카오스토리 왕따를 의미하는 것으로, 카카오스토리를 통해 친구들을 괴롭히거나 따돌리는 현상을 의미한다. 카카오톡을 통한 대화에서도 욕설이나 따돌림, 비방 등은 심각한 것으로 보고되고 있다(노지현, 2013). 심지어 바로 옆에 있는 친구들과도 카카오톡으로 대화하며 그룹채팅에 참여하지 못하는 아이들은 왕따를 당한다고 한다.

이처럼 스마트폰의 확산으로 음란물 접촉, SNS를 통한 따돌림이나 욕설, 괴롭힘 등이 중요한 사회적 문제가 되고 있다.

이러한 문제뿐 아니라 청소년들은 스마트폰 사용으로 인해 부모 등 가족과의 관계 악화나 단절 등을 경험하고 공부에 집중이 안 되는 등 여러 부작용도 함께 겪는 것으로 나타났다. 수업시간에 스마트폰 사용문제로 교사와 갈등을 겪는 일도 많았다. 또한 카카오톡의 그룹채팅을 통해 언어폭력이나 따돌림도 경험했다. 특히 스마트폰 사용을 제한당하거나 사용하지 못하는 경우 분노나 증오 등 부정적 정서를 경험했다. 여성가족부 · 한국언론학회(2013)의 조사에서도 41.2%의 학생들은 스마트폰 사용시간을 줄이려고 했지만 실패했다고 응답했다. 27.6%의 학생들은 스마트폰의 지나친 사용으로 성적이 떨어졌다고 답했다. 학부모도 함께 조사했는데 학부모의 59.3%가 스마트폰으로 인해 자녀와 갈등을 가끔 겪는다고 답했고 37.3%는 자주 갈등을 겪는다고 답했다. 즉 97.3%의 학부모들이 스마트폰으로 인해 자녀와 갈등을 겪고 있다는 것이다.

이처럼 스마트폰 사용으로 인해 가정에서는 부모와, 학교에서는 교사와 갈등을 겪는 청소년들이 늘어나고 있다. 스마트폰에 많은 시간을 빼앗기면서 학업에 집중하기 어렵게 되자 일부 청소년들은 스마트폰을 2G폰으로 바꾸는 현상도 나타나고 있다(2013년 2월 18일, SBS 보도). 이 보도에 따르면, 학생들이 스마트폰을 2G폰으로 바꾸는 가장 중요한 이유는 수시로 들여다봐야 하는 카카오톡이나 인터넷정보 등으로 학업에 집중하기가 어렵다는 것이다. 앞서 언급한 대로, 스마트폰은 소지가 간편하고 장소에 구애받지 않고 어디서든지 접속할 수 있다는 점 때문에 청소년들에게 중독성이 강한 매체이다.

한편, 스마트폰 사용으로 인해 교사와 학생 간의 갈등이 심화되자 일선 학교에서는 스마트폰 사용에 대한 학교규칙을 만들어 시행하고 있다. 교육과학기술부(현 교육부)는 2012년 3월 초·중등교육법 시행령을 개정해 학교규칙(이하 학칙)을 학교에서 자율적으로 정하도록 한 바 있다. 이와 더불어 학칙을 제·개정할 경우에는 반드시 학생, 학부모, 교원의 의견을 듣도록 의무화했다. 학칙 중 중요한 사항 중 하나는 휴대전화 등 전자기기의 사용에 관한 규정이다. 따라서, 일선 학교에서는 학생, 학부모, 교원의 의견을 수렴하여 스마트폰 사용에 대한 규칙을 제정해야만 한다. 현재 많은 학교들이 조례 시에 스마트폰을 거두고 종례 시에 스마트폰을 돌려주는 방침을 시행하고 있다. 일부 학교들의 경우 구성원들의 의견 수렴을 통해 스마트폰을 아예 학교에 못 가져오게 하기도 한다. 학생들의 스마트폰 사용으로 인해 교사들이 골머리를 앓고 있고 학생들도 스마트폰 때

제17조(나이 및 본인 여부 확인방법)

법 제16조 제1항에 따라 청소년유해매체물을 판매 등에 제공하는 경우에는 다음 각 호의 어느 하나에 해당하는 수단이나 방법으로 그 상대방의 나이 및 본인 여부를 확인하여야 한다.

1. 대면(對面)을 통한 신분증 확인이나 팩스 또는 우편으로 수신한 신분증 사본 확인
2. 「전자서명법」 제2조 제8호에 따른 공인인증서
3. 「정보통신망 이용촉진 및 정보보호 등에 관한 법률」 제23조 제2항에 따른 주민등록번호를 사용하지 아니하고 본인을 확인하는 방법
4. 「개인정보 보호법」 제24조 제2항에 따라 주민등록번호를 사용하지 아니하고 회원으로 가입할 수 있는 방법
5. 신용카드를 통한 인증
6. 휴대전화를 통한 인증. 이 경우 휴대전화를 통한 문자전송, 음성 자동응답 등의 방법을 추가하여 나이 및 본인 여부를 확인하여야 한다.

출처 : 청소년보호법시행령(www.law.go.kr)

문에 학교생활에 많은 지장을 받으면서 학교에서 스마트폰 소지를 아예 금지시키는 학교들이 더욱 늘어날 것으로 예상된다.

정부 또한 2012년 3월부터 스마트폰 확산에 따른 음란물 차단대책을 본격적으로 강구하고 나섰다(김정녀 외, 2012). 그중 하나가 본인 인증을 강화하는 것이다. 이에 따라, 청소년보호법시행령이 2012년 개정(위 박스 참조)되면서 청소년유해매체물을 제공하는 사업자의 본인 인증이 강화되었다. 이에 따라, 음란물 등 유해매체물을 제공하는 사업자는 공인인증서나 휴대전화를 통해 나이 및 본인 여부를 반드시 확인해야 한다.

스마트보안관이란?

한국무선인터넷산업연합회가 2012년 6월 개발한 애플리케이션으로 스마트폰 상에서 음란물, 폭력물 등 청소년에게 유해한 콘텐츠를 차단할 수 있는 서비스다. 스마트 보안관을 부모와 자녀의 스마트폰에 설치하면 자녀가 어떤 앱을 이용하고 있는지, 어떤 사이트를 주로 방문하는지를 부모가 알 수 있다. 또한 부모가 자녀의 특정 앱이나 웹사이트 접근을 차단할 수도 있다. 스마트보안관 설치는 안드로이드폰에서만 가능하다. 자세한 내용은 www.스마트보안관.kr을 참조.

이뿐 아니라 청소년들이 스마트폰 가입 시 유해콘텐츠 차단프로그램이 자동으로 설치되도록 추진할 계획이다. 현재 이동통신 3사가 제공하는 유해콘텐츠 차단서비스로는 SKT의 'T 청소년안심서비스', KT의 '올레 자녀폰 안심서비스', LG유플러스의 '자녀폰지킴이'가 있다. 이외에도 무선인터넷산업연합회는 '스마트보안관'(위 박스 참조)이라는 유해콘텐츠 차단 앱을 만들어 무료 보급하고 있다.

건전한 스마트폰 활용을 위한 방안

스마트폰의 급작스런 보급과 확산은 가정, 학교 등 여러 곳에서 문제를 낳고 있다. 가정에서는 자녀가 스마트폰 게임이나 카카오톡을 지나치게 해서 부모와 갈등을 빚는 일이 흔하다. 학교에서는 수업시간이나 쉬는 시간에 스마트폰을 이용하는 학생들이 많아 교사들이 골머리를 앓고 있다. 지하철에서는 스마트폰을 들여다보면서 통행하는 사람들 때문에 불편이 이만저만이 아니다. 이러한 갈등과 불편은 스마트폰에 대한 충분한 이해와 교육 없이 이 기기가 확산된 데 따른 것으로 볼 수 있다. 따라서, 이러한 문제를 해결하기 위해서는 이용자들이 스마트폰의 여러 기능들과 영향을 충분히 숙지하고 건전하게 이를 활용할 수 있는 환경이 조성되어야 한다.

이런 점에서 최근 교육과학기술부(2012)가 일선 학교에 배포한 스마트폰의 올바른 사용을 위한 생활지도 매뉴얼은 시의적절하다. 이 매뉴얼은 다음과 같이 건강한 스마트기기 사용법을 홍보하고 있다.

건강한 스마트기기 사용법

- 스마트기기 화면과 눈 사이의 거리를 30센티미터 이상 유지하자.
- 스마트기기 사용 시 10~20분마다 휴식시간을 갖자.
- 실내에서 스마트기기를 사용할 때는 가끔 환기를 시키자.
- 먼 곳을 보면서 눈의 피로를 풀자.
- 화장실에서는 스마트기기의 사용을 자제하자.
- 스마트폰 사용 목적을 분명히 한 후 스마트폰을 이용하자.
- 수업시간이나 늦은 시간에 문자메시지를 보내거나 통화하지 않는다.

이미 독일의 경우에는 청소년들의 스마트폰 사용이 급증하자 2010년 아동과 청소년들이 안전하게 스마트폰을 사용할 수 있도록 부모와 교사를 위한 지침서를 발간한 바 있다(김경준 외, 2012). 이 지침서에는 개인정보 보호방안, 유해콘텐츠 차단방안, 유익한 사이트 정보 제공, 위치정보서비스 이용 시 유의사항 등이 실려 있다.

학생들을 만나보면 스마트폰을 비롯한 디지털기기에 대한 교육을 학교에서 거의 받지 않았다고 이야기한다. 기껏해야 한 학기에 한두 번 미디어교육을 받는 게 고작이고 대부분의 교육은 얼마나 스마트폰에 중독돼 있는지에 대한 자가진단이나 중독예방에 초점이 맞춰져 있다. 다시 말하면, 많은 학생들이 어떻게 스마트폰을 쓰는 것이 좋은 것인지 충분히 숙지하거나 고민하지 않은 채 스마트폰을 쓰고 있다는 것이다. 부모 또한 스마트폰 기능을 상세히 몰라서 자녀에게 스마트폰에 대한 교육을 하기 어려운 실정이다. 따라서, 스마트폰의 건전한 사용에 대한 교육이 학교 수업시간을 통해 수시로 이뤄지지 않는다면 게임에 탐닉하거나 성인용 콘텐츠를 접하거나 무분별하게 스마트폰을 사용하는 청소년들이 많이 늘어날 수 있다. 그러므로, 학교에서는 청소년들이 스마트폰의 다양한 기능들을 직접 체험해보고 공유하는 기회를 많이 만들 필요가 있다.

스마트폰에는 무수히 많은 애플리케이션이 있다. 이중 청소년들의 건전한 성장에 도움이 될 수 있는 애플리케이션을 찾아 공유할 수도 있고 수업시간에 스마트폰을 보조도구로 활용할 수도 있다. 학생들은 카카오톡이나 페이스북을 통해 교내 문제에 대한 의견을 수렴할 수도 있고 특정 사안에 대한 설문조사도 실시할 수 있다. 또한 조별 학습의 경우 스마트폰의 여러 기능을 이용하면 학습자료를 쉽게 공유할 수 있다. 가령, 음악시간에 xPianno, perfect ear 등의 애플리케이션을 이용하면 단순히 작품을 감상하는 것뿐 아니라 연주와 같은 표현활동도 가능하며, '한글교정기'나 '틀리기 쉬운 우리말' 등의 애플리케이션은 국어시간에 효과적으로 활용될 수 있다(유재준, 2013).

스마트미디어의 올바른 사용은 단순히 그 기술적 기능을 습득하는 데 있지 않다. 스마트미디어가 가진 여러 기술적 잠재력을 사회의 문제와 잘 접목시킬 때 그 가치는 배가될 수 있다. 따라서, 학생들이 스마트폰을 잘 활용해 그들의 사회적 자본을 높이고 교육적 효과를 달성할 수 있도록 건전한 스마트폰 사용에 대한 교육이 강화되어야 한다.

스마트폰 이용이 청소년들의 문화로 자리 잡은 만큼, 지금 필요한 것은 청소년들의 스마트폰 이용시간을 줄이는 것이 아니라 건전하게 스마트폰을 이용할 수 있도록 환경을 조성하는 것이다.

이미 지금 자라나는 세대들은 유아기부터 디지털기기에 익숙해져 있다. 따라서 어린이집, 유치원 때부터 아이들이 디지털기기를 건전하게 사용할 수 있도록 미디어교육이 이뤄져야 한다. 빠르게 변화하고 있는 디지털 미디어 환경을 고려한다면, 가급적 어릴 때부터 빨리 미디어교육이 진행되어야 한다. 이러한 교육을 통해 어렸을 때부터 아이들이 미디어 사용시간을 스스로 통제할 수 있도록 그 능력을 길러줘야 한다. 아울러 미디어를 통해 얻을 수 있는 긍정적 측면을 미디어 활용을 통해 많이 체험할 수 있도록 해야 한다. 어렸을 때부터 올바른 미디어 이용 습관이 형성되어야 성인이 되어서도 건전하게 미디어를 이용할 수 있다.

거의 모든 국민들이 휴대전화를 가지고 있고 휴대전화 소지자의 대부분이 스마트폰을 가지고 있는 우리 사회도 하루빨리 스마트폰의 위험성에 대한 대책을 마련하고 실천할 때다.[3]

주

1 스마트폰 이용으로 기대한 결과를 얻을 것이라는 자신에 대한 믿음 정도를 나타내준다.

2 스마트폰 사용에 대해 타인이나 사회로부터 영향을 받는 것을 의미한다.

3 이 글은 필자가 책임연구원으로 참여한 한국청소년정책연구원 2013년 고유과제 〈스마트폰확산에 따른 청소년보호방안연구〉의 일부분을 재구성한 것이다.

스마트TV와 일상생활

CHAP 03

스마트TV의 진화는 국내외 다양한 사업자들의 기술 개발과 서비스 개발에 따라, 그리고 사회에서의 수용에 따라 달라질 것이므로 예측하는 것이 쉽지는 않으나 국내에서 개발되고 있는 스마트TV 2.0 기술을 통해 대략의 방향성을 가늠해볼 수 있을 것이다. 스마트TV 1.0이 기존 방송과 인터넷, 그리고 애플리케이션을 TV에서 이용할 수 있게 하는 서비스라면 스마트TV 2.0은 스마트TV 1.0의 기능에 추가하여 멀티스크린으로의 확장, 편리한 이용자 리모컨, 방송과 연계된 증강방송 등의 다양한 새로운 서비스를 제공하는 것을 의미한다.

K씨는 토요일 점심 친척 돌잔치에 초대를 받았다. 아이들과 아내는 벌써부터 외출 준비를 하고 있지만 K씨는 방금 시작한 류현진 선수의 출전 경기를 보느라 TV 앞을 떠나지 못하고 있다. 길이 막힐 것이 뻔하므로 지금 나서야 한다고 재촉하는 아내의 잔소리에 주섬주섬 옷을 입지만 발길이 떨어지지 않는다. 이때, 큰 녀석이 스마트폰으로 실시간 경기를 볼 수 있는 방법을 알려준다. 착한 아내는 운전을 대신 해주겠다고 한다. 덕분에 K씨는 막히는 도로에서 류현진 선수의 출전 경기를 보며 행복하게 가족 행사에 참여할 수 있었다.

방송서비스 이용행태의 변화

이렇게 이제 우리는 언제 어디서나 해외 실시간 중계방송도 볼 수 있게 되었다. 앞에서 든 예와 최근 미디어 이용의 변화는 스마트기기를 통한 미디어 이용에서 일어나고 있지만 미디어 이용행태의 변화는 방통융합서비스의 대표주자로 꼽히는 DMB와 IPTV에서 시작되었다고 보아야 할 것이다.

국내 DMB의 누적 판매 대수가 6,500만 대(2012. 6. RAPA), IPTV 이용자 수가 700만 명(2013년 5월 기준)을 넘어서면서 우리의 방송서비스 이용행태는 변화하기 시작하였다. 휴대폰과 내비게이션에 장착된 DMB를 이용하여 외부에서도 원하는 시간에 TV를 시청할 수 있게 되었고, IPTV를 통해 원하는 VOD 콘텐츠를 원하는 시간대에 시청할 수 있게 되었다.

국내 시청률 조사 전문기관인 TNmS에 따르면 2012년 1분기 기준 국내 IPTV VOD 시청률은 5.3%로 지상파방송 평균 시청률인 7.8%의 3분의 2에 이르는 것으로 나타났다. 또한 인터넷과 스마트 기기의 확산으로 시청자의 VOD 시청이 확대되고 있으며, 2020년경 인터넷비디오 이용시간이 실시간 TV 이용시간을 앞지를 것으로 전망되고 있다.

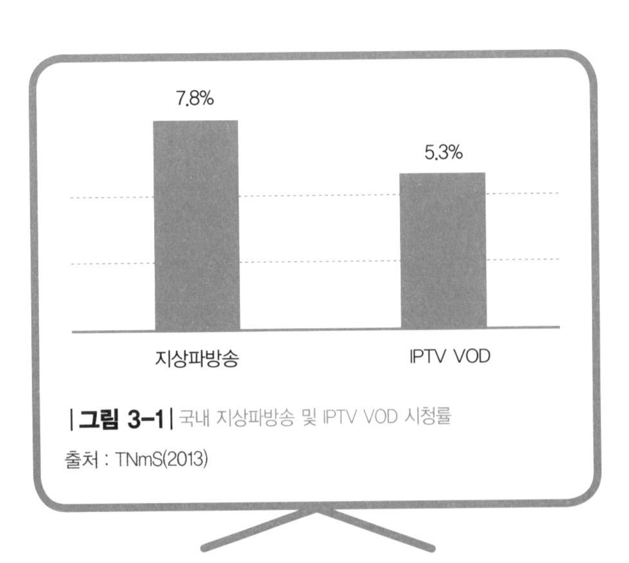

| 그림 3-1 | 국내 지상파방송 및 IPTV VOD 시청률
출처 : TNmS(2013)

ETRI(2013. 1) 수

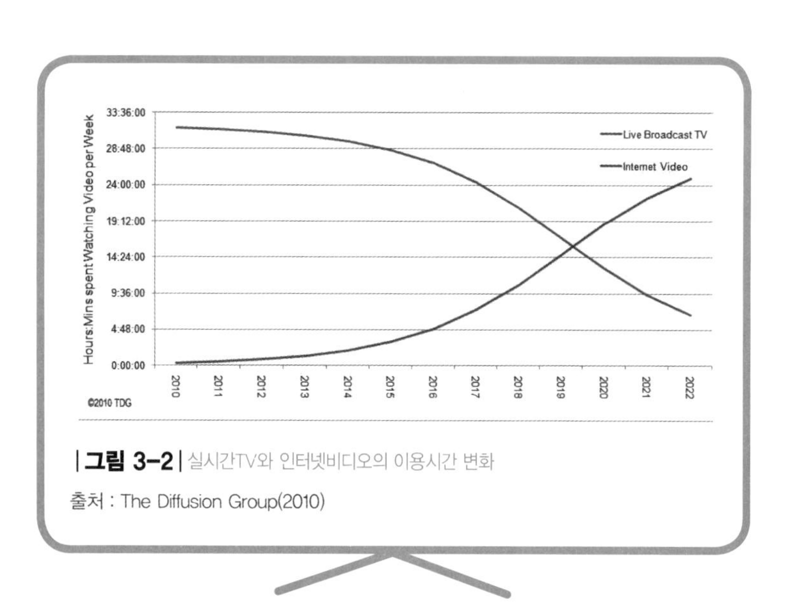

|그림 3-2| 실시간TV와 인터넷비디오의 이용시간 변화

출처 : The Diffusion Group(2010)

용도 조사 보고서에 따르면 최근의 미디어 이용은 3년 전에 비해 보다 다양한 기기(스마트폰, 태블릿, PC, 내비게이션) 및 서비스(케이블, IPTV)를 통하여 TV 시청시간이 증가하였으며 케이블과 IPTV 이용에 의해 시청하는 장르도 다양해진 것으로 나타났다. 모바일기기에서도 DMB를 이용해서 보거나 스마트폰 애플리케이션을 통해서 보는 등 TV 시청행태가 다양해진 것으로 나타났다.

TNmS의 시청률 조사 자료(셋톱박스를 통한 시청만 집계)에 따르면 유료방송 이용자의 2000년 10월 대비 2012년 10월의 매체별 이용시간 변화는 지상파 채널 시청시간만 2년간 약 29분(약 21%) 감소하였고 PP채널은 152분 증가하였으며 스마트폰을 통한 인터넷 이용시간은 78분, 태블릿PC를 통한 인터넷 이용시간은 129.8분이 증가한

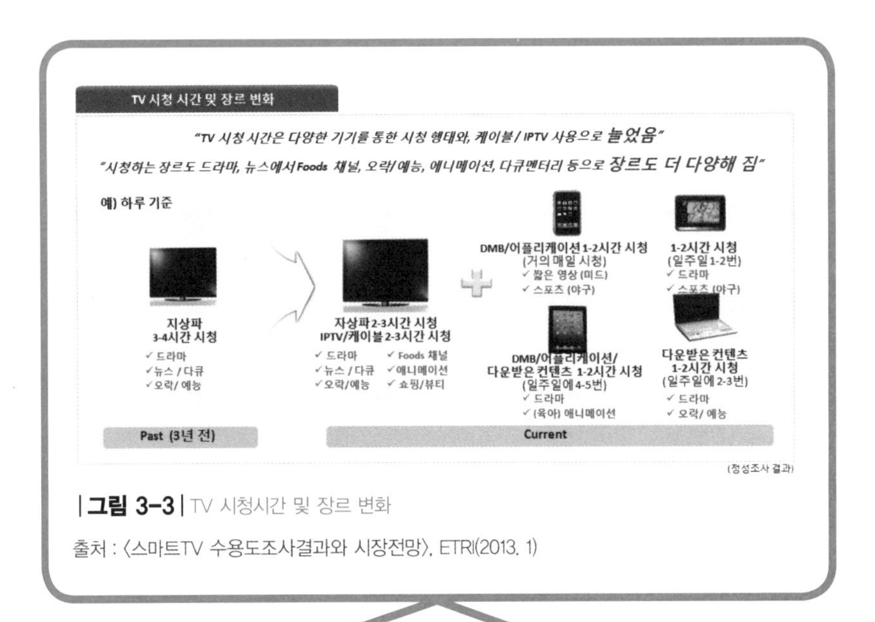

| 그림 3-3 | TV 시청시간 및 장르 변화

출처 : 〈스마트TV 수용도조사결과와 시장전망〉, ETRI(2013. 1)

것으로 나타나 총 이용시간은 증가한 것으로 파악되었다.

스마트TV 보급 현황 및 전망

전 세계적으로 이동통신단말기시장에서의 스마트폰 비중은 급속히 증가하여 2011년 26.6%에서 2015년 51.3%에 이를 것으로 전망되고 있다. 또한 새롭게 등장한 태블릿PC의 경우 2011년 6,250만 대에서 2015년에는 1억 3,510만 대 수준에 이를 전망이다.

국내에서도 이러한 현상이 유사하게 일어나고 있다. 2009년 말부

|표 3-1| 매체별 시청시간 변화

구분	날짜	모든 채널	지상파	PP (채널 수)	종편	스마트폰 인터넷 이용시간 (분)	태블릿PC를 통한 인터넷 이용 시간(분)
일일 평균 시청(사용) 시간 (단위: 분)	2000. 10.	371	350	21 (35)	0	0	0
	2012. 10.	495	298	173 (175)	24	78.5 (2011년)	129.8[2] (2011년)
	차이	124▲	52▼	152▲	24▲	78▲	129.8▲
가구 시청률[1] (단위: %)	2000. 10.	25	24	1	0		
	2012. 10.	35	21	12	1		
	차이	10▲	3▼	11▲	2▲		

출처 : TNmS 발표자료

※주 1)시청률: 소수점 첫째 자리에서 반올림, 2)태블릿PC를 통한 인터넷 이용시간

(출처: 방송통신위원회, 〈2011년 스마트미디어 이용실태조사〉)

터 본격화된 국내 스마트폰 가입자는 2011년 말경에 2,300만 명을 넘어서면서 전체 이동통신 가입자의 43.8%를 차지하였으며, 2013년 1월에는 3,300만 명을 넘어서면서 이동통신 가입자의 63%에 달하는 것으로 나타났다(미래부 통계, 2013. 1). 태블릿PC 누적 판매량도 120~140만 대로 추산되어, 국내에서도 태블릿PC가 의미 있는 미디어로 평가받기 시작하고 있다.

이와 함께 TV에 인터넷이 연결되고 다양한 애플리케이션들을 이용할 수 있는 스마트TV의 확산이 시작되어 미디어의 이용행태

를 더욱 크게 변화시킬 것으로 기대되고 있다. MarketandMarkets Analysis(2012)는 세계 커넥티드TV 시장이 2011년 규모 1억 4,400만 대에서 2016년 3억 8,260만 대 규모로 확산될 것으로 전망하였다. 그런데 그중 커넥티드TV 단말은 1억 8,500만 대이며, 블루레이 디스크 플레이어가 1억 4천만 대, 게임 콘솔이 4,500만 대로 실제 TV가 차지하는 비중은 48%에 불과해 다양한 단말이 TV의 기능을 대신할 것으로 전망되었다. 특히 마이크로소프트는 X박스를 게임, VOD뿐만 아니라 실시간 TV 수신까지도 가능한 집 안의 엔터테인먼트 허브로 소개하면서 이에 앞선 음성인식, 동작인식, 증강현실 등의 업그레이드된 기능들을 도입하여 미디어 소비의 새로운 패턴을 제시하였다.

DisplaySearch(2013. 1Q)에 따르면 세계 스마트TV 출하량이 2016년에는 1억 1,220만 대에 이르러 연평균(CAGR) 49.7%의 성장을 이어갈 것으로 예측되었으며 특히 중국의 비중이 커질 것으로 전망하고 있다.

국내 스마트TV 판매 실적에 대해 사업자들의 공식 발표는 없으나 KT경영경제연구소에 의하면, 2010년 29만 대, 2011년 54만 대, 2012년 80만 대 판매되어 2012년까지 총 163만 대의 스마트TV가 판매된 것으로 파악되고 있다. ETRI(2013. 1) 전망에 따르면 2015년 520만 대에서 2017년에는 1,016만 대 수준으로 확산될 것으로 예상된다.

| 표 3-2 | 스마트TV 시장 전망(연간 판매 대수)

구분		2012	2013	2014	2015	2016	2017	CAGR
세계 (만대)	전체	23,275	23,115	23,929	24,942	25,999	26,798	2.9%
	스마트	6,106	7,414	8,924	10,004	11,120	16,649	49.7%
국내 (만대)	전체	266	284	299	314	324	326	4.1%
	스마트	80	91	103	115	128	137	43.8%

출처 : (세계) DisplaySearch(2013. 1Q) 'Quartly Smart TV Report',
(국내) ETRI(2013. 1), '스마트TV 수용도조사결과와 시장전망'

미디어 이용행태 변화 및 스마트TV 수용도 조사결과 분석

본 장에서는 ETRI(2013. 1)의 미디어 이용행태 변화와 스마트TV 수용도 조사결과 자료를 통해 이용자들이 스마트TV를 어떻게 이용하고 있는지 살펴보고자 한다.

ETRI 조사는 2012년 8월에 실시하였다. phase 1, 2로 구성하여 좌담회 4그룹과 온라인 조사 응답자 500명을 통해 정성/정량 평가를 진행하였다. 정량조사에 앞서 정성조사를 우선 실시하여 이를 바탕으로 케이블TV, IPTV, 스마트TV의 사용행태 및 스마트TV에 대한 니즈를 이해하고자 하였다. 그리고 그후 이를 기반으로 TV 시청행태와 스마트TV 수용도에 대한 정량조사를 진행하였다. 먼저, FGDFocus Group Discussion는 4그룹으로 만 30~49세, 남녀 비율

50:50, TV 구매 결정자(구매 주 관여자), 주 10시간 이상 TV 시청자를 대상으로 하였다. 좌담회 대상 그룹은 지상파TV 이용자, 케이블TV 이용자, IPTV 이용자, 스마트TV 이용자 이렇게 총 4개 그룹으로 나누어 진행하였다. 그리고 정량조사는 500명에 대해 온라인 조사를 실시하였는데, 이들의 구성 역시 만 30~49세, 남녀 비율=50:50, TV 구매 결정자(구매 주 관여자)를 대상으로 하였다. 대상자들은 일반/케이블 TV 이용자 200명, IPTV 이용자 200명, 스마트TV 이용자 100명을 선정하였다.

미디어 이용행태 변화 스마트폰, 태블릿PC, 노트북, PC 등 다양한 기기를 통하여 TV를 시청하지만 여전히 TV 시청의 주요 수단은 TV(91%)로 나타났다. 또한 TV 시청의 목적은 재미(64.8%), 휴식(60%), 가족과 함께 시청(51.6%) 등의 순으로 나타났다.

스마트기기가 많이 이용되지 않던 3년 전과 현재의 TV 시청 행태를 비교하는 질문을 한 결과, TV 시청 장소가 기존의 거실과 방 등 가정 내 장소에서 더 다양한 장소로 확대되었고 TV를 시청하는 기기의 수도 더 많아졌으며, 보다 많은 장르의 방송 콘텐츠를 이용하게 된 것으로 나타났다.

TV 시청 시 멀티태스킹 여부에 대해서는 TV 시청을 하는 동안 다른 행동을 하는 편이라고 응답한 사람이 51.2%로 과반수 이상을 차지하는 것으로 나타났으며, 스마트TV 이용자들이 55%로 평균보다 약간 높게 나타났다. 멀티태스킹 시 사용하는 기기로는 스마트폰이

|표 3-3| TV 시청 시 멀티태스킹 여부와 멀티태스킹 시 사용 기기

	Total	일반/ 케이블TV	IPTV	스마트TV
Base	(500)	(200)	(200)	(100)
TV를 시청하는 동안 다른 행동을 하지 않는 편이다	48.8	49.5	50.0	45.0
TV를 시청하는 동안 다른 행동을 하는 편이다	51.2	50.5	50.0	55.0
	Total	**일반/ 케이블TV**	**IPTV**	**스마트TV**
Base	(256)	(101)	(100)	(55)
데스크탑 컴퓨터	13.3	11.9	16.0	10.9
노트북	18.4	19.8	18.0	16.4
태블릿	5.1	4.0	7.0	3.6
스마트폰	58.2	56.4	55.0	67.3
일반 휴대폰	5.1	7.9	4.0	1.8

Base: All Respondents, N=500, Unit: %

58%로 가장 높은 비중을 차지하였다.

멀티태스킹 시 가장 많이 하는 행동으로는 웹서핑(시청 중인 TV 프로그램 관련 이외)이 22.7%로 가장 높게 나타났다.

이러한 미디어 이용행태를 종합해보면, 다양한 기기에서 TV 시청이 가능해지면서 이용자들은 가정뿐 아니라 이동 중이나 회사, 학교에서도 TV 시청을 하고, 집에서 TV를 시청할 경우에도 TV 시청만 하는 것이 아니라 스마트폰 등 다양한 기기를 동시에 이용하고 있다고 볼 수 있다. 즉 이용 시간, 이용 기기, 이용 콘텐츠 등이 모두 증가한 것으로 요약할 수 있을 것이다.

| 표 3-4 | 멀티태스킹 시 가장 많이 하는 행동

	Total	일반/케이블TV	IPTV	스마트TV
Base	(256)	(101)	(100)	(55)
웹서핑(시청 중인 TV 프로그램 관련 외)	22.7	22.8	23.0	21.8
인스턴트 메시지 보내기	21.9	21.8	16.0	32.7
게임	13.3	14.9	16.0	5.5
SNS(소셜네트워크서비스) 이용	12.5	9.9	13.0	16.4
통화	10.9	10.9	12.0	9.1
문자메시지 보내기	8.2	11.9	5.0	7.3
웹서핑(시청 중인 TV 프로그램 관련)	5.1	4.0	5.0	7.3
독서(디지털기기를 사용한)	2.7	1.0	6.0	0.0
문서 작업	1.6	1.0	3.0	0.0
채팅	1.2	2.0	1.0	0.0

Base: TV 시청 시 멀티를 하는 응답자, N=256, Unit: %

스마트TV 수용도 조사 스마트TV를 구매하여 이용하고 있는 이용자 100명에 대해 스마트TV 이용행태에 대해 질문하였다.

스마트TV 이용자들에게 실제로 스마트 기능을 활용하는지를 물은 결과, 적극적으로 사용하고 있다는 응답이 15%, 어느 정도 사용하고 있다는 응답이 56%로 나타나, 실제 사용하고 있는 이용자가 전체의 71%를 차지하였다. 또 이들에 대해 스마트TV에 대한 전반적인 만족도를 물은 결과, '매우 만족'은 3%로 매우 낮은 반면 '만족'은 73%로 높은 비중을 차지하였다.

|표 3-5| 스마트TV 전반적 만족도와 스마트TV 기능 활용 여부

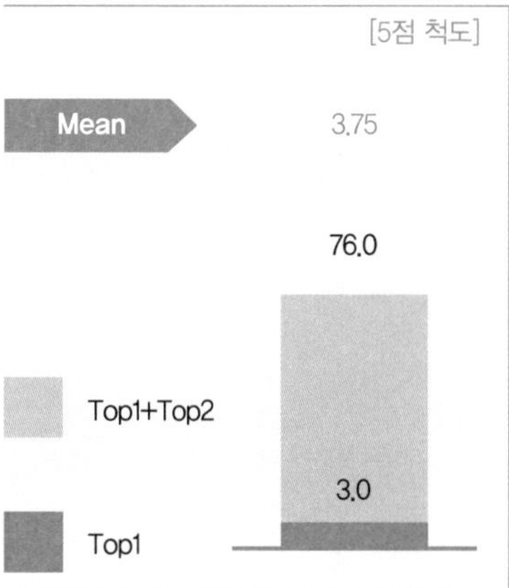

[5점 척도]		Total
	Base	(100)
Mean 3.75	적극적으로 사용하고 있다	15.0
Top1+Top2 76.0	어느 정도 사용하고 있다	56.0
	거의 사용하고 있지 않다	26.0
	전혀 사용하고 있지 않다	3.0
Top1 3.0	일주일 기준 평균 사용시간	3시간 2분

출처 : Small Base, Base: 스마트TV 그룹 ONLY, N=100, Unit: %

스마트TV 기능 중 사용해본 경험이 있는 기능에 대해서는 인터넷 검색이 68%로 가장 높았으며, 무료 비디오 감상이 58%, 3D 기능이 55%, 앱 다운로드 및 실행이 45%를 차지하였다. 이들에 대한 만족도로는 무료 비디오 감상이 69.6점으로 가장 높게 나타났으며, 온라인게임 65점, 인터넷 검색도 62점으로 비교적 높게 나타났으나 100점 만점에서 전반적으로 70점 미만으로 나타나 기능의 개선이 필요할 것으로 보인다.

스마트TV에 대한 구매의향에 대해 스마트TV 이용자와 케이블TV 이용자, 그리고 IPTV 이용자 모두에게 물어본 결과, 65.4%의 응

|표 3-6| 스마트TV 기능 사용 경험

Base	Total (100)	사용빈도	만족도
인터넷 검색	68.0	2.5	62.1
무료 비디오 감상	58.0	1.9	69.6
3D 기능	55.0	2.0	58.0
애플리케이션 다운로드 및 실행	45.0	1.9	44.2
유료 비디오 감상	24.0	2.3	50.0
소셜네트워킹	23.0	2.3	54.5
온라인게임	21.0	2.1	65.0
이메일 작성 및 간단한 문자 작성	20.0	3.2	55.0
비디오 전화	8.0	3.1	42.9
기타	3.0		

출처 : Small Base, Base: 스마트TV 그룹 ONLY, N=100, Unit: %

답자가 구매의향이 있는 것으로 나타났다. 특히 스마트TV 이용자들 중에서는 평균보다 약간 높은 68%가 구매하겠다고 응답하였다.

스마트TV 구매 시 일체형 스마트TV, 인터넷 사업자의 스마트 BOX, 케이블과 IPTV 사업자의 스마트 셋톱박스[1] 중에서 어느 것을 선택할 것인지에 대해 질문한 결과, 스마트TV를 선택한 응답자가 50%로 가장 많았으며 스마트BOX는 29.5%, 스마트 셋톱박스는 20.2%로 나타났다.

스마트TV 구매 이유로는 'TV 교체주기가 7~10년으로 길기 때문에 한 번 구매할 때 최신형을 구매하기 위해서'라는 응답이 가장 많았다.

스마트 BOX 구매 이유로는 '스마트TV 기능이 아직 완벽하지 않으니 스마트BOX로 먼저 시도해보겠다'와 '스마트TV에 준한 기능을 구현한다면 비용이 저렴해서'라는 응답이 많았다. 유료방송 사업자의 스마트 셋톱박스에 대해서는 기존의 유료방송 서비스와 통합해서 이용할 수 있는 것이 편리할 것으로 기대되기 때문에 선택한 것으로 나타났다.

이러한 응답 결과는 스마트TV 서비스가 아직 불완전하여 유료방송 서비스와 동시에 이용하고 싶은 것으로 보이며, 특히 스마트BOX 선택자들보다는 스마트TV 선택자들의 TV에 대한 관여도가 높아 IPTV 서비스를 선택한 비중이 더 높게 나타난 것으로 보인다.

스마트TV 수용자의 특성 본 조사에서는 다른 매체의 이용자에 대한 비교 분석을 위해 앞서 언급한 바와 같이 일반/케이블 TV 이용자 200명, IPTV 이용자 200명, 스마트TV 이용자 100명을 선정하여 조사하였다. 이들에 대한 특성을 분석해보면 다음의 [표 3-7]과 같이 일반 케이블TV 이용자들과 IPTV 이용자들에 비해 스마트TV 이용자들이 다른 특성을 보이는 것으로 분석된다.

스마트폰 보유율, 태블릿PC 보유율이 케이블TV와 IPTV 이용자들에 비해 스마트TV 이용자가 높게 나타났다. 그리고 새로운 기술을 먼저 습득하고 타인의 조언과 경험을 따르기보다는 본인의 취향과 판단에 따라 새로운 기술이나 멋진 디자인에 추가로 지불할 의향이 높은 것으로 나타났다.

|표 3-7| 각 매체 이용자들의 특성

	Total	일반/케이블TV	IPTV	스마트TV
Base	(500)	(200)	(200)	(100)
스마트폰 보유	86.8	81.0	88.5	95.0
스마트폰 비보유	13.2	19.0	11.5	5.0
태블릿 보유	37.6	29.5	37.5	54
태블릿 비보유	62.4	70.5	62.5	46
새로운 기술 또는 멋진 디자인 위해 추가 지불 의향 있음	57.4	48.0	60.0	71.0
언제나 새로운 기술을 먼저 습득	35.4	30.5	31.5	53.0
미래/혁신적인 디자인 TV를 가짐으로써 기분이 좋음	30.2	25.5	30.5	39.0
신기술 습득이 느림 추가 지불 의향 없음	18.0	20.5	16.0	17.0
TV는 인터넷 접속/친목 네트워크를 위한 수단	13.6	10.5	12.0	23.0
TV는 신분 상징 및 보유자의 개인적 성공 반영	5.6	5.5	2.5	12.0
신중하게 구매 결정 타인 검증된 물건 주 구매	46.8	43.5	53.5	40
매장 직원/대세 따른 구매보다는 나의 구매 경험을 바탕으로 구매	28.6	27	22.5	44
신제품에 관심이 많은 편이나 적절한 구매 시기를 기다렸다가 구매	24.6	29.5	24	16

Base: All Respondents, N=500, Unit: %

또한 이들은 TV에 대해서 인터넷 접속 및 친목 네트워크를 위한 수단이나 신분의 상징으로 여기는 등 TV에 대한 의미를 비교적 높게 두는 것으로 나타났다.

스마트TV 확산의 장애 요인들

앞서 살펴보았듯이 스마트TV에 대한 만족도는 높은 편으로 볼 수 있으나 실제 사용되는 기능을 보면 스마트TV가 추구하는 고유의 기능보다 주로 유튜브 등을 통해 동영상을 이용하거나 인터넷 검색을 하는 것으로 나타났다. 삼성전자 자료에 따르면, 2010년 삼성앱스TV가 출시된 후 10개월간 스마트TV 판매 대수가 500만 대 이상이었던 데 반해 앱 다운로드 수는 200만 회로 저조한 편이었다. 영국 유거브YouGov가 스마트TV 보유자 1,300명을 대상으로 스마트TV의 구입이유와 이용행태를 조사한 결과, 영국 시장에 특화된 현상일 수 있으나 응답자의 97%가 'TV용 앱'에 대해 인지하지 못하고 있는 등 스마트TV 앱 이용현황도 매우 낮은 것으로 나타났다.

즉, 제조사들의 적극적인 마케팅으로 스마트TV 판매 대수는 증가하고 있으나 실제로 스마트TV 서비스 이용은 활성화되지 못하고 있는 것으로 평가되고 있다.

이러한 서비스 확산의 장애 요인으로 여러 가지 기술적, 제도적, 서비스적 요인들이 지적되고 있다.

첫째, 리모컨의 제약이다. TV는 리모컨 기반의 UI를 사용할 수밖에 없어 제약이 따른다. 기존 버튼 식의 리모컨으로는 여러 번의 조작을 거쳐야 하므로 현재 TV를 많이 이용하는 고연령층에게는 많은 불편을 초래할 것이다. 마우스 타입의 리모컨이나 음성인식 내장 리모컨 등 손쉬운 UI가 개발되고 있고 일부는 이미 출시되었음에도 불구하고 고가로 판매되고 있는 탓에 이용자가 별도로 구매하지 않으며 음성인식의 경우 역시 해당 기능이 있더라도 인식률이 낮아 실제 잘 이용되고 있지 않은 경우가 많다. 따라서 스마트TV 이용을 편리하게 하기 위해서는 오작동률이 적고 신뢰도 높은 UI의 개발과 저렴한 리모컨 보급이 활성화되어야 할 것이다.

둘째, 이용할 만한 콘텐츠가 부족하다. TV는 무엇보다도 이용자들에게 재미있고, 흥미롭고, 유익해야 한다. 이를 위해서는 기존 방송과 차별화되는 스마트미디어 전용 앱/콘텐츠를 확보해야 할 것이다. 또한 소셜 서비스와 유튜브와 같은 이용자 참여와 창작이 용이하여 이용자들이 스마트TV를 통해 콘텐츠를 공유하고 의견을 나누고 자신을 표현하는 데 유용해야 할 것이다. 그러나 지금은 스마트TV 생태계가 제대로 조성되지 않았다. 즉, 콘텐츠 개발자도 충분하지 않다고 하더라도 수익모델이 제대로 확보되지 않아 투자비를 회수하는 것이 불확실한 상황이다. 특히 스마트TV 내에서 결제 프로세스가 불편하여 유료서비스 판매 자체가 어려운 실정이다. 따라서 양질의 콘텐츠를 확보하기 위해서는 결제 프로세스를 개선하고 콘텐츠 개발자들이 수익성을 확보할 수 있도록 하기 위한 대책 마련이 필요하다.

셋째, 파편적 플랫폼의 형성이다. 스마트TV 표준 플랫폼이 부재하여 이용자도 불편하고 무엇보다도 콘텐츠 개발자들이 제조사별 플랫폼에 따라 콘텐츠를 별도로 제공해야 한다. 이러한 비효율성으로 규모의 경제 및 양의 네트워크 외부성이 발생되기 어려워 시장의 성장이 어려운 실정이다. 그러나 최근 HTML5 기반의 개방형 플랫폼이 확산되면서 이러한 문제들이 해결될 전망이다. HTML5는 인터넷 기반으로 플랫폼의 종류에 상관없이 콘텐츠를 올리고 이용할 수 있는 표준 플랫폼을 제공한다. 해외 사업자들뿐만 아니라 국내 유료 방송사 및 IPTV 서비스 사업자들이 HTML5 기반의 개방형 플랫폼을 수용하고 있으며, 정부에서도 HTML5 기반 콘텐츠들이 다양하게 만들어질 수 있도록 다양한 지원책을 마련하고 있다.

마지막으로 안정적인 네트워크의 확보이다. 이를 위해서는 최근 이슈가 되고 있는 망중립성network neutrality 문제가 해결되어야 할 것이다. 이를 위해서는 정책적 방향 설정과 함께 사업자들 간 협의를 할 수 있도록 하는 정부의 중재자 역할이 매우 중요하다.

최근에는 각국에서의 이러한 망중립성 문제를 회피하기 위해 망을 가지고 있는 유료방송 사업자와 플랫폼 사업자 간 제휴가 활성화되고 있다. 구글TV가 세계 최초로 국내에서 LG U+tvG와 함께 서비스를 시작한 것도 이러한 망중립성 이슈에 대한 대응을 위한 측면도 있다.[2]

스마트TV 2.0으로의 진화와 일상의 변화

스마트TV가 스마트폰처럼 우리의 일상을 변화시키는 파급력을 갖는 새로운 TV가 될 것인지, 아니면 잠시 우리를 스쳐가는 하나의 새로운 기술에 불과할 것인지는 아직 예측하기 어렵다. 스마트TV의 미래에 대해 긍정적인 전망과 비관적인 전망이 공존하고 있다. 이에 필자는 IPTV의 도입 결과를 참조하고 싶다. 앞서 언급하였듯이 국내 IPTV 가입자 수는 700만 명을 넘어섰고, IPTV의 도입은 단순히 방송국의 편성에 따라 시청하던 시청행태를 변화시켜 이용자가 원하는 콘텐츠를 선택하여 보는 VOD 이용이 증가하도록 하였다. 또한 스마트폰과 태블릿PC 등을 경험한 이용자들은 단순한 TV 시청을 넘어 보다 자유롭고 다양한 TV 시청을 원하는 방향으로 변화할 것이다.

이러한 이용자들의 변화하는 욕구를 충족시켜주기 위해 스마트TV는 지금의 장애 요인을 극복하고 더욱 편리하고 매력적인 서비스로 변화해야 할 것이다.

스마트TV의 진화는 국내외 다양한 사업자들의 기술 개발과 서비스 개발에 따라, 그리고 사회에서의 수용에 따라 달라질 것이므로 예측하는 것이 쉽지는 않으나 국내에서 개발되고 있는 스마트TV 2.0 기술을 통해 대략의 방향성을 가늠해볼 수 있을 것이다.

스마트TV 1.0이 기존 방송과 인터넷, 그리고 애플리케이션을 TV에서 이용할 수 있게 하는 서비스라면 스마트TV 2.0은 스마트TV 1.0의 기능에 추가하여 멀티스크린으로의 확장, 편리한 이용자 리모컨(음성, 제스처 등), 방송과 연계된 증강방송 등의 다양한 새로운 서비스를 제공하는 것을 의미한다.[3] 뿐만 아니라 지능형 컴퓨팅 기능을 통해 이용자에게 맞춤화된 보다 편리하고 정확한 동영상 콘텐츠

검색과 맞춤형 광고 등의 서비스 제공이 가능해진다. 음성인식, 제스처 인식 등은 이미 제품으로 출시되어 있으나 아직 그 기능이 불완전하여 추가적인 기술이 개발되고 있다. 이러한 기술의 개발은 현재 제공되고 있는 방송 서비스 자체를 보다 편리하고 흥미롭고 유익하게 제공할 수 있도록 할 것이다. 증강방송의 경우 시청 중인 지상파방송에 부가적인 서비스를 제공하여 방송 시청 중 궁금한 내용들을 스마트폰으로 별도로 검색하지 않고도 편리하게 이용할 수 있고, 맞춤형 광고를 통해 이용자의 취향과 필요를 고려한 광고 위주로 제공할 수 있을 것이다.

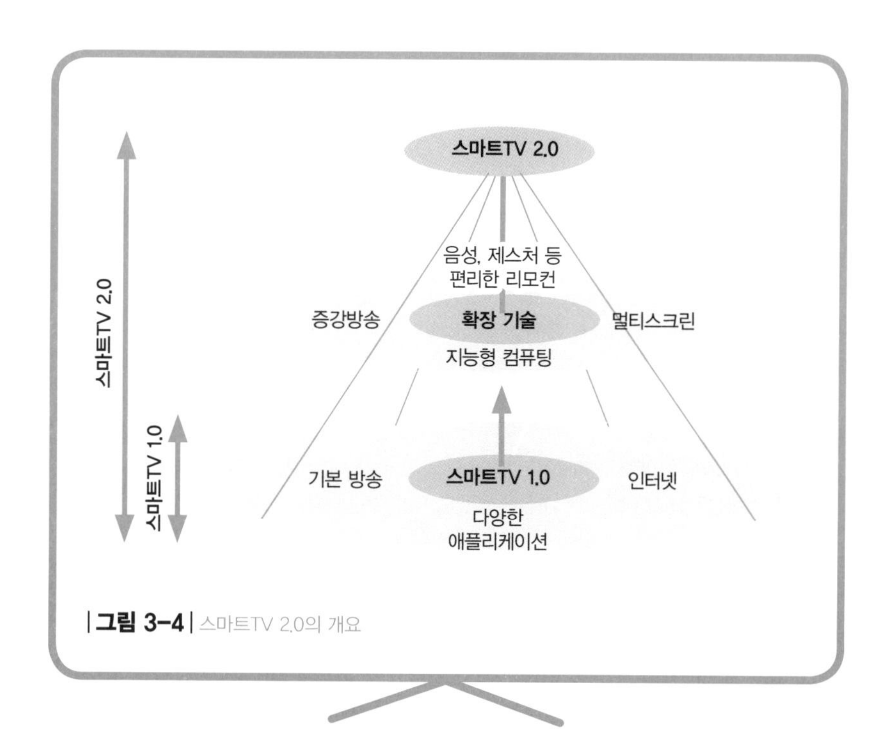

그림 3-4 | 스마트TV 2.0의 개요

● 오빠가 류현진 선수의 경기를 보자고 한다. 야구를 잘 모르는 나는 같이 봐주고 싶어도 너무 재미가 없었다. 그러나 요즘엔 스마트TV 증강방송 서비스에서 초보자용 방송을 선택하면 내 수준에 딱 맞는 초보자용 중계방송이 나와 이제 야구에 맛을 들이게 되었다. 오빠는 스마트TV에서 류현진 선수의 피칭 장면을 슬로모션으로 보고, 경기장도 마음껏 훑어볼 수 있어서 실제로 메이저리그 경기장에 있는 것 같다며 좋아한다. 스마트TV에서 우리 동네 치킨집 쿠폰이 날아와 저렴한 가격으로 치킨도 먹는다. 야구는 오빠와 아빠만 봤었는데 요즘엔 덕분에 엄마랑 나도 치킨을 뜯으며 같이 재미나게 본다. 휴대폰으로 내가 관심 있는 선수에 대한 기본사항도 바로바로 받아볼 수 있으니 경기에 대한 이해도 또한 높아진다.(증강방송 서비스, 멀티스크린, 지역 맞춤형 광고, 주문 및 결제 서비스)

● 우리 집은 매년 명절 때마다 차례를 지내고 온 가족이 모여 고스톱을 치며 '화합'의 시간을 갖는다. 작년에는 아버지가 편법을 쓰셔서 큰아버지와 작은 언쟁이 있었는데 올해는 스마트TV를 통해 패를 나누니 그런 불상사가 없으리라 생각된다. 모두들 손에 스마트폰과 패드를 하나씩 들고 집중을 하고 있다. 스마트폰에 손을 갖다 대자 '촤악' 경쾌한 소리와 함께 스마트TV에 패가 뒤집어진다. 아!!! 오늘도 할머니가 내 한 달치 용돈을 회수해 가신다. 역시 할머니의 고스톱 실력은 따라갈 자가 없다.(멀티스크린 연동 게임)

● 엄마의 표정이 좋지 않다. 엄마 동창이 요즘 유행하는 가방을 샀다고 자랑하셨다고 한다. 언제 가방 사러 나가야 할 텐데 하시던 엄마는 드라마를 보다 갑자기 "저거야" 하시더니 드라마 여주인공이 메고 있는 가방을 클릭해놓으신다. 드라마가 끝나고 엄마는 스마트TV 증강현실 속에서 매치해보고 제스처인식을 이용해 손으로 이리저리 돌려보면서 가방을 꼼꼼히 살피시더니 아빠에게 상품 정보를 전송하신다. 엄마 얼굴에 미소가 진다.(증강현실, 제스처인식, N-스크린)

● 세상이 스마트한 기기들과 함께할수록 아빠의 삶도 윤택해진다. 태블릿PC나 스마트TV를 이용해 어디서나 스마트워크가 가능하기 때문이다. 평소 주말에도 출근할 정도로 바쁘신 아빠는 주말 아침에 스마트TV에서 오늘 중요한 회의가 예정되어 있음을 안내했는데도 불구하고 출근하실 생각도 안 하시는 것 같다. 회의 있으시다더니 어찌 된 일이냐고 묻자 스마트TV로 화상회의가 있어 출근하지 않아도 된다고 하신다. 오전 10시가 되자 부장님과 화상회의를 통해 업무보고자료를 전달하신다. 러닝셔츠 바람의 아빠가 스마트TV 화면에서는 멋진 정장을 입고 회의를 하고 계신다. TV 화면 속 프로페셔널한 아빠와 러닝셔츠 입은 아빠를 동시에 보고 있자니 웃음이 나온다. 그래도 그동안 1시간이 넘게 걸려 주말에도 출근하셔야 했던 것이 마음에 걸렸는데 스마트TV 덕분에 주말의 여유를 찾게 되신 것 같아 기쁘다.(스마트워크, 모션인식)

이렇게 진화하는 스마트TV가 향후 우리의 일상을 어떻게 변화시킬 수 있을지 가상의 시나리오를 통해 살펴보았다. 스마트TV가 진정으로 '스마트'해진다면 파편화되어가는 가족을 더욱 화목하게 해주고, 우리 삶을 편하고 윤택하게 해주지 않을까 기대해본다.

주

1 정식 명칭은 아니지만 조사의 편의상 본 연구팀에서 국내 인터넷 사업자 및 애플 등 통신사가 아닌 사업자가 제공하는 유료 기기+무료 콘텐츠를 스마트BOX로, 유료사업자가 제공하는 무료기기+유료서비스를 스마트 셋톱박스 서비스로 구분하여 정의한 후 질문하였다.

2 2013년 8월, 구글TV 인터뷰 내용 중.

3 한국전자통신연구원(ETRI)에서 개발하고 있는 'Beyond SmartTV' 기술개발에서 추진하는 스마트TV 2.0의 내용.

태블릿PC와 일상생활

CHAP 04

태블릿PC 이용자를 대상으로 정보통신정책연구원이 조사한 결과에 따르면, '다양한 애플리케이션을 이용하기 위해서', '언제 어디서나 인터넷을 이용하기 위해서', '새로운 서비스나 기술에 대한 호기심 때문에' 태블릿PC를 이용한다는 답이 순서대로 가장 높게 나타났다. 이는 스마트폰 이용자들을 대상으로 한 조사결과와도 같은 순위이다. 그러나 '학업이나 업무상 필요해서'라고 답한 태블릿PC 이용자들이 14%를 넘어 네 번째 순위를 차지한 반면, 5%의 스마트폰 이용자들만이 '학업이나 업무상 필요해서'라고 답해 이 두 모바일기기 간의 변별성을 시사하고 있다.

"Is there a room for the third category of device in the middle? Something between a laptop and a smartphone?"

(Steve Jobs, Apple CEO, 2000)

2010년 1월 애플 사의 CEO 스티브 잡스는 랩탑과 스마트폰 사이의 간극을 이을 모바일기기로 아이패드iPad를 세상에 공개했다. 이 자리에서 그는 일상생활에 자주 사용하는 7대 기능(웹브라우징, 이메일, 사진, 비디오, 음악, 게임, 전자책) 면에서 스마트폰이나 랩탑보다 월등한 장점을 지닌 "황홀하고magical 혁신적인revolutionary" 태블릿PC가 대중의 사랑을 받으며 인간의 삶에 커다란 변화를 가져올 것이라고 예견했다.

아이패드가 본격적으로 출시된 2010년 4월부터 지금까지 추세는 잡스의 예견이 현실화되고 있음을 보여준다. 아이패드를 위시한 태블릿PC의 보급률이 가히 기록적이다. 최근 《MIT 테크놀로지 리뷰》

는 전화, 텔레비전, 컴퓨터, 휴대전화, 인터넷, 스마트폰, 태블릿PC 등 9개 주요 기술별 미국 내 보급률을 분석한 글을 실었다. 이 글에 따르면, 전화와 전기는 각각 25년과 30년이 지나서야 미국 인구의 10%가 이용하였으며, 라디오, 텔레비전은 물론이고 컴퓨터, 휴대전화, 인터넷, 스마트폰과 같은 비교적 최근 기술도 대략 8~9년가량이 흘러서야 10%대 보급률을 이룰 수 있었다. 이에 반해, 태블릿PC가 미국 내 10% 보급률을 달성하기까지 단 2.5년이란 기간이 소요되었다(Michael DeGusta, 2012).

|그림 4-1| 애플 사의 스티브 잡스가 샌프란시스코에서 가진 프레스 컨퍼런스에서 아이패드를 소개하고 있다(2010).

태블릿PC는 PDApersonal digital assistant와 랩탑의 장점을 살린 터치

스크린 방식으로 프로그램을 실행하는 모바일 인터넷 기기이다. 20세기 중후반 〈2001 스페이스 오디세이〉나 〈스타트렉〉 같은 공상과학소설과 영화에서 묘사되던 태블릿PC는 마이크로소프트 사를 포함한 IT 업체의 계속된 상품화 도전과 개발 경쟁으로 이어졌다. 결국, 21세기에 접어들어서야 스티브 잡스의 애플 사가 내놓은 아이패드가 성공적으로 시장에 진입하면서 태블릿PC는 일상생활에서 쉽게 접할 수 있는 휴대기기로 자리매김하게 되었다.

|그림 4-2| 영화 〈2001 스페이스 오디세이〉(1968, 위쪽)와 〈스타트렉〉(1987, 아래쪽)의 한 장면

2012년 기준 전 세계 태블릿PC 시장은 애플의 아이패드가 60% 이상을 차지하고 있으며 삼성과 마이크로소프트 사 등 후발주자들이 나머지 40%가량 시장을 분할했으나, 2016년에는 삼성의 갤럭시

Galaxy, 아마존의 킨들Kindle, 반스앤노블의 누크Nook 등 안드로이드 OS를 기반으로 하는 제품들과 마이크로소프트 사의 분발에 힘입어, 태블릿PC 시장에서 애플의 아이패드가 차지하는 비중이 절반에도 미치지 못하게 될 것이란 전망이다([표 4-1] 참조).

|표 4-1| 운영체제별 태블릿PC 시장 지분

구분	2012년	2016년
애플 아이패드	61.4%	46%
구글 안드로이드 삼성 갤럭시 아마존 킨들 반스앤노블 누크	31.9%	37%
마이크로소프트 윈도우	4.1%	12%
기타	2.6%	5%

출처 : Gartner Group, CNNMoney(2012)

이같은 태블릿PC의 인기는 미국을 넘어 한국을 포함한 전 세계적인 현상으로 확산되어가고 있다. 미국의 태블릿PC 보유율은 2010년 5월 미국 성인 인구의 3%이던 것이 3년이 지난 2013년 5월 34%로 급증하였다(Pew Research Center, 2013). 이는 미국 성인 세 명 중 한 명꼴로 태블릿PC를 소유하고 있다는 것을 의미한다. 한국정보통신정책연구원의 전망에 따르면 2011년 180만 명이던 우리나라 태블릿PC 가입자 수는 2013년에 563만 명, 2015년 982만 명으로 비약적인 증가세를 이어갈 예정이다. 미국과 유럽 국가를 넘어 신흥 시장에서도 태블릿PC의 보급률이 눈에 띄는 증가세를 보이고 있다.

최근 들어 각 시장조사업체마다 태블릿PC 판매율 및 보급률 등의 전망치를 경쟁적으로 내놓고 있다. 2016년에 전 세계의 태블릿PC 보유자 수가 총 7억 6천만 명으로 늘어날 것이며(Forest Research, 2011), 태블릿PC 출하 대수가 2011년 5,520만 대에서 2016년에 2억 5,300만대로 급증할 것이란 전망이다(Juniper Research, 2011). 시장조사업체 가트너(Gartner, 2010)는 2015년에 전 세계 태블릿PC 판매량이 3억 2천만 대 이상일 것이라고 전망한다. 조사업체마다 예측하는 각 수치에서는 미세하게나마 차이가 있지만, 이들의 공통된 전망은 전 세계적인 태블릿PC의 보급률이 타 IT 기기의 보급률을 훌쩍 뛰어넘고 그 인기 추세는 당분간 지속될 것이라는 점이다.

태블릿PC의 특징과 활용

이같은 태블릿PC의 대중적 관심과 보급률 증가는 텔레비전, PC, 종이신문 등 기존 매체에 대한 상대적인 쇠락을 야기할 수 있다. [표 4-2]는 동영상 시청(23.8%), 전자책(15.5%), 정보검색(14.5%), 웹서핑(9.9%), 뉴스(9.2%)가 태블릿PC의 주 이용 목적임을 보여준다(정보통신정책연구원, 2011). [표 4-2]에서 보듯이, 일반 PC나 랩탑 대신 태블릿PC를 사용하는 주요 이유를 묻는 질문에 응답자들은 1)휴대하기 간편하고(31%), 2)인터페이스가 쉽고(21%), 3)빠른 부팅 속도(15%)를 랩탑, 데스크탑 등 일반 PC보다 우월한 태블릿PC의 대표적 장점으

| 표 4-2 | 태블릿PC 활동/작업과 일반 PC 대신 태블릿PC를 사용하는 이유

순위	태블릿PC 활동/작업	일반 PC대신 태블릿PC 사용 이유
1	동영상 시청(23.8%)	간편한 휴대성(31%)
2	전자책(15.5%)	인터페이스의 용이성(21%)
3	정보검색(14.5%)	빠른 부팅 속도(15%)
4	웹서핑(9.9%)	편리성(12%)
5	뉴스(9.2%)	크기(12%)
6	업무학습(7.9%)	다양한 장소에서 사용(12%)

출처 : 정보통신정책연구원(2011), The Nielsen Company(2011)

로 꼽았다(The Neilsen Company, 2011).

보통 7인치에서 10인치 크기로 휴대가 간편하고 장소에 구애받지 않으며 이용이 간편한 태블릿PC는 동영상 시청이나 전자책, 정보검색을 주로 하는 사람들에게는 분명 매력적이고 스마트한 기기이다. 이런 점들이 최근 일반 PC와 랩탑의 출하 대수 감소세를 부추기는 주 원인 중 하나가 되고 있다. 특히, 다양한 운영체제와 사이즈, 가격 하락은 현재의 PC와 랩탑의 경쟁에서도 나름의 성공적인 포지셔닝positioning을 구축하며 태블릿PC가 꾸준히 성장세를 이어올 수 있는 힘이 되고 있다(주재욱 외, 2012).

[그림 4-3]은 태블릿PC의 포지셔닝을 타 IT 매체와 비교해 보여주고 있다. 태블릿PC는 기능적인 면에서 스마트폰 시장 잠식 효과는 제한적이고 상호 보완관계를 형성할 것이란 전망이다(박유리 외, 2011). 반면, 아이패드의 등장을 계기로 기능적으로 스마트폰과 랩탑 컴퓨터 사이에 위치하는 이북e-book 리더와 넷북은 물론 타 IT 기기

서울 모 대학 경영학과 4학년인 김희진(25) 씨는 태블릿PC 예찬론자다. 하루 중 절반 이상 그녀의 손에는 알바비를 모아 작년에 큰맘 먹고 구입한 태블릿PC가 들려 있다. 졸업논문과 취업 준비를 위한 '스펙 쌓기'로 동분서주하다 보면 하루 24시간이 모자란 그녀에게 태블릿PC는 구세주와 같은 존재다. 무거운 교재나 노트북 대신 태블릿PC 하나로 해결할 수 있는 일이 많아지면서 경제적, 시간적, 체력적으로 이루 말할 수 없는 도움이 되더란다.

오전 8시 : 집에서 지하철로 40여 분 걸리는 통학시간. 사람들이 빼곡히 찬 지하철이 공부방이 된다. 태블릿PC로 전날 밤 다운로드해놓은 강의 PPT를 보며 수업 준비를 한다. 이따금씩 태블릿PC에 저장된 전공서적들을 들춰보며 강의 내용을 파악한다.

오전 9시~12시 : 'Notability'라는 앱에 태블릿용 펜이나 키보드로 교수님 강의를 필기한다. 타 기기와 연동성이 좋아져, 키보드의 경우 블루투스를 이용하여 과거 기종과의 연결이 가능해 편리하다.

오후 12시~1시 : 오후에는 전공과목 팀 프로젝트를 위한 회의가 있어서, 학교 카페에서 혼자만의 짧은 점심시간을 가져야 한다. 부득이 혼자 먹는 점심시간엔 보통 태블릿PC로 영화나 미드를 보곤 하지만, 오늘은 곧 시작될 회의 준비도 해야 하니 가볍게 게임 한 판으로 기분 전환.

오후 1시~3시 : 경영학과의 특성상 팀 프로젝트가 많다. 태블릿PC 덕에 회의를 진행하면서 동시에 회의 내용을 구글링 및 문서화할 수 있어 좋다. 오늘 참석 못한 멤버들을 위해 회의 내용을 클라우드에 올리는 것도 잊지 않는다.

오후 4시 30분 : 오후 수업을 마치고 바쁘게 지하철역으로 향한다. 강남에 위치한 학원에 6시까지 도착하기 위해서는 서둘러야 한다. 언론학이 부전공인 그녀는 주로 이 시간에 매일 신문 2개 이상을 태블릿PC를 통해 본다. 종이신문에 비해 서치와 스크랩이 용이하다. 관심 있는 기사와 사설은 SNS를 통해 공유하고 의견을 나누기도 한다.

오후 9시 : 학원친구들과 그룹스터디 겸 수다를 떨고 나면 대략 밤 9시. 집으로 가는 지하철 내에서 무엇을 하는가는 그날그날 기분과 상황에 따라 다르지만 그 활동이 태블릿PC를 통해 이뤄진다는 점은 변함없다. 카톡, 영화/미드 감상, 게임, 공부 등 다양한 활동을 태블릿PC를 통해 하고 있다.

전반에 걸쳐 살아남기 위한 몸부림이 거세지고 있다. 예를 들어, 이

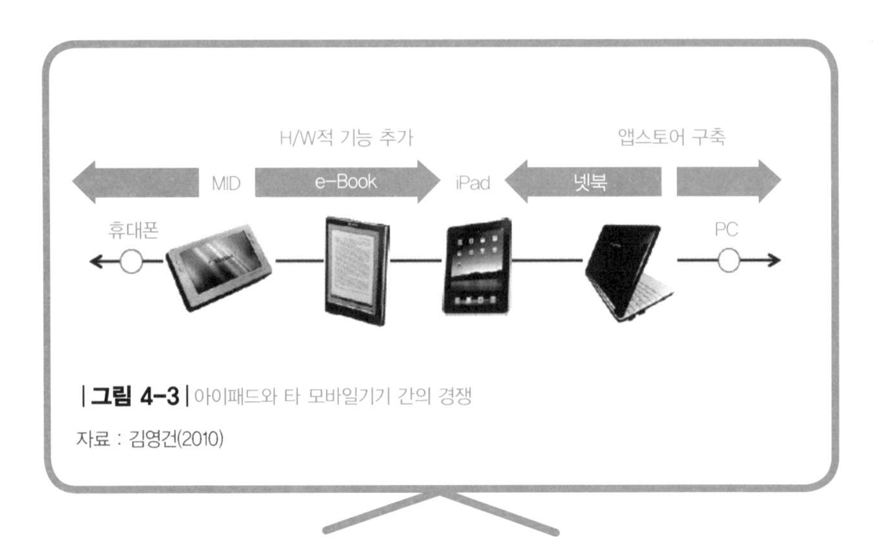

| 그림 4-3 | 아이패드와 타 모바일기기 간의 경쟁

자료 : 김영건(2010)

북 리더는 컨텐츠의 확대와 리더기의 하드웨어적인 발전을 모색하고 있으며, 넷북은 앱스토어를 구축하는 등의 자구책을 통해 생존 경쟁을 펼치고 있다(김영건, 2010). 시장조사기관 가트너의 5개국 소비자 대상 포커스 그룹 조사결과에 의하면, 구매 당시에는 태블릿PC를 일반 PC의 대용품이라 생각하지 않던 이들도 태블릿PC의 휴대성과 편리성 등으로 인해 대부분의 컴퓨터 작업이나 활동 의존도가 자연스레 일반 PC에서 태블릿PC로 옮겨가는 것으로 밝혀졌다(연합뉴스, 2012).

태블릿PC 소유 여부 우리나라의 세대별 태블릿PC 소유 현황을 조사한 결과에 따르면, 3040세대에서 태블릿PC를 가지고 있는 비율이 다른 세대에 비해 가장 높은 것으로 나타났다(이호영 외, 2012).

구체적으로 10대는 12%, 20대는 28%, 50대는 25%에 그친 반면, 30대와 40대는 각각 32%, 31%의 소유율을 보였다([표 4-3] 참조). 이는 10대와 20대의 소유율이 상대적으로 높은 스마트폰과 달리, 경제력이 있는 3040세대가 태블릿PC의 주요 구매자로 나서고 있기 때문이다. 이같은 현상은 미국도 마찬가지이다. 경제적 소득에 상관없이 상당수의 미국 청소년들은 스마트폰을 갖고 있으나, 태블릿은 아직까지 미국 성인 30대와 40대(특히, 연간 가구 소득이 7만 5천 달러 이상인 성인)의 소유율이 다른 세대보다 높은 것으로 나타났다(Pew Research Center, 2013).

한편, 한국통신정책연구원(박유리 외, 2011)이 태블릿PC를 보유하지 않은 사람들을 대상으로 태블릿PC 구입 의향을 묻는 조사를 했다. 그 결과, 절반 이상인 55%가 구입 의향이 있는 것으로 나타났다. 구매 의향이 가장 높은 프로파일은 40대(62%) 남자(60.7%)로 스마트폰

| 표 4-3 | 세대별 태블릿PC 소유 여부

연령	전체	소유	비소유
10대(15~19) 명(%)	195(100)	24(12.3)	171(87.7)
20대(20~29) 명(%)	903(100)	87(28.2)	222(71.8)
30대(30~39) 명(%)	381(100)	122(32.0)	259(68.0)
40대(40~49) 명(%)	383(100)	117(30.5)	266(69.5)
50대(50~59) 명(%)	269(100)	68(25.3)	201(74.7)
60대(60세 이상) 명(%)	163(100)	13(8.0)	150(92.0)

출처 : 이호영 외(2012)

과 스마트TV 등 타 디지털기기를 보유하고 있으며(64.2%) 인터넷 이용량도 3시간 이상으로 활발한 '인터넷 스마트기기족'인 것으로 나타났다.

태블릿PC 이용행태 태블릿PC 이용자를 대상으로 정보통신정책연구원(2011)이 조사한 결과에 따르면, '다양한 애플리케이션을 이용하기 위해서', '언제 어디서나 인터넷을 이용하기 위해서', '새로운 서비스나 기술에 대한 호기심 때문에' 태블릿PC를 이용한다는 답이 순서대로 가장 높게 나타났다([그림 4-4] 참조). 이는 스마트폰 이용자들을 대상으로 한 조사결과와도 같은 순위이다. 그러나 '학업이나 업무상 필요해서'라고 답한 태블릿PC 이용자들이 14%를 넘어 네 번째 순위를 차지한 반면, 5%의 스마트폰 이용자들만이 '학업이나 업무상 필요해서'라고 답해 이 두 모바일기기 간의 변별성을 시사하고 있다.

연령별로 태블릿PC 이용행태를 살펴보면, 태블릿PC 소비자들의 이용행태에 세대 간 차이가 있음을 알 수 있다. '다양한 애플리케이션을 이용하기 위해' 구매한다고 답한 응답자들은 세대가 높아질수록 줄어드는 경향을 보였다. 50대에서는 '상시 인터넷 이용'을 위해서라고 답한 응답자의 비율이 다른 세대에 비해 높게 나타나 1위를 차지했으며, '학업이나 업무상 필요에 의해서' 구매했다고 답한 응답자의 비율은 3040세대가 다른 연령층에 비해 월등히 높은 것으로 나타났다.

다운로드한 애플리케이션 중 게임 관련 앱이 가장 인기를 끄는 것으로 나타났다. 이것은 태블릿PC 대중화가 이뤄진 미국이나 태블릿PC 시장이 이제 막 기지개를 켠 한국 모두 해당되는 사항이다. 정보통신정책연구원(2011)의 최근 조사결과에 따르면, 태블릿PC의 애플리케이션 다운로드 개수는 평균 24.5개이며 이중 게임 관련 앱이 3.6개로 가장 많았다. 그 다음으로 교육 및 업무(1.9개), 검색(1.9개), 뉴스

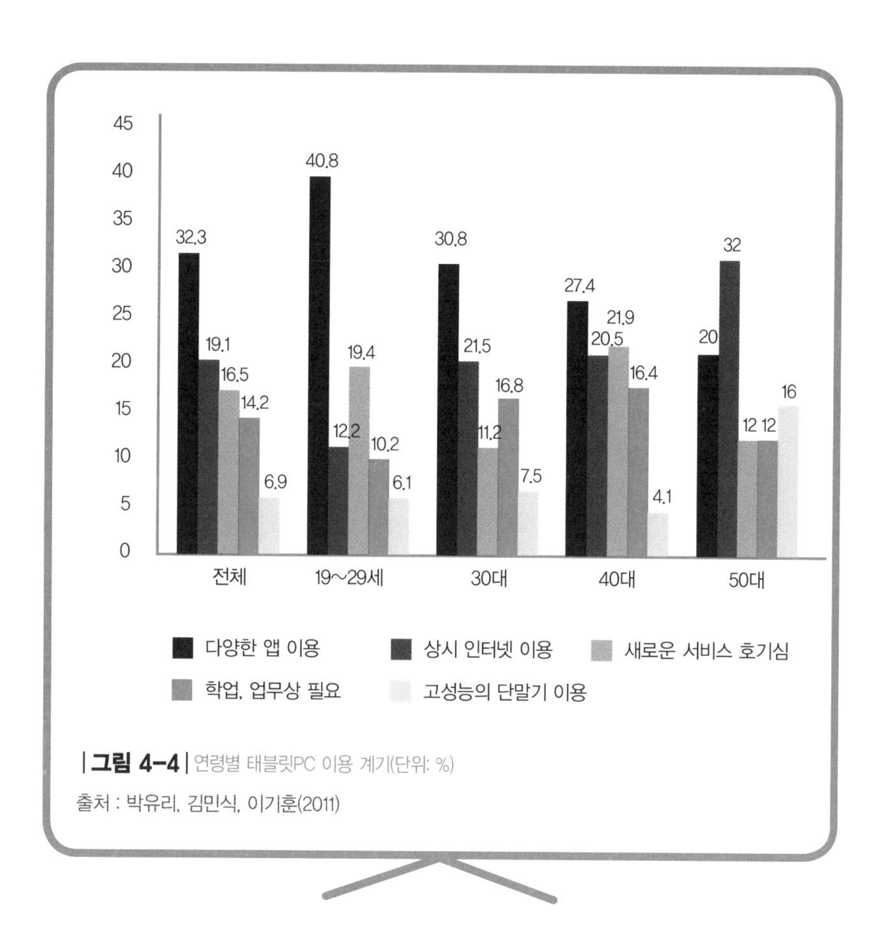

| 그림 4-4 | 연령별 태블릿PC 이용 계기(단위: %)

출처 : 박유리, 김민식, 이기훈(2011)

(1.7개), SNS(1.6개), 컴퓨니케이션(1.5개), 전자책(1.5개) 순이었다. 가장 많이 이용하는 태블릿PC용 애플리케이션도 게임이 압도적 1위(14.5%)를 차지했다. 그 뒤를 이어, 전자책(11.9%), 교육(10.9%), 커뮤니케이션(10.2%), 검색(9.2%), 금융(7.6%) 관련 앱이 자주 사용되는 것으로 나타났다.

태블릿PC가 보편화된 북미 시장은 전자책이 일반 종이책 판매량을 넘어섰다. 우리나라도 서서히 전자책 발간이 증가하고 있다. 한 조사에 따르면, 스마트폰에서는 가볍게 읽을 만한 콘텐츠를, 태블릿PC에서는 자기계발, 전공서적, 외국어 등 시간과 노력을 요하는 내용의 전자책을 구매하는 것으로 나타났다(리뷰조선, 2011).

태블릿PC 이용 및 선택에 관한 연구 태블릿PC를 어떻게 사용하고 있는가에 대한 현황과 실태를 넘어, 다양한 모바일기기들 중 태블릿PC를 선호하고 이용하는 자들에 대한 심층연구가 국내외 학계에서 활발히 진행 중이다. 김기연(2012)은 사용자경험user experience:UX과 이용 동기에 대한 주관성 연구를 통해 네 가지 태블릿PC 사용자 유형의 특성을 발견하였다([표 4-4] 참조).

학습 및 자아실현형(유형1)은 자신이나 자녀의 학습 등에 태블릿PC를 주로 이용한다. 직장에서 태블릿PC 활용도가 높은 태블릿 라이프형(유형2)은 '스마트워커족'으로 불리기도 한다. 인포테인먼트형(유형3)은 정보information와 오락entertainment을 둘 다 추구하는 집단으로 미디어 콘텐츠 소비와 소셜네트워크를 통한 커뮤니케이션 용도로 태블릿PC를 주로 사용한다. 이들은 태블릿PC를 일반 PC, 랩탑, 스마트폰과 확실히 구별되는 독특한 상품가치가 있다고 여긴다. 마지막으로, 융합도구형(유형4)은 그 어떤 유형보다 태블릿PC를 자유자재로 활용하는 집단이다. 이들이 생각하는 태블릿PC 활용은 일반 업무 처리를 넘어 전문화 영역까지 적용이 가능한 '원소스멀티유즈 one-source multi-use' 기기이다.

| 표 4-4 | 태블릿 사용자 유형별 정의

유형	정의
학습 자아실현형 (learning & self-actualization)	태블릿을 자기관리용 또는 자녀교육용 학습매체나 북리더로 활용. 비교적 사용매뉴얼이나 조작방식이 쉽고 직관적이어서 사용자 친화적인 인터페이스(UI), 화면크기와 가독성이 좋아 육아, 토익 인터넷 강의 등의 학습용 기기로 사용할 때 태블릿PC 진가가 살아난다고 생각
태블릿 라이프형 (tablet lifestyle)	주로 일이나 업무처리를 위한 모바일 오피스용으로 태블릿을 사용. 작업용 외에 다른 용도로는 잘 사용하지 않는 편. 컴퓨터를 켜지 않아도 장소에 구애받지 않고 e북, 인터넷, 메일, 문서작업 등을 쉽게 할 수 있어서 효율적이고, 업무회의 관련 비즈니스 애플리케이션도 유용
인포테인먼트형 (infotainment)	태블릿으로 오락과 정보를 추구. 실시간으로 뉴스 및 정보검색, 잡지, 동영상, 사진, TV, 게임 등을 위한 소비재로 태블릿을 사용. 태블릿에 몰두하면 주변 사람과 대화시간이 줄고 자연스럽게 퍼스널해짐
융합도구형 (all-round tools)	태블릿 하나로 여러 가지를 복합적으로 자유자재로 활용. 태블릿은 사용자의 역량에 따라 단순한 기능에서 물품구매, 스크랩, 스캔, 복사 등의 오프라인 기능부터 미디어 플레이어, 게임, 오피스, e북, 일정 및 커뮤니케이션 관린, 교육 전문화 영역까지 사용 범위가 무궁무진함

출처 : 김기연(2012)

문성철 · 윤해진(2012)은 '유용성perceived usefulness', '용이성perceived ease of use', 그리고 '유희성(즐거움)'이 특정 기기에 대한 사용의도에 영향을 미친다는 '기술수용모델technology acceptance model;TAM'을 응용하여 태블릿PC의 잠재적 수요군의 태블릿PC 채택의도를 조사하였다. 그 결과, 사람들이 태블릿PC의 유용성과 유희성이 높다고 인지하면 이 기기에 대한 채택의도가 높아지는 것으로 나타났으나, 용이성은 채택의도에 별다른 영향을 미치지 않는 것으로 밝혀졌다. 유희성이 유용성보다 채택의도에 더 많은 영향을 미치는 것으로 밝혀져 태블릿PC에 대한 일반 소비자들의 인식을 짐작할 수 있다. 이들 세 개 변수와의 관계성을 설명하는 외생변수들 중 '기능적 속성functional attribute'이 가장 큰 설명력을 가진 반면, '비용합리성'은 '용이성'에만 부적인 관계를 보이는 등 태블릿PC 채택의도에 별다른 고려사항이 되지 않는 것으로 나타났다.

학교에서 태블릿PC가 교육용 매체로 서서히 자리를 잡고 있다. 정부는 '디지털 교과서' 보급에 앞장서고 있으며, 세종시교육청도 초등학교에 태블릿PC를 공급하여 '스마트교육'을 추진하고 있다. 선행 연구들에 따르면 태블릿PC를 활용한 강의나 수업이 실시간 피드백, 참여도, 학생 간 상호작용student-student interaction 등 긍정적인 교육환경을 제공하는 것으로 나타났다(Kim, Horton, & Amelink, 2011; Koile & Singer, 2006; 류지현, 2008). 한편, 코넬 · 베일리스 · 파머(Connell, Bayliss, & Farmer, 2012)는 인쇄물, 이북 리더, 태블릿PC를 가지고 대학생들의 독해능력에 대한 흥미 있는 실험을 시행하였다. 그 결과, 인쇄물을 읽는 속도가 같은 내용을 이북 리더나 태블릿PC를 통해 읽을 때보다 빨랐지만 독해능력에 있어 인쇄물, 태블릿PC, 이북 리더 간에 통계적으로 유의미한 차이가 없는 것으로 나타났다.

태블릿PC, 종이신문의 대안모델인가?

"The iPad is not a supersized smartphone. It may be the future of newspapers."

(Roger Fidler, director of digital publishing at the Reynolds Journalism Institute)

미디어재벌 루퍼드 머독이 야심차게 창간한 《더 데일리The Daily》가 2012년 12월 폐간되었다. 2011년 2월 '아이패드 전용 신문'이란 기치를 걸고 창간된 신문이 2년도 채 되지 않아 수익모델

|그림 4-5| 미디어재벌 루퍼트 머독이 '아이패드 전용 신문'이란 기치를 걸고 야심차게 창간한 《더 데일리(The Daily)》

창출에 실패하고 문을 닫고 만 것이다. 이는 최근 종이신문들의 폐간이 잇따르고 있는 현실에서 신문업계에 적잖은 충격을 준 사건이었다. 《더 데일리》는 신문업계에서 태블릿PC의 장점을 살린 종이신문의 대안모델로 기대를 모았으나 10만여 명의 독자 유치에 그치며 수천만 달러의 적자에 허덕이다 결국 폐간에 이르렀다.

언론산업계와 학계는 《더 데일리》의 폐간에 대해 여러 가지 해석을 내놓고 있다. 무료 뉴스 콘텐츠에 익숙한 태블릿PC 이용자들에게 일주일 이용에 0.99달러, 1년 정기구독에 39.99달러의 비용이 부담이 되어 《더 데일리》 조기 폐간을 불러온 것인가? 아직까지 태블릿PC는 뉴스 전달의 주요 매체로 자리매김하기에는 시기상조인 것인가? 아니면 단지 신문업계의 뉴페이스로서 《더 데일리》의 존재감 부족과 타 신문업계와의 뉴스 콘텐츠 경쟁력에서 밀려난 것인가? 해석은 분분하였으나, 결국 《더 데일리》란 일개 신문사의 폐간에 언론산업계와 학계가 떠들썩했던 이유는 태블릿PC가 쇠락해가는 기존 종이신문의 대안모델로서의 가늠자 역할을 기대했기 때문이었다.

《더 데일리》의 폐간만을 갖고 태블릿PC와 같은 새로운 플랫폼을 통한 뉴스 소비 시대의 도래를 부인하지는 못할 것이다. 뉴욕타임스나 워싱턴포스트와 같은 브랜드가치가 높은 신문사들이 그들만의 고품질 기사를 기존의 종이신문뿐만 아니라 태블릿PC를 통해 제공하는 현실에서 《더 데일리》란 신생 언론사의 생존력은 상대적으로 부족할 수밖에 없었다. 태블릿PC에 최적화된 비주얼을 강화한 기사

배치와 사용자 인터페이스UI로 무장한 《더 데일리》라지만 결국 특정 신문을 접하는 이유는 콘텐츠(기사)이다. 소비자가 원하고 필요로 하는 기사를 얼마나 신속하고 정확하게 제공할 수 있는가가 너무나 명백하고 기본적이지만 신문산업의 가장 중요한 덕목이란 점을 이 사건을 통해 확인할 수 있었다. 《더 데일리》는 성공적인 비즈니스 모델을 창출하지 못하고 문을 닫았으나, 기술적 발전과 태블릿PC의 꾸준한 보급이 이어진다는 전제하에 뉴스 소비의 보편적인 플랫폼이 태블릿PC가 되리란 예언은 아직까지 유효하다.

Smart

스마트미디어 시대와 SNS

CHAP 05

일상에 미치는 긍·부정적 영향을 중심으로

SNS와 스마트미디어시대가 본격화되면서, 새로운 사회문화 현상들이 나타나고 있다. 정보와 문화의 즉각적인 확산과 공유, 개인과 공동체 차원의 다양한 상호작용 증가라는 긍정적 영향과 함께, 부정적인 영향도 만만치 않다. 실제적인 만남과 대화보다는 디지털기기를 통한 가상의 접촉을 선호하면서 오히려 사회관계와 공동체 상호작용의 질이 약화되고 있다는 비판도 있다. 최근에는 'SNS피로감'이라는 말이 있을 정도로 페이스북, 트위터, 카카오톡 등 디지털 미디어 의존 현상이 심화되고 있다.

인터넷은 인간 커뮤니케이션 패턴을 일방향적이고, 권위적인 형태로부터 상호적인 형태로 재편하는 데 기여했다. 또한 접근성이 높으며, 정보의 전파 과정에서 공중의 참여가 확대된 커뮤니케이션 도구로 볼 수 있다(이근용, 2004; Mohammed & Thombre, 2005). SNS와 스마트미디어 시대에 돌입하면서 휴대성과 다양한 네트워킹 기능으로 인해 시간과 공간의 제약을 허물면서, 디지털기기가 일상에 미치는 영향이 더욱 커지고 있다. 한편, 전통적 미디어는 신문, 방송, 잡지 등으로 대변되는데, 대학에서도 이러한 전통으로 신문방송학과라는 이름이 아직도 많이 있다. 하지만, 우리가 공부하는 미디어는 신문방송 등 전통적 매체를 뛰어넘어 다양한 커뮤니케이션 영역을 포괄한다. 전통적인 매체를 대변해온 신문과 방송은 시간적, 공간적 제약을 받으며, 보기 위해서는 수용자가 특정한 장소에, 특정한 시간대를 맞추고 있어야 한다. 또한, 전통적 미디어는 기자나 피디 등 엘리트 저널리스트 또는 미디어 제작자들이 정보나 문화생산물을 제

작하고, 유통시키며, 일반 소비자는 수동적으로 소비하는 선형적이고, 일방향적 구조 속에서 작동한다.[1] 하지만, 인터넷 시대를 거치면서 이러한 시간적, 공간적 제약, 정보나 문화 생산의 일방향적 생산 구조는 변화를 겪고 있다. 즉, 일반 공중도 댓글이나 트위터, 페이스북 등 SNS를 통해 의견을 남기고, 뉴스를 전파하고, 확산하기도 한다. '사이버수사대'라는 말이 있을 정도로 일반 네티즌들의 개입으로 사건이 긍정적으로 해결되는 경우도 많다.

|그림 5-1| 로버트 푸트넘의 『혼자 볼링 하기』(2001) 표지

정보와 문화 소비의 목적도 단순한 오락 추구나 시간이 남아서가 아니라 원하는 정보를 적극적으로 찾고, 문화를 향유하기 위해, 또는 질 높은 사회관계를 쌓기 위해, 또는 공동체 활동이나 정치참여를 위해서로 변화하고 있다. 교육과 소득 수준의 향상, 커뮤니케이션 기술의 발달은 스마트 미디어와 함께, 똑똑한 수용자를 필요로 하게 된다. 즉, 경제적 생존만이 아니라 정보와 문화적 자산을 갖춘 사람이 대우받고, 사회에서 영향력을 행

사하는 위치를 점하게 되면서 정보 추구와 문화 향유, 네트워킹을 통한 사회관계 관리의 중요성이 커지고 있다.

'혼자 볼링 하기bowling alone'라는 개념을 주장한 미국의 미디어학자 로버트 푸트넘은 '사회자본social capital'의 중요성을 강조했다. 사회관계와 네트워킹이 새로운 자본이자 사회에서의 위치를 반영하게 된다는 것이다. 또한, 문화적 취향과 문화활동 및 사회관계의 중요성을 간파한 피에르 부르디외는 '문화자본cultural capital'의 개념을 내놓았다. 이러한 개념들은 경제적 자산뿐 아니라 정보나 지식, 사회관계나 네트워킹, 문화적 양식의 가치가 높아지는 현 시점에서 시사점이 크다. 현재의 인터넷과 SNS 기술이 보다 넓고, 깊은 교류와 사회관계를 생산하는지, 오히려 사이버 상의 가벼운 관계를 부각하며, 더욱 고립된 개인을 양산하는지 성찰이 필요하다.

커뮤니케이션 도구의 남용은 사생활 노출이나 관음증을 부르며, 개인의 일상뿐 아니라 정치 · 외교의 영역에서도 사생활 엿보기와 주권 침해의 문제를 낳고 있다. 지난 대통령 선거 때 국정원과 사이버사령부의 댓글 공작과 미국 국가안보국NSA이 외국 정상의 공적, 사적 생활을 도청한 사건은 커뮤니케이션 기술 발전에 기댄 관음증의 발현이자, 사이버 범죄행위이다. 이뿐만 아니라 대기업은 이윤을 위해 고객 정보를 활용하거나 유출해 사생활 침해의 문제를 낳고 있다. 최근 카드회사의 고객 정보 유출로 전 국민이 불안에 떤 사건도 '정보사회'의 장밋빛 기대가 상업화와 맞물린 개인 정보 침해로 인해 새로운 '감시사회'로 변할 수 있음을 암시한다.

이는 디지털 미디어 기술의 발전이 네트워킹과 사회관계 확장, 사회자본과 문화자본의 축적을 통한 질 높은 삶의 보장과는 동떨어진 결과를 낳을 수 있음을 보여준다. 이 장에서는 인터넷과 SNS에 기반한 스마트미디어시대의 의미와 이 기술이 우리의 일상과 정치참여에 어떠한 변화를 주는지를 문헌 연구와 설문 및 인터뷰 조사를 병행해 탐색해보고자 한다.

왜 스마트미디어시대인가?

SNS와 스마트미디어시대가 본격화되면서, 새로운 사회문화 현상들이 나타나고 있다. 정보와 문화의 즉각적인 확산과 공유, 개인과 공동체 차원의 다양한 상호작용 증가라는 긍정적 영향과 함께, 부정적인 영향도 만만치 않다. 실제적인 만남과 대화보다는 디지털기기를 통한 가상의 접촉을 선호하면서 오히려 사회관계와 공동체 상호작용의 질이 약화되고 있다는 비판도 있다. 최근에는 'SNS피로감social networking fatigue'이라는 말이 있을 정도로 페이스북, 트위터, 카카오톡 등 디지털 미디어 의존 현상이 심화되고 있다. 애초 사회관계를 확장하고, 끈끈한 연결과 교류의 고리가 될 것이라는 기대와는 달리 새로운 속박과 사생활 침해, 사이버불링cyber bullying, 자기과시, 소외감, 다른 사람과의 비교 등 스트레스의 원천이 된다는 우려도 커지고 있다.

최근 조사에 의하면, TV, 스마트폰, PC를 모두 보유한 1천 명의 패널 중 스마트폰이나 PC로 TV를 시청하는 비율이 30%에 달하는 것으로 나타났다(중앙일보, 2013. 10. 25). 이는 스마트미디어가 대중매체인 텔레비전 시청의 채널로도 활용되면서, 개인 간 정보 교환과 관계 맺기를 넘어 대중적인 정보와 문화 소비의 장이 되고 있음을 암시한다. 2012년 정보통신정책연구원의 조사에 의하면, 친구 · 팔로어의 수가 많고, 스마트폰 이용시간이 길며, 연령이 낮을수록 SNS피로감이 커지며, 이는 '정보피로증후군'으로 연결될 수 있다고 한다(중앙일보, 2013. 9. 7). 정보피로증후군은 인터넷이나 SNS로 인해 업무 처리와 인간관계 관리 부담이 증가하고, 이로 인해 정신적 · 육체적 스트레스, 불안감, 우울증, 업무 효율성 저하 등을 겪게 되는 현상이다. 이렇듯, 정보와 문화의 홍수, 시간과 공간을 초월한 접속과 접촉, 사생활 및 개인정보 노출, 사이버불링, 인터넷과 스마트폰중독으로 인한 신체적 · 정신적 건강문제 등의 파고 속에 현대인은 살아가고 있다.

참여민주주의에서 시민은 가끔 있는 선거에서 투표하는 것 이상으로 역할을 해야 하며, 공동체의 토론, 협의, 의사결정 과정에 참여해야 한다(Croteau & Hoynes, 2006). 중동 민주화 시위의 한복판에도, 이주민이나 장애인, 에이즈 감염자, 성적 소수자의 인권운동의 중심에도, 촛불시위 등 대중의 정치참여의 배경에도 미디어가 결정적인 역할을 했다. 반면, 날로 진화되는 보이스피싱과 스마트피싱 범죄의 배경에도, 청소년을 자살로 내모는 사이버불링 · 사이버왕따, 모방범죄 등 사회 현상의 이면에도, 사이버해킹과 테러, 선거 개입 등 권력의 감시 강화의 배경에도 진화된 디지털 미디어 기술이 있다. SNS와 스마트미디어를 어떻게 활용하느냐에 따라 사회문화적 영향은 긍정적 또는 부정적인 방향으로 달라질 것이다. '표현의 자유 vs. 프라이버시 보호', '정보의 자유로운 흐름 vs. 정보의 균형 잡힌 흐름'이라는 인터넷과 SNS를 둘러싼 담론의 대립 속에서 공동체의 발전을 이끌 수 있는 적극적인 대안 모색이 필요하다.

참여와 네트워킹인가, 고립과 중독인가?

SNS와 스마트미디어는 사회관계를 확대시키는가, 더욱 고립되게 하는가? SNS와 스마트미디어의 배경에는 인터넷 기술의 발전이 있다. 인터넷은 개인의 정보 검색과 표현의 영역을 확대했을 뿐 아니라, 인터넷 카페나 블로그, 페이스북 등을 통해 다양한 정보를 공유하고 확산시키고, 공중의 참여를 촉진하는 역할을 한다. 특히, 인터넷은 정치과정에서 소외된 그룹에게 목소리를 내는 기회를 주고(Mitra, 2004), 대안적인 관점을 표현하게 하며, 보다 직접적으로 사회문제에 대한 관여를 가능하게 한다(Dahlgren, 2005). 2008년 촛불시위에서는 인터넷 카페와 블로그로 연결된 청소년과 주부들이 적극적으로 목소리를 내고, 행동하는 모습이 관찰되었다. 당시 필자의 경험과 관찰로는 교복을 입은 중고생들이 인터넷을 통해 조직적으로 참여해 그들의 정치적 목소리를 높였으며, 주부들도 유모차를 끌고 정치적 행동에 나섰다. 가진 자와 기득권 세력을 대변해온 엘리트 정당 구조 속에서 오랫동안 정치 영역에서 소외된 청소년과 여성들이 인터넷 기술의 뒷받침 속에 과감하게 행동한 첫 사건으로 볼 수 있다. 한편, '사이버수사대'라는 말이 있을 정도로 공분을 불러일으키는 사건에 대해 신속하게 정보를 교환하고, 연대해 조직적인 대응을 하는 사례도 많아지고 있다. 예를 들어, 2013년 사법연수원생 불륜 사건의 경우에도 공중이 자발적으로 SNS와 인터넷을 통해 서명운동과 일인시위를 조직하고, 참여함으로써 연수원생 처벌을 이끌어냈다.

또한, 소치 동계올림픽에서 불거진 빙상계의 파벌 싸움에 대한 공중의 공분이 사이버 상에서 증폭되고, 비리 척결을 위한 조사와 서명운동 등 적극적인 행동도 전개되었다. 이는 SNS와 스마트미디어를 통해 공중이 단순한 '관람자'로서만 머물지 않고, 다양한 사회 이슈에 대한 비판과 개혁을 주도하는 '참여자'가 될 수 있음을 암시한다. 이러한 인터넷과 SNS 활동을 통해 정치뿐 아니라 경제, 법조, 문화·스포츠 권력의 부정부패를 견제하고, 예방하며, 사회발전을 도모하는 대안세력이 될 수 있음을 기대하게 한다.

이렇듯, 사이버공간에서 비슷한 문제의식을 가진 공중이 매개된 공동체mediated cyber communities(Ang, 1996)를 구성해 행동하기도 하지만, 이 공간에서 왜곡된 정보와 공포, 편견이 확대 재생산될 수도 있다. 또한, 실제적인 상호작용과 토론보다 사이버 상에서의 일방적인 주장과 공격은 실질적인 소통을 어렵게 한다는 비판도 있다. 이창호 · 정의철의 연구(2010)에 의하면, 인터넷 게시판이 청소년의 정치적 관심과 목소리를 표현하는 장을 제공하지만, 비방과 욕설 중심의 댓글, 소수가 게시글 및 댓글을 독점하는 문제, 광우병 사태 때 보여준 것처럼 근거 없는 공포와 불안을 확대 재생산하는 부작용도 관찰되었다. 근거 없는 루머로 자살한 최진실 사건 등은 인터넷이 불신과 갈등을 전파하고, 확산할 수도 있음을 보여준다. 또한, 정보검색 기술에서 앞서 있는 특정 계층이나 세대, 집단의 목소리를 부각시키고, 정보기술에서 소외된 사회적 약자의 목소리를 오히려 침묵하게 해 참여민주주의를 약화시킬 수 있다는 우려도 있다.

즉, 인터넷을 통해 '사이버 이웃cyberhood'이라 불리는 가상의 공동체가 형성되고, 나이, 인종, 계층이나 취미에 따른 공동체적 연대의 가능성이 커지고 있지만(Fitzgerald, 1992; Walsh, 2006), 부정적 영향도 만만치 않다. 정치인이나 연예인의 명품 등 패션에 대한 집착이나, 심각한 사생활 폭로, 신상 털기, 사이버스토킹 등은 오히려 인터넷을 통해 부르디외가 주장한 '문화적 패스트푸드cultural fastfood'가 양산되면서(Bourdieu, 1998, p. 30), 문화의 질을 떨어뜨리고, 정치 무관심과 개인의 고립을 강화시킬 수도 있다. SNS, 카카오톡 등 스마트폰 메신저를 이용해 지속적으로 상대를 괴롭히고, 왕따를 만드는 사이버 불링, 상대방의 인격이나 명예를 심각하게 훼손하는 사이버폭력은 오프라인에서의 폭력이나 자살, 범죄까지로 연결됨은 물론, 공동체의 신뢰 수준을 오히려 저하시킨다.

최근 미국 정신의학회APA 발표에 따르면, 미국의 13~17세 청소년

1만 5,545명을 조사한 결과, 사이버왕따 피해 학생의 자살 시도 비율이 14.7%로 피해 경험이 없는 학생의 자살 시도 비율(4.6%)보다 높았고, 미국 청소년 6명 중 1명이 사이버왕따를, 5명 중 1명은 학교폭력을 겪고 있다고 한다(연합뉴스, 2013. 6. 24). 미국 플로리다에서는 12세 소녀가 폭언과 욕설 등 또래로부터의 사이버왕따에 시달리다 자살해 사회문제가 되었다. 영국의 아동학대방지학회NSPCC에 따르면 11~16세 청소년들 중 10%가 '인터넷 트롤'(악플러 등 인터넷 상에서 포악한 행동을 일삼는 네티즌을 통칭하는 신조어)의 표적이 되고 있고, 청소년 1천여 명을 인터뷰한 결과 5명 중 1명이 사이버왕따, 사이버스토킹, 언어폭력, 원치 않는 성적 관심 등 사이버폭력에 노출되어 있고, 자살하는 청소년의 수도 매년 증가한다고 한다(동아닷컴, 2013. 8. 12). 우리나라에서도, 몇 달 전 '리틀 싸이'에게 베트남 엄마의 아들이고, 특정 지역 출신이라는 이유로 인터넷 댓글과 SNS를 통해 비정상적인 공격이 가해졌다. 이는 우리 사회 SNS와 스마트미디어 문화의 폐해가 주로 사회적 약자를 타깃으로 심화될 수 있음을 암시한다. 2014년 2월 경주 신입생 오리엔테이션 참사와 관련해서 사망자를 조롱하는 반인륜적인 댓글을 올리는 충격적인 사건도 있었다. 또한, 인터넷게임에 중독된 채 자녀를 굶겨 죽게 한 사건, 인터넷게임 상의 관계 악화가 실제 살인으로 연결된 사건 등은 인터넷·스마트미디어의 폐해에 대한 정책적 대응이 필요함을 암시한다.

TV 중독보다 훨씬 더 위험성이 강한 인터넷중독은 스마트미디어의 부상으로 더욱 통제가 어려운 상황이다. 인터넷중독은 의사소통

장애와 과잉된 개인적 상태를 추구하는 정신건강장애를 유발하며(김현수, 2005), 중독 현상이 심해질 경우 인터넷에만 몰입해 '인터넷 폐인'이 되며, 성적 저하, 가족과의 갈등, 사회성 상실을 낳을 수 있다. 또한, 다양한 건강이상을 초래하는데 수면과 식생활 방해, 만성피로, 눈의 피로, 시력 저하, 영양실조, 체중 증가 등 신체적 이상과 대인기피증, 강박감, 편집증, 우울증, 공격성(김교정 · 서상현, 2006) 등 정신건강 문제도 야기할 수 있다. 지하철이든, 식당 안이든, 거실에서든, 잠자리에서든 스마트폰을 놓지 않는 스마트폰중독 현상은 다양한 신체적 · 정신적 건강 문제와 학업과 업무 부진, 다른 사람과의 관계 악화를 낳을 수 있다. 김봉섭(2006)은 이 현상을 '디지털기기의존증Digital Device Dependency'으로 명명했는데, 실제 생활로부터의 탈출 및 오락의 목적을 위해 과도하게 많은 시간을 인터넷 활동에 몰입하게 되는 현상을 지칭한다(김교정 · 서상현, 2006). 이러한 상황은 활발한 상호적 커뮤니케이션과 공중의 사회참여를 도울 것이라는 디지털 미디어에 대한 장밋빛 기대에 의문을 제기하게 한다.

우리나라는 높은 스마트폰 이용률에 따라 '스마트폰왕따' 현상도 더욱 심각하게 나타난다. 영어교육기업 윤선생이 초등학생 회원 4,286명을 대상으로 2013년 10월 24일부터 27일까지 실시한 설문조사에 따르면, 응답자의 62.1%가 '스마트폰왕따에 대해 들어보았다'고 답했고, 이들 중 19.2%는 주변에서 실제로 '스마트폰왕따를 보았다'고 응답했다(Kmobile, 2013. 10. 3). 왕따를 시키는 방법(복수응답)으로는 '채팅방에 불러와서 욕설 퍼붓기'(58.9%), '비방글 · 거짓소문

퍼뜨리기'(46.8%), '다 같이 악플·무플로 대응하기'(44.2%), '몰래 촬영한 사진 올려서 망신 주기'(20.5%) 등이 있었다. SNS 의존은 상호작용과 네트워킹보다는 폭력적·공격적 커뮤니케이션과 괴담 등 부정확한 정보의 확산, 토론과 공감보다는 폐쇄성과 아집의 문화를 강화할 수 있다.

그림 5-2 현대인들의 스마트미디어 의존 현상을 풍자한 그림

출처 : costpernews.com

스마트폰 이용 패턴과 영향에 관한 조사

이 연구에서는 사전조사의 일환으로, 21명의 여성을 대상으로 미디어, 특히 스마트미디어 이용 패턴에 대해 살펴보았다. 2013년 7~9월 사이 조사가 이루어졌으며, 질문지 조사와 면대면 인터뷰를 병행했고, 자연스러운 관찰연구도 함께 진행했다. 질문지는 개방형으로 다양한 의견을 직접 작성할 수 있도록 했으며, 응답 내용을 근거로

|표 5-1| 설문 및 인터뷰 참가자의 특성

	혼인	나이	소득	TV	인터넷	스마트	신문
1	미혼	20	300-500	3	4	2	30분
2	혼	40	500 이상	2	3	2	2
3	미	40	500 이상	1.5	1	1	0
4	혼	50	500 이상	2			
5	미	20	500 이상	1	8	40분	0
6	혼	40	500	1	1	2	30분
7	미	30	200 미만	1	1	1	30분
8	미	30	200-300	1	10	30분	0
9	미	20	500 이상	1	1	1	0
10	혼	40	300-500	3	1	30분	0
11	혼	40	200-300	1	1	30분	o
12	미	30	300-500	2	2	2	0
13	미	20	550 이상	1.5	4	5	0
14	미	20		1	3	2	20분
15	미	20	200-300	0	8	종일	0
16	미	20	200-300	3	4	10	0
17	미	20	200 미만	2	1	6	20분
18	미	20	500 이상	30분	1	5	0
19	미	20	300-500	3	3	6	20분
20	미	20	200 미만	3	3	5	0
21	혼	50	500 이상	1	20분	1	30분

추가 질문을 요청하거나 전화 인터뷰를 실시했다. 대학생에서 50대 주부까지 다양한 연령대의 여성들이 참여했다. 학력 수준은 모두 대학 재학 이상의 학력을 소지하고 있다. 이를 감안하면, 우리나라 여성 일반이 아니라 고학력층 스마트폰 이용자의 특성을 이해하는 데 시사점이 더욱 있을 것으로 예상된다. 질문지에서는 미디어 이용량

가톡	변화	불편함	스트레스
가톡	잡담, 수시 확인	목, 어깨통증, 눈 피로	4
가톡	친밀감, 안건 논의, 외국과 소통	눈 피로, 손목, 집중감	3
가톡	전화보다 선호, 부담 없이 대화 시도	업무, 운전, 공부 등의 집중을 방해	4
가톡	관계 유지, 정보 교류	눈, 피로, 시간낭비	3
가톡	일상 침해, 대규모 단위 소식	손가락 통증, 안구건조, 없을 때 불안감, 업무나 공부 맥 끊음	5
들 다	지인 소식 알리고 보여주기	피로함, 눈 아픔, 시간낭비, 습관화	3
들 다	일상 공유, 안부, 피하고 싶은 때도	중독성, 의미 없이 시간 보내기, 눈 피곤	5
가톡	대부분 대화 해결	과도한 실시간 대화로 업무나 혼자 시간 방해	5
가톡	시공간 초월 대인 소통	습관적으로 봄, 중요한 일 놓침	4
ㅏ 함	진심 없는 관계, 쉽게 친한 척, 부탁	없음	1
가톡	없음	없음	3
가톡	사적인 시간 침해 증가	목, 어깨 결림	4
가톡	친구관계 좋아짐, 게임 등 업무 방해	어깨, 팔 통증, 피로	2
들 다	사소한 일상 대화 부담 없이	눈의 피로, 업무나 학업 방해	3
들 다	더 잦은 연락	늦게 잠듦	4
들 다	핸드폰 손에서 놓치 않음	정서 불안, 뒷목 통증	4
들 다	메시지로 업무 지장	시력 저하	3
들 다	즉각 연락, 근황 파악	잠들기 힘듦, 친구 만나도 스마트폰 잡음	4
들다	몰랐던 사람 소식 앎	눈의 피로	1
가톡	없음	손목 통증	3
가톡	정보 소통 빠름	없음	2

과 목적, 스마트폰 기능 중 카카오톡과 카카오스토리의 역할에 대한 평가와 문제점, 본인이 느끼는 스트레스 수준과 사회참여 정도, 그 외 인구사회학적인 특성들에 대해 물었다.

이 연구는 일반 공중의 일상이 스마트미디어로 인해 빠르게 변하고 있다는 점에 주목해, 여성들의 일상에 미치는 영향을 중심으로 분석했다. 여성을 대상으로 한 것은 가부장적이고 위계적인 사회질서 하에서 출산, 양육, 가사노동으로 역할이 제한되어온 여성들이 스마트폰을 통해 정보와 사회적 지지 습득, 네트워킹에 나서기가 용이해졌는지, 오히려 스마트폰 이용으로 인해 부정적 영향이 있는지를 알아보기 위해서였다. 스마트폰 이용량과 함께 의존 또는 중독 경향이 있는지, 이러한 경향은 정신적·신체적 건강과 일상생활에 어떤 영향을 주는지도 함께 분석하였다. 질문지 응답 및 인터뷰 내용을 적극적으로 해석하고, 관찰 내용과 결합해 연구의 함의를 제시하고, 제안도 하고자 했다. [표 5-1]은 이 연구 참여자들의 특성이다.

이 연구에 참여한 21명의 인구사회학적 특성을 보면, 먼저, 20대 11명, 30대 3명, 40대 5명, 50대 2명으로 젊은 층이 많은 편이고, 15명이 미혼이고, 6명은 혼인이었다. 또한, 전원 대학 재학 이상의 학력을 가지고 있었다. 젊은 층과 미혼이 다수이고, 전원이 대학 재학 이상의 학력 소유자라는 점은 고학력, 젊은 여성이 스마트미디어의 주 이용계층이라는 점에서 이 연구의 한계이자, 시사점으로도 볼 수 있겠다.

현재 카카오톡이나 카카오톡스토리를 사용하는 사람이 20명이었고, 모두 사용한다는 8명, 카카오톡만 사용한다는 12명으로 나타났다. 카카오톡이 정보 탐색, 안부 및 사회적 지지 교환, 카카오스토리가 자신의 표현이나 이슈에 대한 의견 제시에 비중을 두는 차이가 있다는 점에서 현재 스마트폰 이용자들은 실시간 대화나 정보 교환, 관계 유지를 자기표현보다 중요시한다고 해석해볼 수 있다.

다음의 인용문들은 SNS의 특성에 대한 다양한 의견이다. 카카오톡을 통해 시간과 공간을 초월해 편리하게 정보와 사회적 지지를 교환할 수 있는 반면, 지나치게 의존하거나 중독되는 현상에 대한 우려도 엿보인다.

- 카카오톡은 휴대전화 번호만 한쪽에서 저장되어 있으면 서로 연결이 되고, 카카오스토리와 페이스북은 예전에 싸이월드처럼 '사랑방'의 느낌이 크고 대부분 자신의 일상을 드러내고 표현하고 공유하는 반면 트위터는 단문으로 뉴스 등 정보를 전달하는 목적으로 많이 사용되고 있는 것 같다. (7번, 30대, 미혼, 강사)
- 카카오톡을 전화보다 선호한다. 부담 없이 대화를 시도할 수 있다는 장점, 굳이 길게 대화하지 않고, 용건만 간단히 할 수 있다는 점이 좋다. 카카오스토리는 내가 안 하면 나는 편한데, 남들과 교류가 작아지는 경향이 있고, 자기표현에 있어 훌륭한 보조수단이 되고 있다. (3번, 40대, 미혼, 프리랜서)
- 스마트폰으로 작은 컴퓨터를 들고 다니는 기분이 든다. 언제든지 메일을 확인하고 뷰어를 통해 파일까지 열 수 있다. 수첩, 은행 업무 등 모든 정보가 담겨 있으므로 잃어버리는 날엔 큰 낭패를 볼 수 있을 것 같은 불안감도 있고 한시도 스마트폰이 없으면 안 되는 약간의 심리적 중독 현상도 있다. 카카오톡이 없었다면 어떻게 미국 조지아, 인디애나, 베트남, 천안, 서울 등지에 떨어져 있는 친구들이 수시로 모여 수다를 떨 수 있을까? 언제든지 안건만 있다면 모여 논의하는 지인들의 모임에도 유용하다. 친구들끼리 일상의 기분을 그대로 나누고 다양한 이모티콘으로 서로 위로하고 지지해준다. (2번, 40대, 기혼, 교수)

대체적으로 편리함, 부담 없이 대화하고, 사회적 지지를 교환할 수 있다는 점을 큰 장점으로 들고 있다. 아래는 카카오톡과 페이스북, 트위터 등의 차이점에 대한 설명인데, 같은 SNS지만, 카카오톡은 '익명성이 어렵고, 잠수를 탈 수 없다'라는 응답이 흥미롭다. 즉, 보다 공개적이고, 전화번호만 알면 연결되는 상황에서, 연락이 오면 회피하기 어렵고, 답을 해야 하는 압력을 느낀다는 의미로 해석된다. 한편, '사교성이 부족한 경우 전화가 부담스러워서 카카오톡이 편하다'는 응답도 있었다(3번, 40대, 미혼, 프리랜서). 이는 전화통화에 비해 소통을 부담 없이 시작할 수 있는 도구로서 카카오톡이 의미가 있는 것으로 해석할 수 있겠다.

아래는 카카오톡 커뮤니케이션의 특성에 대한 의견들이다.

- 카카오톡은 나와 밀접한 친구들과의 연락망 정도이다. 페이스북이나 트위터는 익명성을 가질 수 있고, 내가 사용하기 싫으면 잠수를 타도 용인되지만 카카오톡은 익명성이 도저히 불가능하며 잠수를 탈 수가 없다. 페이스북이나 트위터와 다르게 문자나 전화에 그룹채팅이나 자신을 드러낼 수 있는 틀 등 기술적 특성이 가해진 느낌이다. (5번, 20대, 미혼, 대학원생)
- 아직 서로 편한 관계가 아닌데, 휴대전화 번호를 알면 바로 카카오톡이 가능해서 쉽게 말 걸어오는 상대를 대하기가 때론 불편하고 피하고 싶을 때도 있다. (7번, 30대, 미혼, 강사)

연구 결과를 보면, 21명의 여성들의 미디어 이용 패턴이 인터넷과 스마트폰 중심임을 알 수 있다. 인터넷 이용시간이 2시간 이상이 11명, 스마트폰 2시간 이상 이용자가 12명으로 과반수를 차지하지만, 신문은 1시간 이상 이용자가 1명, 전혀 신문을 보지 않는다는 응답이 13명이나 되었다. TV는 2시간 이상 이용자가 9명이었다. 이는 인터넷과 스마트폰이 비교적 젊은 고학력 여성들이 가장 일상적으로 이용하는 커뮤니케이션 도구임을 암시한다. 전체적으로 TV 시청시간이 인터넷이나 스마트폰에 비해 많지 않았는데, 이는 스마트폰이나 개인 컴퓨터로 다양한 TV 채널을 시청하고, 개인 간 커뮤니케이션을 할 수 있는 미디어 환경의 변화를 암시한다. 특히, 20대의 스마트폰 이용량이 많았는데, 20대 11명 중 8명이 2시간 이상인 반면, 40대 이상 7명의 경우 스마트폰 이용량이 한 명만 2시간이었고, 나머지는 30분 미만이었다. 스마트폰 이용량에 대해 종일, 10시간 등 5시간 이상을 응답한 6명 전원이 20대였고, 모두 미혼이었다. 또한, 이중 4명의 가구 소득수준이 200-300만 원 또는 200만 원 미만이라는 특징이 관찰되었다. 종일과 10시간 이용자의 경우 카카오톡과 카카오스토리 둘 다를 사용한다고 응답했고, 스트레스가 많다고 응답했다. 이를 통해, 스트레스 해소 수단으로 카카오톡·카카오스토리 등 스마트 기능을 사용하는 것으로도 추론할 수 있겠다. 인터넷을 8시간 이상 사용한다고 응답한 3명은 모두 미혼이고, 2명이 20대, 1명이 30대였는데, 이는 젊은 여성들의 인터넷 과다사용 경향을 일정 부분 보여준다고 하겠다. 종합하면, 20대, 미혼 여성의 스마트폰 과다사용 경향이 있음을 알 수 있는데, 이 세대가 인터넷, 휴대폰과 함께 성장한 세대이기 때문으로 해석된다.

다음은 스마트폰을 습관적으로 이용할 경우의 부작용에 대한 의견이다.

● 국내 토종 앱이며, 카카오톡은 1:1 대화가 편리하다. 메시지를 통한 잡담이 늘어나며, 스마트폰을 수시로 확인하게 된다. (1번, 20대, 미혼, 회사원)

● 그냥 잠이 들기가 힘들다. 스마트폰을 잡고 있다 보면 잠드는 시간이 자연히 늦어진다. 친구들과 오랜만에 만나도 다들 스마트폰만 잡고 있어서 불쾌하다. (18번, 20대, 미혼, 대학생)

● 친구 간에 연락하거나 모임 약속 정할 때 좋기도 하지만, 형제자매 부모님 안부 등 가족 유대관계에 긍정적 면이 있다. 눈 피로, 시간낭비가 있고, 항상 옆에 없으면 불안감을 느끼게 된다. (4번, 50대, 기혼, 주부)

위의 언급들을 보면, 스마트폰이 휴대하기 편하다는 특성으로 인해 습관적 이용이나 없을 때의 불안 현상을 동반할 수 있음을 알 수 있다. 이 연구는 카카오톡 이용자들에 대한 자연스러운 관찰도 함께 실시했다. 대학생들이 수업시간에 수시로 스마트폰을 본다든가, 아주 모처럼 또는 뜬금없이 카카오톡을 통해 안부를 전한다든가, 오랜만에 카카오스토리에 댓글을 남긴다든가, 카카오 메시지가 왔다는 음성 울림으로 수업이나 모임에 방해가 초래되는 장면도 관찰되었다. 설문조사와 인터뷰에서도, 게임 등 상업적 메시지가 수시로 오는 문제, 잘 모르는 사람이 말을 걸어오거나 친구 신청을 하는 경우, 전화로 할 이야기를 편리하다는 이유로 카카오톡으로 하다가 다툼으로 번지는 경우도 있었다고 응답했는데, 이는 사회관계 확장과는 정반대의 결과를 낳을 수 있음을 보여준다. 지인의 카카오스토리 사진에 대해 놀리거나 비판하는 경우, 상대방의 일상과 동선을 파악하는 경우도 자의 반, 타의 반으로 사생활이 노출되는 경우로 관찰된다. 카카오톡 메시지가 오지 않거나, 카카오스토리에 댓글이 없으면 기분이 상한다는 얘기, 친구 수가 많아야 한다는 강박관념, 별 연락이 없는데도 계속 보는 등 사회관계를 강화하는 것이 아니라 오히려 스트레스와 정서적 불안을 심화시키기도 함을 알 수 있다.

주위에는 부작용에 대한 우려로 카카오톡, 카카오스토리, 페이스북, 트위터 등 SNS 사용을 하지 않거나, 사용을 중단하는 사람들도 많았다. 이 연구에서도 통제되지 않은 경계, 원하지 않는 상대자 선택, 진지함이나 선택성의 부재 등을 지적하며, 현재 사용하지 않는다는 언급이 있었다(10번, 40대, 혼인, 공무원). 특히, 스마트폰은 아직까지는 젊은 세대를 상징하는 새로운 커뮤니케이션 도구라는 인상이 강하다. 대체적으로 40-50대나 그보다 나이가 많은 노년층은 디지털기기 사용에 익숙하지 않아 스마트폰을 사용하지 않고, 구형 '투지폰'을 유지하는 경우가 적지 않고, 설사 사용하더라도 통화, 문자 등 전통적 전화 기능에 충실한 경우가 많았다. 반면, 20대나 30대의 대학생, 청년 세대들은 빠른 속도로, 다양한 스마트 기능을 활용해 기상 후 잘 때까지 몸의 일부분으로 지니고 있음을 관찰할 수 있었다. 이러한 스마트폰 의존 현상은 앞서 설명한 'SNS피로감'은 물론, '디지털기기 중독현상'을 낳아서 실제 대화나 상호작용의 감소, 사회적 고립의 심화는 물론, 다양한 건강 문제를 일으킬 수 있다.

다음은 오히려 실제적인 만남이 줄어들고, 개인적인 성향이 될 수 있다는 의견과 스마트폰 중독에 대해 적극적인 대책이 수립되어야 한다는 주장이다.

● 보안이 없다. 그 안에 갇혀 개인적인 성향으로 몰아간다. 활자화된 문자도 잘 안 보게 된다. 스마트폰으로 실제 만남이 줄어든다. 책을 많이 봐야 한다. 종이신문이 없어질 수 있다. 나는 아침에 종이신문을 끝까지 본다. (6번, 40대, 기혼, 주부/대학원생)

● 눈의 피로나 업무나 학업에 방해가 된다. 무분별한 스마트폰 사용에 대한 경고라든지, (특히 청소년을 위해) 제재기능이 있다면 좋겠다(예: 담배에 관한 경고 문구), 유해한 정보 필터링 기능도 필요하겠다. (14번, 20대, 미혼, 대학원생)

위의 의견 중 신문 읽기의 중요성이나 경고 문구 사용 등은 신문 활용 교육, 즉 NIE나 스마트폰 리터러시 캠페인을 통해 반영할 수 있을 것이다. 스마트폰으로 인한 일상 변화에 대해서는 안부나 인사가 용이해 관계가 잘 유지되며, 즉각 연락이 가능하다는 등 긍정적인 면을 지적하는 경우도 있었지만, 진심 없는 대화나 사생활 침해, 피하고 싶은 때가 있다는 등의 부정적인 면이 더 많이 언급되었다.

● 직업이 교수인 한 친구는 카카오톡을 사용하지 않는다. 모르는 사람들이 너무나 많이 연결된다는 선입견을 갖고 있고 카카오톡을 쓰면 통제가 되지 않는 것으로 생각하고 있더라. (2번, 40대, 기혼, 교수)

● 사업적인 일들로 필요 없는 요청을 받는 것이 현실적으로 불편하다. 진심이 담기지 않은 인간관계를 만드는 게 좋지 않다. 쉽게 친한 척하고 쉽게 어려운 일을 부탁한다. (10번, 40대, 기혼, 공무원)

위의 언급들처럼 스마트폰이 모르는 사람과의 불편한 연결이나 쉽게 친한 척하거나, 무리한 부탁을 하는 도구라는 부정적 평가가 있었다. 특히, 수시로 메시지가 오기 때문에 업무나 학업에 전념할 수 없다는 응답이 많았다. 이는 '핸드폰을 손에서 놓지 않는다'(16번, 20대, 미혼, 대학생), '한시도 스마트폰이 없으면 안 되는 약간의 심리적 중독현상도 있다'(2번, 40대, 기혼, 교수)는 응답에서도 알 수 있듯이, 지나치게 스마트폰에 의존하는 이용행태와 관계가 있다.

- 게임 추천 관련 카카오톡이 너무 많이 와서 일상 업무에 방해가 된다. (13번, 20대, 미혼, 대학원생)
- 업무, 운전, 공부 등 집중 시간에 빈번하게 카카오톡이 와서 귀찮을 때가 있다. (3번, 40대, 미혼, 프리랜서)

스마트폰 사용으로 인해 불편한 점에 대해서는 다수가 건강에 관한 사항들을 지적하고 있었다. 즉, 일상적인 불편함 외에, 수면 방해, 피로감, 목/어깨/손목 통증, 눈의 피로, 정신적 불안감, 집중감 저하, 중독성 등 건강 관련 불편함이 자주 강조되었다. 다수의 응답자들이 신체적·정신적 건강 문제를 초래할 수 있다는 점을 비교적 구체적으로 지적하고 있는데, 이는 스마트미디어 의존 또는 중독 현상이 이미 상당히 진행되고 있음을 암시한다. 응답들을 자세히 분석하면, 원치 않는 메시지로 인한 집중 방해, 습관화로 인한 불안, 사생활 침해, 수면 방해 등이 많이 언급되었는데, 이는 건강, 특히 정신 건강에 미치는 부정적 영향을 암시한다.

스마트폰 등 디지털기기 의존 현상은 기존의 스트레스 수준과도 관련되는 것으로 예상된다.[2] 이 연구에 따르면, 종일 스마트폰을 사용한다고 응답한 20대 여성은 인터넷도 8시간 사용하고, 스트레스 수준도 높았다(5점 척도에서 4점). 그 다음으로 많이 사용하는 10시간 스마트폰을 이용한다고 응답한 20대 역시 인터넷 사용량이 4시간 이었고, 스트레스 수준이 높았다(4). 이와 유사하게, 인터넷 사용량이 10시간으로 가장 많은 30대 여성은 스트레스 수준이 아주 높았고(5), 다음으로 인터넷을 8시간 사용하는 20대 여성 두 명 중 한 명은 스트레스 수준이 아주 높았고(5), 다른 한명은 높다(4)로 나타났다. 스트레스 수준이 스마트폰, 인터넷 사용을 유도하는지, 그 반대인지는 향후 연구에서 더 면밀하게 조사되어야 할 것이다. 대체적으로, 나이와 직업에 관계없이 손목, 어깨, 목 통증, 눈의 피로와 함께, 중독성으로 인한 수면 방해, 정서 불안 등 정신적 스트레스

- 눈의 피로감과 손목 통증을 느끼며, 집중감이 떨어진다. (2번, 40대, 기혼, 교수)
- 목, 어깨 통증, 눈이 피로함을 느낀다. (1번, 20대, 미혼, 회사원)
- 정서적 불안과 뒷목 통증을 느낀다. (16번, 20대, 미혼, 대학생)
- 잠드는 시간이 미뤄진다. (15번, 20대, 미혼, 대학생)

경험이 많은 것으로 나타났다. 앞서, 스마트폰이 사회적 연결과 지지 교환에 기여한다고 긍정적 의견을 밝힌 40대 여성도 아래와 같은 부정적 면을 지적했고, 건강에 비교적 자신이 있는 연령대인 20대에서도 건강에 대한 우려들이 다수 나타났다.

수시로 메시지를 체크하고, 잠들기 전에 장시간을 스마트폰을 하며 보내며, 친구와 있을 때도 들여다보는 등 습관화와 중독성의 문제를 언급한 경우가 많았다. 아래는 스마트폰의 습관적 이용과 '중독성'에 대한 언급이다.

- 은근한 중독성을 느낀다. 언제부턴가 밤에 불 끄고 잠자리에 누워 잠들기 전까지 네이버 등의 실시간 뉴스를 보거나 페이스북, 카카오스토리 등 스마트폰으로 할 수 있는 '의미 없는 시간 보내기'를 하다가 눈이 많이 피곤해지면 잠이 드는 나쁜 습관이 생기고 말았다. (7번, 30대, 미혼, 강사)

스마트폰으로 인한 불편한 점이 없다는 응답은 3명이었고, 나머지는 다양한 사항들을 지적했다. 특히, 인터뷰 내용처럼, 신체적·정신적 문제를 언급한 점이 많다는 점에서 스마트폰중독에 대해 올바르게 알리고, 이를 예방하기 위한 헬스 커뮤니케이션health communication 차원의 캠페인이나 설득 등 커뮤니케이션 노력이 강화되어야 한다. 20대가 인터넷과 스마트폰과 함께 성장해왔고, 이러한 디지털기기에 가장 익숙한 세대인데, 스마트폰이나 인터넷 이용량이 가장 많았고, 신문 이용량은 지극히 낮았다. 또한, 이 연령대에서 스마트폰 사용으로 잠자리에 늦게 든다거나, 친구와 있을 때도 자주 스마트폰을 들여다본다든가, 눈의 피로와 학업과 업무 지장을 호소하는 비중도 높았다. 그만큼 스스로가 디지털기기 이용을 통제하는 능력이 부족함을 보여준다.

스마트폰 의존과 중독에 취약한 젊은 연령층을 대상으로 디지털기기 활용 교육을 실시하고, 주체적인 스마트미디어 이용자가 되도록 돕는 다양한 정책과 교육 프로그램이 요구된다. 아울러 이 연령대가 직면한 학업과 취업, 직장의 안정성 등 사회적 문제에 대한 이해도 선행되어야 한다. 구체적으로, 공동체 차원의 스마트폰 리터러시 교육, 부모나 학교 차원의 스마트폰 이용 지도, 앞서 제시된 NIE를 통한 신문 읽기 교육, 경고 표시 등도 대안이 될 수 있다. 이러한 대책이 효과를 낳기 위해서는 스마트폰 이용 패턴에 관한 체계적인 연구조사, 이용에 관한 공동 가이드라인 개발, 대국민 홍보작업도 강화돼야 한다. 스마트폰중독이나 의존의 폐해를 알리고, 예방 노력에 대한 공감을 유도할 수 있는 공익광고 캠페인도 유익할 것이다.

결론과 제언

프랑스에서는 오랫동안 사회에서 고립된 이주민 가정 출신의 청(소)년들이 2005년 이후 여러 차례 폭동을 일으킨 바 있으며, 호주,

미국 등에서도 인종주의와 외국인혐오주의에 기반한 공격이 심심치 않게 발생하고 있다. 인터넷과 SNS 시대에 인종 간, 문화 간, 집단 간 갈등과 불신이 깊어지는 아이러니가 관찰되고 있다. 우리나라에서도 인터넷이나 SNS를 통해 외국인 혐오나 인종주의적 공세가 심화되고 있는데, 다수의 반다문화 인터넷 카페가 활동하고 있다(이성미, 2012, p. 294 참조). 지난 총선 기간에는 필리핀 출신의 이자스민 의원에 대한 인종차별적 공격이 난무하기도 했다(서울신문, 2012. 8. 17).

이러한 문화 간 갈등과 충돌, 외국인혐오주의나 정치냉소주의, 이로 인한 사회불안의 이면에는 미디어의 왜곡된 재현과 일방적인 기존 지배체제 옹호의 관행이 자리 잡고 있다. 주류 미디어는 '영원한 감시permanent surveillance' 또는 '상호사찰mutual espionage'을 수행하면서(Bourdieu, 1998, p. 72), 새로움, 다양함, 경쟁보다는 획일적인 콘텐츠를 양산해 기존의 가치를 유지하는 데 기여한다. 이러한 현실은 SNS를 통한 대안적인 정보 추구와 사회적 지지의 교환, 네트워킹을 필요로 하는 배경을 제공하고 있다. 즉, 주류미디어의 한계에 맞서 쌍방향적인 정보와 사회적 지지의 교환과 네트워킹에 기여하는 채널에 대한 욕구가 증가하게 되었다. 이러한 SNS와 스마트미디어의 참여적 속성이 공중의 '권한 강화empowerment'와 사회변화라는 결과를 낳을 수 있도록 정책적 뒷받침은 물론 캠페인 등 문화적 노력도 요구된다. 사회의 다원화와 다문화사회가 진행될수록 이주민이나 인종적 소수자의 다수는 새로운 커뮤니케이션 채널을 통한 정보 습득과 사회적 지지 획득에 나서게 된다. 최근 인터넷과 SNS 등 다양한

|**그림 5-3**| 인터넷 팟캐스트 〈베트남 목소리〉의 초기 화면

채널을 활용해 소수자들이 네트워킹하는 사례들이 늘어나고 있다. 이주민방송MNTV, 다문화가족음악방송이 인터넷을 중심으로 방송을 내보내고 있고, 베트남 여성들이 부산시청자미디어센터 시설을 활용해 인터넷 팟캐스트 〈베트남 목소리Tieng Noi Viet〉 방송을 내보내 이주여성들의 정보 및 사회적 지지 교환의 장이 되고 있다. 그 외에도 이주민들은 다양한 인터넷과 미디어 활동을 통해 네트워킹하고, 정보와 사회적 지지를 교환하고 있다. 인터넷, SNS, 스마트미디어의 장점을 살려 사회적 약자나 소수자의 네트워킹과 권한 강화에 힘을 보탠다면 진정한 참여민주주의에 기여할 수 있을 것이다.

SNS와 스마트미디어의 긍정적 기여를 강화하기 위한 대책과 함께, 청소년이나 젊은 층의 인터넷·스마트폰 의존과 중독, 이로 인한 부정적인 영향에 대한 대안도 마련되어야 한다. 앞서 지적한 미디어 교육과 디지털 미디어 활용 가이드라인 마련, 대국민 캠페인이 좋은 방안이 될 수 있겠다. 또한, 스마트미디어중독이 개인의 행동이나 문화적 현상일 뿐 아니라 건강과 관련한 영향이 크다는 응답이 많았는데, 헬스 커뮤니케이션 차원의 대안 모색이 강화되어야 한다.

미디어 자체의 강한 중독성과 개인의 성공에만 주목하는 고립된 사회환경과 공동체주의의 실종은 더 큰 정신적, 신체적 건강 문제를 낳을 수 있다. 이러한 환경에서 젊은 층을 중심으로 상실감과 해방감, 관음증이 동시에 작용하면서 스마트미디어에 의존하게 되고, 이로 인해 정서불안이나 스트레스, 수면장애, 강박관념, 시력저하, 만성피로 등 건강 문제가 더욱 심각해질 수 있다. 스마트폰 과다 이용 또는 중독과 정신건강에 대한 올바른 인식과 적극적인 예방 노력을 강조하는 캠페인과 교육이 필요하다. 스마트폰이 말 그대로 똑똑한 매체가 되기 위해서는 이용자가 이용 방법과 시간을 통제할 수 있도록 '자기 효능감self-efficacy'을 높이는 방향으로 캠페인과 교육이 체계적으로 이루어져야 할 것이다. 아울러, 커뮤니케이션학, 사회학, 보건학, 의학 등이 함께하는 학제간 연구를 통해 '스마트폰 이용', '스마트폰 의존'이라는 사회문화 현상에 대해 다양한 시각과 목소리를 바탕으로 문제점을 분석하고, 대안을 논의해야 할 것이다. 이를 통해 스마트미디어가 정보와 네트워킹을 통해 연결된 '똑똑한 시민 공동체'의 형성과 사회변화에 긍정적으로 기여하는 환경을 만들 수 있겠다.

주

1 피에르 부르디외(Pierre Bourdieu)는 주류 미디어의 장의 전통이 뉴스화하기에 쉬운 단순한 사건들에 초점을 두며, 인종주의, 국수주의, 외국인 혐오 등의 감정과 두려움을 불러일으키고, 정치적인 냉소주의와 기존 체제에 대한 순종을 낳고, 정치적인 관점이나 맥락에 대해 묘사하지 않는다고 비판했다(Bourdieu, 1998).

2 스트레스 수준은 5점 척도로 응답되었는데, 5: '아주 많다', 4: '많다', 3: '보통', 2: '적다', 1: '없다'를 각각 나타낸다.

스마트미디어와 N-스크린

CHAP 06

이 장에서는 우선적으로 N-스크린 개념이 무엇이고 초기에 어떻게 등장하게 되었는지에 대해 간단히 살펴보고자 한다. 그런 다음에는 스마트TV가 등장하면서 다른 스마트 디바이스들과 연동한다는 차원에서 촉발된 N-스크린 1.0을 관찰하여 어떤 한계점들이 발견되고 있는지에 대해 점검해보고, 아울러 우리나라의 현주소를 소개하고자 한다. 그런 후에는 스마트TV와 다른 디바이스 간의 연동 관점에서 발견된 N-스크린 서비스의 한계점들을 극복하기 위해 관련 기업들이 N-스크린 2.0으로 어떻게 진화시켜나가야 할지에 대한 방향성이 제시될 것이다.

TV 제조 기업들과 IT 기업들, 그리고 전통적인 방송·통신 기업들과 콘텐츠 기업들 다수가 N-스크린N-Screen을 제공 중이거나 계획 중이다. 이들은 다양한 방식의 시행착오를 통해 N-스크린 서비스의 최종 목표가 지금까지 폐쇄되었던 월드 가든Walled Garden 서비스 환경을 벗어나, 사용자가 원하는 방송·통신 서비스 및 개별 인터넷 콘텐츠를 실시간으로 선택 및 해지할 수 있게 해주는 자유로운 콘텐츠 이용 환경을 구현하는 것이라는 점에 동감하는 분위기이다.

N-스크린 서비스는 사업자가 갖고 있던 서비스 주도권이 사용자에게로 넘어가는 전환기적 성격을 갖는다. 이 장에서는 우선적으로 N-스크린 개념이 무엇이고 초기에 어떻게 등장하게 되었는지에 대해 간단히 살펴보고자 한다. 그런 다음에는 스마트TV가 등장하면서 다른 스마트 디바이스들과 연동한다는 차원에서 촉발된 N-스크린 1.0을 관찰하여 어떤 한계점들이 발견되고 있는지에 대해 점검해보고, 아울러 우리나라의 현주소를 소개하고자 한다. 그런 후에는

스마트TV와 다른 디바이스 간의 연동 관점에서 발견된 N-스크린 서비스의 한계점들을 극복하기 위해 관련 기업들이 N-스크린 2.0으로 어떻게 진화시켜나가야 할지에 대한 방향성이 제시될 것이다.

N-스크린 개념 및 초기의 등장배경

위키피디아 한글판에 나타난 정의에 따르면, "N-스크린N-Screen은 CPNDContent, Platform, Network, Device로 구분된 산업계에서 보다 진보된 스마트 체계를 통해 언제 어디서나 다중 콘텐츠multi-content를 공유하고 실행할 수 있으며 끊김 없는 이어보기가 가능한 사용자 중심적 서비스를 의미"한다. 이 개념을 해부하여 그 특징들을 나열해 본다면 '언제 어디서나' 차원에서 동시성, '다중 콘텐츠' 차원에서 호환성, 그리고 '끊김 없는' 차원에서 연결성 정도가 되겠다.

방송통신위원회(2011)[1]에 의하면, 다양한 커넥티드 디바이스의 확산으로 조성된 N-스크린 환경은 콘텐츠 산업 가치사슬을 수직구조에서 수평구조로 전환시켜 플랫폼의 독자적 위상을 강화하면서 서비스 플랫폼의 등장을 가져왔다고 본다. 지금까지 특정 네트워크에 따라 콘텐츠 및 서비스가 제약되었기 때문에 콘텐츠와 소비자 간 접점을 관리하던 플랫폼의 역할이 네트워크에 종속되어 있었으나, N-스크린 환경으로 네트워크의 영향력이 감소하면서 플랫폼이 독자적으로 콘텐츠와 소비자 간의 접점을 관리하게 된 것이다. 이러한 서비스 플랫폼은 동시성, 호환성, 연결성을 구현하는 N-스크린 서비스를 통해 이용자가 수많은 디바이스와 콘텐츠를 소비하는 데 있어서 전환비용을 감소시킬 수 있도록 환경을 조정하고 새로운 이용 경험을 창출하게 된다. N-스크린 환경은 전통적인 미디어/콘텐츠의 이용 환경인 시간, 공간 그리고 콘텐츠 간의 동시성을 해체하면서 새로운 이용 환경을 제공하게 되는데, 동일한 시공간에서 다양한 단말기를 이용할 수 있는 중복 또는 동시 소비성, 소비자의 생활주기

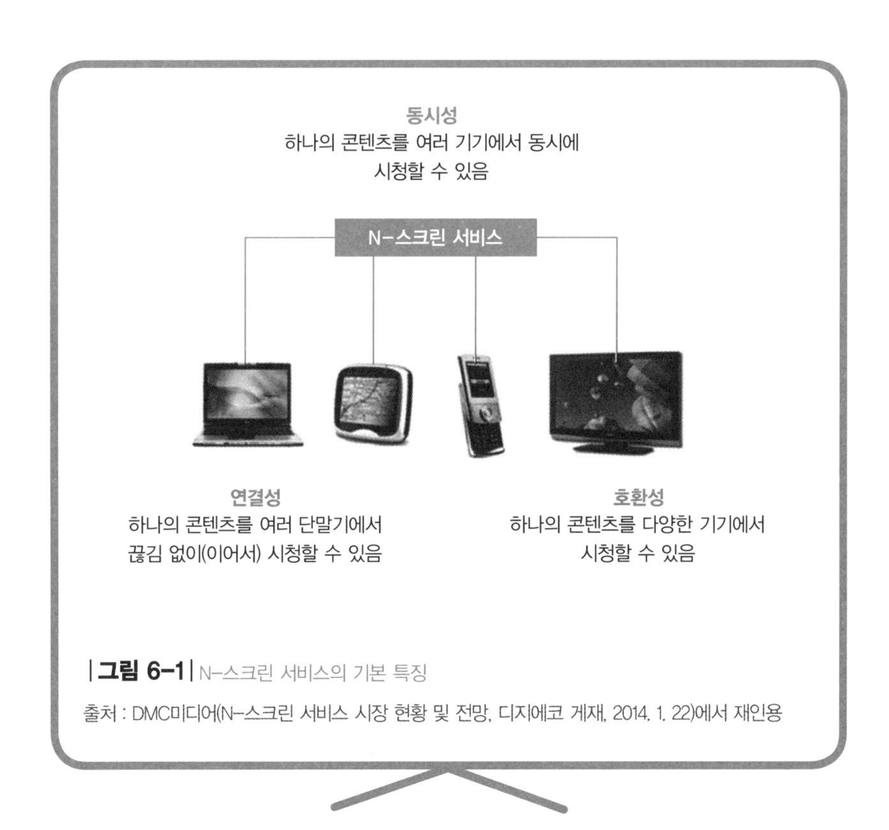

| 그림 6-1 | N-스크린 서비스의 기본 특징

출처 : DMC미디어(N-스크린 서비스 시장 현황 및 전망, 디지에코 게재, 2014. 1. 22)에서 재인용

에 따라 미디어/콘텐츠를 선택하는 생활주기 적합성과 이동성, 물리적 공간을 뛰어넘어 콘텐츠를 집단이 동시 이용하는 가상적 집단 이용, 그리고 추천과 공유 등을 통해 콘텐츠의 생산과 유통에 참여하는 공유와 협력 이용 등의 이용 환경을 조성한다.

이러한 개념의 N-스크린이 논의되기 이전에는, 방송과 통신 서비스 간의 경계가 와해되면서 3스크린이란 용어가 나온 바 있다. 즉, 통신사업자들이 통신 서비스와 방송 서비스를 번들bundle로 제공하기 위해 인터넷과 전화, TV를 동시에 제공하는 서비스를 3스크린 서비스라 칭하기 시작하였고, 미국 AT&T가 최초로 이러한 용어를 사용했다. 하지만, 이는 엄격히 말하면 번들링bundling, 즉 결합 서비스이지 위키피디아에서 정의되는 N-스크린 서비스와는 다소 다르다. 이는 3스크린 서비스에서 출발하여, 트리플 플레이 서비스Triple Play Service로도 불리며, 이후에 모바일 서비스까지 번들링되면서 쿼드러플 플레이 서비스Quadruple Play Service로까지 확대되어 불렸다. 스마트폰 이후, AT&T의 3스크린 구조도 변화하여, PC 외에 스마트폰과 태블릿, 스마트TV의 스크린을 연결하는 서비스로 이해되는 N-스크린 서비스로 진화하였다.

정리하면, 서두에 언급한 위키피디아에서 정의되는 N-스크린은 스마트폰이 등장한 이후에 이해될 수 있는 개념이다. 즉, 인터넷에 접속된 아이폰으로 촉발된 스마트폰, 그리고 잇달아 아이패드 등의 태블릿이 등장하면서, 스마트 디바이스smart device가 발전하게 되고, 그러면서 이들 디바이스 간에 연동 서비스를 사용자가 쉽게 공

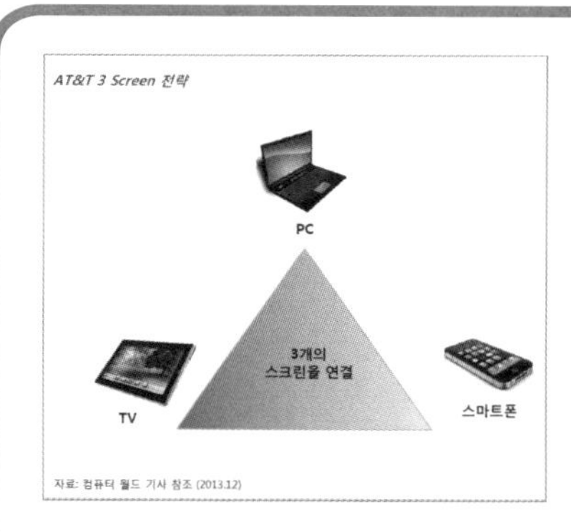

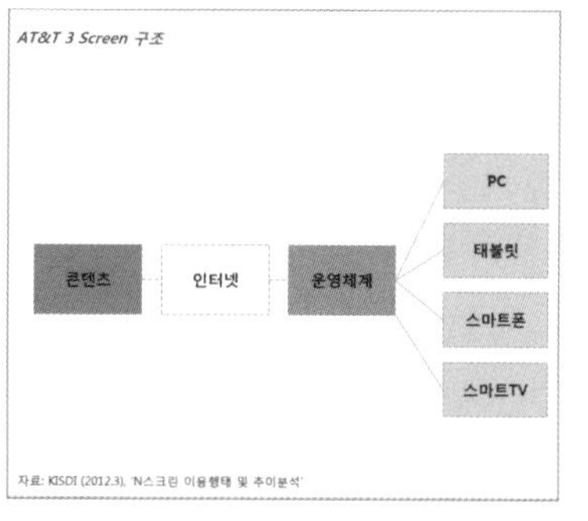

| 그림 6-2 | AT&T가 제시했던 초기 3스크린 전략과 진화된 3스크린 구조

출처 : DMC미디어(N-스크린 서비스 시장 현황 및 전망, 디지에코 게재, 2014. 1. 22)에서 재인용

유하고 실행하게 하기 위한 기술 규격들이 만들어지기 시작했다. 우선적으로는 하드웨어Hardware:HW 간의 연동 서비스들이 가능해지게 된다.

위키피디아가 정의하는 N-스크린 용어는 바로 이때부터 적용된다. HW 간 연동 개념의 N-스크린 서비스에 적용된 대표적인 기술 규격으로는 'DLNADigital Living Network Alliance'[2]가 있다. 이는 홈네트워크home network에서 사용자가 디바이스 간 연동을 보다 쉽게 수행할 수 있게 하는 산업계 표준으로, 스마트폰, 태블릿, 스마트TV, 노트북, 오디오 디바이스 등에 필수 HW 사양으로 적용되기 시작했다. 디바이스 제조사들에 의해 2010년부터 디바이스 DLNA 규격이 수용된다. 하지만, 이용자들이 기술적 설정의 번거로움을 느끼면서 서비스로 깊이 자리 잡지는 못하고 있는 실정이다.

이보다는 다양한 스마트 디바이스들에 적응하려는 다양한 유형의 서비스 플랫폼들이 출현하면서 N-스크린이 피부에 다가오게 된다. 이러한 서비스 플랫폼들은 다양한 스크린 간에 연동되는 사용자 경험User eXperience을 가능하게 하고, 끊김 없는seamless 서비스가 용이해지게 한다. 이러한 목적으로, N-스크린 서비스는 애플, 구글, 넷플릭스, 삼성전자, LG전자, kt, CJ헬로비전, 푹 등 다양한 CPND 사업자들을 통해 제공되는 기본 사양으로서 서서히 자리를 잡기 시작한다.

스마트TV 출시로 경험한 N-스크린 서비스의 한계

앞서 언급했듯이, N-스크린 하면 먼저 떠올려지는 것이 디바이스 간의 연동임에도 불구하고, 결국은 콘텐츠의 이동성content portability을 주는 것이어야 한다. 사실상 '스마트smart'라는 용어를 생각하면, 스마트폰부터 떠올려지지만, 사실상 애플리케이션들이 등장하면서 스마트 생태계를 이루게 되었기 때문이다. 이후 태블릿과 TV에서도 앱의 이용이 가능할 것이라는 기대감으로, 스마트폰 등장 후 3년도 채 안 되어 스마트TV가 부상한다. 이는 구글이 2010년 5월에 구글 TV 출시 계획을 발표한 이후부터 본격화되기 시작한다. 스마트폰, 태블릿 외에 스마트TV가 등장하면서 이 세 가지 디바이스들이 시장에 확산되어야 비로소 N-스크린 환경이 용이해진다.

스마트TV가 등장하게 된 배경은 우선 스마트폰의 앱들이 TV에서도 N-스크린 되게 하기 위함이다. 이런 취지에서라면 스마트TV는 전통 TV와는 사실상 별개이다. 위키피디아의 한글판 정의에 따르면, 스마트TV란 TV에 인터넷 접속 기능을 결합, 각종 앱을 설치해 웹 서핑 및 VOD 시청, 소셜네트워크서비스, 게임 등의 다양한 기능을 활용할 수 있는 다기능 TV이다. 이는 곧 TV와 인터넷의 통합을 의미한다. 이는 구글이 스마트TV 이용자에게 검색 기능과 개인화된 커뮤니케이션 기능, 소셜네트워킹 기능을 부여하게 될 것이라고 소개한 것과 그 맥을 같이한다.

그렇다면 스마트TV의 보급은 N-스크린 서비스 제공의 매우 중요한 요소가 된다. 스마트TV의 기술적 전제 조건은 TV가 인터넷에 접속되어 있어야 한다는 점이다. 이를 커넥티드TVConnected TV라고 부른다. 글로벌 시장에서 보는 커넥티드TV 판매량은 2012년 말 현재, 누적 1억 6천만 대로 추산된다. 삼성전자, LG전자 등 국내의 TV 제조사가 글로벌 커넥티드TV 시장의 42.7%를 점유하는 등 양적 성장을 주도하고 있다(한국콘텐츠진흥원, 2012).

또한, 글로벌 조사기관인 ZDNet에 따르면, 2017년 커넥티드TV 판매량은 누적으로 약 11억 대에 달할 것으로 예측되었다(ZDNet, 2012.11). 또, 전자통신연구원(2013. 11)에 따르면, 스마트TV 보급 초기인 2011년 1월 삼성전자의 글로벌 TV 앱이 380개에 불과했으나, 2013년 4월에 2,500개로 6.6배나 증가했고, LG전자 스마트TV 앱도 글로벌 기준 1,800개 이상으로 증가했다.

구글TV를 연상케 하는 스마트TV는 이러한 커넥티드TV 디바이스 구매를 전제로 가능한 서비스이다. 문제는 커넥티드TV를 구입한 사람이 모두 스마트TV를 접속하거나 실제로 이용한다고 볼 수는 없다는 점이다. 스마트TV 도입 당시에는 TV 앱이 많지 않은 상태였으므로 접속률[3]을 조사하는 수준에만 머물러 있었다. 2012년 12월, 엔피디그룹NPD Group에서는 실제 스마트TV의 네트워크 접속률을 5~10% 정도로 예측한 바 있다. 시장조사 전문기관인 디퓨전그룹Diffusion Group도 2011년에 이미 2016년 이용률을 약 26%로 예측했으나, 최근 추세로 미루어 커넥티드TV 기기 보급 증가가 이용률 확대를 보장하지는 못할 것이라고 번복하여 주장하기도 했다(Diffusion Group, 2013. 5).

미국의 정보통신 컨설팅 전문업체인 애널리시스 메이슨Analysys Mason이 미국과 영국, 프랑스, 독일, 스페인, 폴란드 거주자 6,600명을 대상으로 가장 최근인 2013년 초에 조사한 결과에 따르면, 커넥티드TV를 구입한 사람들의 실제 스마트TV 접속률은 20%에 그쳤다고 한다. 더욱 놀라운 것은, 스마트TV에 접속한 이들 20% 중에서도 실제로 스마트TV로 인터넷 콘텐츠를 이용하는 사용자는 다시 절반 이하로 나타났다. 이처럼 스마트TV 이용률[4]이 저조한 이유는 스마트TV에 특화된 인터넷 콘텐츠가 많지 않기 때문이다. 이는 스마트TV가 등장한 3년 전부터 지속적으로 제시된 한계점이기도 하며, 스마트폰과 태블릿에서 평소에 사용하는 인터넷 콘텐츠를 굳이

| 표 6-1 | 스마트 기기별 콘텐츠 이용시간 점유율 비교 및 다양성지수5

분류 \ 콘텐츠 스마트기기	스마트폰 (n=5,007)	태블릿PC (n=90)	스마트TV (n=728)
	평균 97.9분	평균 113.9분	평균 169.8분
TV/라디오 방송프로그램	1.8%	40.7%	99.6%
동영상/UCC/음악/음원/사진	6.2%	5.0%	0.3%
신문/책/잡지	1.6%	15.9%	0.0%
통화/문자/이메일/채팅	79.0%	4.6%	0.0%
온라인 검색/소셜네트워크/상거래	8.3%	15.5%	0.1%
게임	2.9%	6.2%	0.0%
문서/그래픽 작업	0.1%	12.1%	0.0%
다양성지수(HHI)	6,363	2,381	9,920

*주: 1)n은 3일 중 해당 매체를 하루라도 이용한 개인의 수에 표본가중치가 적용된 수치.
2)스마트TV의 경우 최소한 한 대 이상의 스마트TV를 보유한 가구 내에서 '가정용 TV'를 하루라도 이용했다고 응답한 응답자를 기준. 따라서 가구 내 TV가 여러 대이면서 스마트TV가 아닌 TV를 가진 가구의 경우 비스마트TV의 이용시간이 일부 포함될 수 있음에 유의.

출처 : The Economist

스마트TV를 통해 이용할 필요가 없다는 점을 방증하는 것이기도 하다.

이러한 현상은 우리나라에서도 마찬가지이다. 한국정보통신정책연구원(KISDI, 2013. 3)의 최근 조사에 따르면, 3일간 스마트TV를 이용한 총 시간 중 단 0.4%만 웹 검색 등 스마트 기능에 소요한 것으로 나타났다. 이는 스마트TV에 고유한 콘텐츠의 이용률은 낮음을 의미한다. 결국 스마트TV도 전통 TV와 마찬가지로 아직은 실시간 TV 시청에만 주로 사용되고 있음을 알게 된다([표 6-1] 참조).

그럼에도 불구하고 국내외적으로 지속적으로 이러한 설문조사가 수행되고 있다. 왜 그럴까? 이는 그만큼 스마트TV의 잠재력이 무시될 수 없기 때문이다. 스마트TV는 스마트폰처럼 TV용 앱이나 모바일과 연동이 가능한 다양한 부가서비스 앱들은 물론이려니와, 인터넷과 동시 이용이 가능한 소프트웨어 등 PC 인터넷, 모바일 인터넷과 연계할 수 있는 다양한 N-스크린 서비스의 장점들을 모두 보유하고 있다.

다시 말해, 스마트TV는 양방향성을 갖춘 서비스 플랫폼이며, 가전과 컴퓨팅 성격을 모두 보유하고 있고, 인터넷이 이의 핵심 인프라이다. 이러한 잠재력을 먼저 인식한 구글이 2010년 가을에 구글TV를 출시했던 것이다. 그런데 아쉽게도 그 이후 2년여가 지난 지금, 구글TV가 그다지 성공적이지 못했다는 평가를 받고 있는데, 그 주된 이유가 바로 인터넷 콘텐츠가 아닌 전통적 TV 콘텐츠 제공에 실패했기 때문이라는 점은 그다지 놀랄 일이 아니다. 늦었지만, 구글, 애플 같은 글로벌 IT 기업 외에 TV 제조업체와, 유료TV, 콘텐츠 사업자 등 CPND 다수가 스마트TV 그 자체보다는 N-스크린 서비스에 관심을 갖기 시작했으며, TV 콘텐츠가 우선은 태블릿이나 스마트폰에서 앱으로 제공되는 데 관심을 갖게 된다. 이와 동시에 스마트TV 디바이스도 일체형 TV 세트 외에 셋톱박스Set-top-box, 스틱Stick[6] 등 다양한 형태가 등장하였다. 따라서, N-스크린 서비스가 성장하기 위해서는 TV만으로는 안 되며, 스마트폰과 태블릿PC, 그리고 N-스크린에 적합한 스마트TV 디바이스의 보급이 함께 이루어져야 할 것이다. 2011년 하반기 세계의 스마트 디바이스 출하량 및

| 표 6-2 | 세계의 스마트 디바이스 출하량 추이

구분		2011 (백만대)	2015E (백만대)	연평균 성장률(%)
전체	스마트폰	472	982	20.1
	태블릿PC	64	326	50.2
	스마트TV	56	197	37.0
	계	592	1,505	26.3
안드로이드	스마트폰	184	430	23.6
	태블릿PC	11	116	30.2
	계	195	546	29.4
애플	스마트폰	86	166	17.9
	태블릿PC	47	149	33.4
	계	133	315	24.1

출처 : DMC미디어(모바일 광고시장의 한계와 해법, 디지에코 게재, 2013. 7); DMC미디어(N-스크린 서비스 시장 현황 및 전망, 디지에코 게재, 2014. 1. 22)에서 재인용

2015년 전망은 위의 [표 6-2]와 같다.

TV 콘텐츠가 다른 디바이스에서 N-스크린 서비스 되게 하는 첫 번째 시도는 그동안 본방 사수가 요구되었던 시간 중심의 TV 이용 행태에서 '다시보기' 및 '이어보기'가 허용되는 공간 중심으로 이동시키는 것이다. 시장에서는 이러한 서비스를 N-스크린 서비스 또는 오버더탑Over-the-top;OTT 서비스라고 부르고 있다. 이때 모든 서비스 사업자들에게 공통적인 숙제는 관심을 끌 만한 프리미엄급 TV 콘텐츠를 개발하고 제공하는 것이다. 이러한 차원에서 최근 넷플릭스나 유튜브의 적극적인 콘텐츠 제작 투자는 당연한 수순으로 이해된다.

우리나라의 사례로 본 N-스크린 현주소

이상에서 살펴본 대로, 글로벌 시장에서 스마트TV가 큰 진전을 보이고 있지 못한 상황에서 iOS와 안드로이드 기반 스마트폰과 태블릿 확산이 더욱 진전을 보이게 됨에 따라, 전통적인 TV 콘텐츠가 다른 스마트 디바이스에서 제공되는 N-스크린 내지 OTT 서비스들이 대거 등장하게 된다. 그런데, 이들 서비스는 그저 인터넷을 통해 TV 드라마나 영화를 볼 수 있게 하고, 어디서나 인터넷만 되면 PC 말고 스마트TV, 스마트폰, 태블릿으로 같은 내용을 볼 수 있게 하는 정도의 '다시보기'나 '이어보기'에 머물러 있다. 그렇다 보니 N-스크린에서 프리미엄급 TV 콘텐츠 유통이 매우 주요한 차별점이 되며, 이의 장악력은 매우 중요하게 된다.

그렇다면 우리나라는 어떠한 상황에 있는가? 우리나라의 상황에서 지금 모바일 인터넷을 통해 TV 콘텐츠나 영화를 보는 것이 매력적인 이유는 그동안 기술적으로는 가능했지만 판권 및 저작권 등 문제로 이들이 TV나 PC에서 쉽게 서비스되지 못했는데, 이에 대한 물꼬가 트였기 때문이다. 실제로 방송과 통신의 융합이 지배하던 2000년대 초반 유선의 PC 상에서 인터넷 동영상 서비스를 일찍 시작했던 많은 회사들이 몇 년 못 가서 시장에서 사라졌다. 특히 인터넷PC는 불법 다운로드가 가능한 동영상 세상이었기 때문에, 저작권료를 지불하여 정상으로 비즈니스 할 수 있는 환경이 되지 못했다.

주로 PC에서만 인터넷 동영상 사이트가 제공되던 시기는 콘텐츠 기업들이 콘텐츠 불법복제에 대해 두려움을 안고 있었고, DVD 판매 및 유료TV 판권 수익 등이 줄어들 것까지도 함께 우려되었던 때이다. 게다가 당시의 무선인터넷망은 동영상을 제대로 보여주기에 충분한 대역폭을 갖지 못했으며, PMP를 제외하고는 PC 외에 마땅한 TV나 영화 콘텐츠 시청 기기가 등장하지 않았다.

특히, 우리나라에서는 일찍부터 CD나 DVD 시장이 거의 사장되어버렸는데, 그 주된 이유는 유선 초고속 인터넷의 발전과 함께 나타난 유선인터넷 PC에서의 콘텐츠 불법유통이다. 브로드밴드 덕택에 동영상 콘텐츠 유통이 PC에서 불법으로 이용 가능한 상황이 전개되었던 것이다. 이처럼, 정상적인 시장이 이동을 한 것이 아니라, 불법복제와 이를 통한 무료 유통이 만연했기 때문에 전체 콘텐츠 유통시장 규모는 오히려 축소되었다. 영화진흥위원회(이후 영진위) 조사(2013. 6. 11)에 따르면, 우리나라의 연간 영화 불법유통 시장 규모는 약 3조 7,500억 원 수준으로 파악되었다. 이것이 합법적인 온라인 서비스로의 전환에 성공한다면 약 3천억 원을 상회하는 규모의 추가적인 국내 영화판권 시장 성장을 도모할 수 있을 것으로 예상되었다.

그런데 아이러니하게도 그동안 인터넷PC만으로 불법 콘텐츠를 양방향으로 이용하는 데 익숙해진 우리나라 사람들은 점차적으로 케이블TV나 IPTV를 통해 제공되는 유료TV VOD 이용에도 익숙해지기 시작한다. 하이투자증권이 최근의 유료TV 수익을 추정·예측(2013. 6. 18)한 바에 의하면, 우리나라 유료TV 사업자들은 VOD 서비스를 통해 2013년에 3,100억 원 수준의 VOD 매출을 기록할 것으로 예상된다. 여기에 영화 콘텐츠의 불법유통 시장 단속 강화와 지상파 콘텐츠의 홀드백 기간 연장(2013년 하반기에 1주에서 3주로 연장이 예상됨) 등 이슈들이 VOD 시장의 성장에 기폭제가 될 전망이다. 방송통신위원회(2012. 12)에 따르면, IPTV의 VOD 이용률은 35%로 디지털 케이블TV(9.8%)의 3.5배이며 TV 콘텐츠나 영화 콘텐츠 불법유통을 줄여 합법적 시장을 형성하는 데 큰 공헌을 하고 있다.

이처럼 우리나라에서는 유료TV가 예기치 않은 VOD 서비스로 선전하면서 스마트폰 등에서의 N-스크린 서비스 제공에 대해 강한 의지를 보이는 사업자가 되고 있다. 이들이 제공하는 N-스크린 서비스는 '다시보기'나 '이어보기' 정도로 N-스크린 1.0 수준이며, 일부 선두 사업자 중심으로 기기별 특성을 이용한 '세컨드스크린Second screen'[7] 서비스 개발을 주도하기 시작했다(이에 대해서는 뒤에서 언급하기로 한다).

우리나라의 유료TV 사업자들은 모두 초고속 인터넷 사업자들이란 공통점을 가지며, 가장 먼저 N-스크린을 시작한 사업자는 케이블TV인 CJ헬로비전이다. 여기서 제공되는 N-스크린 서비스, 티빙TVing은 2010년 시작되었고, 자사의 케이블TV와의 융합 및 독자의 동영상 앱을 병행하는 하이브리드hybrid 모델을 채택하였다. 2013년 11월 현재, 가입자 수 580만 명에도 불구하고 유료 회원 수는 수십만 명에 머물러 있다. 또한, 3년째 적자를 경험 중이다. CJ헬로비전은 CJ그룹 내 콘텐츠 회사인 CJ E&M의 지원을 받고 있지만, 지상파방송 3사의 콘텐츠 제공이 안 되는 상황이 가장 큰 걸림돌이었다가 2012년 2월부터 지상파방송을 하게 되었다. 또한, 채널 수가 200개나 되고 메타 데이터부터 새로 구축하는 등의 인프라 투자비용도 상당하여 수익구조가 아직은 열악한 상황이다. 그러나 CJ가 보유 중인 콘텐츠를 기반으로 하여 온게임넷 콘텐츠, 특히 리그오브레전드League of Legend;LOL 경기 등 티빙만이 누릴 수 있는 특화 콘텐츠를 운영 중이고, 기술적 개발에도 힘을 쏟고 있다. 예컨대, 종료 버튼을 눌러도 보고 있었던 동영상을 그대로 보게 하는 'TV모드' 기능이 대표적이다.

그 다음으로 통신기업으로 가장 먼저 시작한 것은 SKT가 제공하기 시작한 N-스크린 서비스로 '이어보기'라는 것을 장점으로 내세운 호핀hoppin이 있다. 이의 특이점은 SKT 자사 제공 IPTV와의 융합모델이 아니라는 점이다. 2013년 말 이용자 수는 약 420만 명이고 콘텐츠 확보에 어려움을 겪고 있다. 이 서비스의 가장 큰 걸림돌은 콘텐츠이며, 특히 전용 폰이 필요하다는 점이 또 다른 장애 요인으로 작용한다. 즉, 별도의 크래들을 통해 TV와 HDMI 단자로 연결되어 VOD 콘텐츠가 재생되며 크래들과 함께 제공되는 블루투스 리모콘을 통해 브라우징이 가능하다. 이후에 IPTV인 Btv도 N-스크린 서비스를 제공, 140만 명의 이용자가 있다.

SKT 호핀과 유사한 시기에 KT는 자사 제공의 IPTV인 올레TV와의 융합모델인 올레TV나우olleh tv now 앱을 출시했다. IPTV의 확장 개념이기 때문에, 여기에는 KT 가입자만 가입할 수 있고 정액제 서비스인데, 다른 KT 서비스와 결합 시 할인 이용이 가능하다. KT는 플레이PLAYY라는 별도 영화 N-스크린 서비스도 함께 제공한다. 실시간 채널 50여 개와 VOD 1만 8천 편 정도가 서비스되고 있으며 2013년 말 이용자 수는 260만 명이다.

LGU+는 특이하게도 자사 제공의 클라우드 웹하드 서비스인 유플러스박스U+Box와의 융합모델을 택했다. 웹하드에 담긴 동영상을 모바일 인터넷을 통해 볼 수 있게 해주는 서비스인 슛앤플레이Shoot&Play는 DLNA 기술을 이용해, DLNA를 지원하는 다른 TV나 PC를 통해 폰에 담긴 동영상을 바로 볼 수 있게 해준다. P2P 형식으로 개인 간의 콘텐츠 거래도 가능하게 한다는 장점이 있다. 2013년 초의 통신기업의 N-스크린 서비스를 비교하면 [표 6-3]과 같다.

유료TV 외에도 커넥티드TV 기기 출시로 스마트TV 붐을 일으킨 삼성전자와 LG전자 같은 기기 제조사들도 N-스크린 전략을 전면

| 표 6-3 | 2013년 국내 통신기업 3사의 N-스크린 서비스 비교

	KT	SKT	LG U+
서비스명	olleh tv now	hoppin	Shoot&Play
플랫폼	olleh tv	hoppin	U+ 플랫폼
콘텐츠	IPTV 콘텐츠	호핀 콘텐츠	미디어 허브 콘텐츠
IPTV 콘텐츠	연동	미연동	미연동
Media 허브	×	×	○
단말 간 연동	×	×	○

출처 : Net Term, N-스크린, 2013.2; DMC미디어(N-스크린 서비스 시장 현황 및 전망, 디지에코 게재, 2014.1.22)에서 재인용

에 내세우기 시작했다. 이들에게는 무엇보다도 더 많은 디바이스들, 그중에서도 TV를 팔기 위한 수단으로 N-스크린 서비스가 존재한다. 따라서 디바이스 제조사의 N-스크린 서비스 개념은 아직은 기기 간 연동 수준에서 크게 벗어나지 않는다. '올쉐어Allshare'라는 이름으로 와이파이를 이용해, 집 안에 있는 디바이스들끼리 콘텐츠를 공유할 수 있게 되었고, 이를 스마트폰이나 태블릿에도 적용 가능하게 한다는 전략이 지배적이다. 또한, 클라우드Cloud 서버를 제공해 온라인 저장공간에 각종 콘텐츠를 올려놓고 외부에서 이용할 수 있게 하는 '올 쉐어 플레이Allshare Play' 서비스도 후속으로 나왔다.

이상의 유료TV나 디바이스 제조사 외에 콘텐츠 사업자에 속하는 우리나라 지상파방송사들도 N-스크린 서비스 제공에 가세하기 시작한다. 지상파방송사들의 N-스크린 서비스 개념도 유료TV 사업자들처럼 '다시보기' 수준을 넘어서지 못하고 있다. 먼저, 스마트폰 앱인 푹pooq은 MBC와 SBS의 합작회사인 콘텐츠연합플랫폼이 제공하는 서비스이다. 2012년 7월 무료로 시범 서비스를 시작한 이후 9월에 유료화(월 2,900~5,900원)를 선언했고 2013년 5월 현재 유료 가입자 수 18만 명을 기록했다. 이들은 사업 개시 후 1년도 안 되어 흑자로 전환되었는데, 그 배경은 자체적으로 프리미엄급 TV 콘텐츠를 보유하고 있다는 점과 LGU+가 푹에 CDNContent Delivery Network을 제공하면서 인프라 비용을 절감할 수 있었기 때문이다. 한편 KBS는 의무 전송 채널이기 때문에 무료의 N-스크린 서비스로 앱 형태가 제공되고 있다. 2013년 현재, 지상파방송 3사가 제공하는 30여

개 방송 채널들이 실시간으로 시청 가능하며, VOD 콘텐츠가 제공되고, 시청 예약 기능도 있다.

그 외에도 NHN, 다음 등 우리나라 포털 사이트들이 자체적으로 제공하는 앱을 통해서도 동영상 TV 시청이 가능하다. NHN, 다음 등은 매년 온라인 중계권 수급을 위해 많은 투자를 하고 있기 때문에, 이들이 모바일 중계권 형식으로 N-스크린 서비스 사업에 진출할 경우 어떤 파괴력을 가질지는 좀 더 지켜볼 일이다. 다음은 '다음TV'라는 스마트TV용 셋톱박스까지 출시했는데, 그 사업 성과는 아직 미미하다. 이들의 N-스크린 서비스도 TV 콘텐츠 '다시보기' 수준에 머물러 있다.

이상은 우리나라의 N-스크린 서비스의 현주소이다. 얼핏 보아도, N-스크린 서비스는 이제 통신, 방송 및 디바이스, 콘텐츠 사업자 모두 관심을 갖고 접근하는 플랫폼이 되었다. 따라서, 유료TV, 지상파방송사, TV 제조사가 경쟁 관계에 있는 것처럼 보인다. 그런데 이들은 서서히 스마트TV 등장으로 접근된 N-스크린의 한계점들을 몸소 체험하기 시작했으며, 점차적으로 사업자 간 서비스 제휴가 필요함을 인식하기 시작한다. 이들의 동일한 목표가 N-스크린 제공이기 때문에 이를 중심으로 각자의 역량을 결집하는 형태의 제휴가 가능할 것으로 보인다.

이미 삼성 스마트TV에는 CJ헬로비전의 티빙 앱과 KT의 플레이 앱, 지상파방송사의 푹이 모두 탑재되어 있다. 2013년 하반기부터는 TV 제조사와 국내외 유료TV 사업자 간의 보다 적극적인 제휴로 셋톱박스 없는STB-Free 유료TV 서비스 제공도 추진될 전망이다. 예로 우리나라 IPTV 사업자인 LGU+가 이를 이미 시작하였고, SKB가 2013년 하반기에 시작할 예정이며, 케이블TV 사업자로는 티브로드와 C&M 등 6개 사업자들이 하반기에 시작할 예정이다.

세컨드스크린, 클라우드에서 시작되는 N-스크린 2.0

이상에서는 TV 콘텐츠의 이동성을 주는 N-스크린 서비스의 현주소를 살펴보았다. 이는 단순히 TV 콘텐츠를 원소스 멀티유즈one source multi use 하게 하는 수준이다. 그런데 일부 선두 사업자들은 다양한 기기의 특성을 활용하여 실시간 방송 시청 경험을 다원화하는 전략, 즉 어댑티브소스 멀티디바이스adaptive source multi device 전략을 모색하기 시작한다. 전자가 N-스크린 1.0, 후자가 N-스크린 2.0이라고 보아야 할 것이다.

애플이 2010년 아이패드를 발표하면서 이미 N-스크린 1.0에 변화가 생길 조짐은 예상되었다. 그만큼 애플이 시장에 주는 혁신의 영향력이 크기 때문이다. 아이패드 출시는 세컨드스크린 서비스 활성화의 기폭제가 되었으며 특히 TV 콘텐츠를 직접 제작하는 미국 유료TV 및 방송사들의 이에 대한 관심이 고조되기 시작했다.[8] 앞서 언급했듯이, N-스크린 1.0 단계에서는 미국도 우리나라처럼 '다시보기'나 '이어보기' 수준이 대부분이다. 예를 하나 들면 2011년 3월 타임워너케이블은 케이블TV로는 최초로 집에서 실시간 TV 시청이 가능한 아이패드용 앱인 'TWCableTV'를 출시했고, 이어 다른 케이블TV 사업자들도 이와 유사한 서비스들을 제공하기 시작했다.

N-스크린 2.0으로의 진전이 필요한 이유가 몇 가지 설문조사 결과에서 감지된다. 먼저, 미국 닐슨(Nielsen, 2012. 12)에 따르면, 미국 내 스마트폰 및 태블릿 소유자의 85%가 한 달에 한 번 이상 TV 시청 중에 모바일 디바이스를 이용하는 것으로 집계되었고 매일 세컨드스크린 서비스를 이용하는 응답자도 전체의 40%에 달하는 것으로 나타났다.

이처럼 2~3대 디바이스 간 멀티태스킹 이용이 활성화되면서 세컨드스크린 서비스는 TV 프로그램을 단순히 다시 또는 이어 보여주거나 단순 부가정보를 제공하는 수준을 넘어서는 방향으로 진화되어야 함을 시사한다. 선도적 사업자들에 의해 세컨드스크린 서비스가 시도되고 있으며, '다시보기' 서비스를 이용하는 대신에 TV 방영 중에 세컨드스크린을 통해 SNS로 즉각적 의견 교류에 동참하는 시청자들이 증가하는 양상을 보여주기 시작했다. 이를 '소셜TV'라 부른다. AT&T는 아이패드에 IPTV인 유버스U-Verse 앱을 개발하여 가입자들에게 제공하고 있는데, 이를 통해 가입자는 정보 검색 외에 순위 투표 등 TV의 세컨드스크린, 즉 디바이스 간의 크로스 플랫폼 서비스를 제공받을 수 있다.

그런데 아쉽게도, 미국 유료TV 중심으로 시작된 이러한 세컨드스크린 서비스들은 저조한 아이패드 보유율로 인해 크게 활성화되지는 못하고 있는 형편이다. 점차 디바이스가 다양화되면서 최근에는 게임 콘솔도 세컨드스크린 서비스의 주요 디바이스로 부상하고 있다. 다양한 소셜TV 및 소셜게임 앱들이 나와주어야 세컨드스크린 서비스가 활성화될 수 있을 것이다. 소셜TV 앱은 실시간 시청 중에 SNS를 통해 지인들과 의견을 나누고 공유하는 기능을 갖는데 이는 최근 시청률 집계 등에 이차적으로 활용되는 사례로 발전 중이다(이에 대해서는 뒤에서 다시 논의하겠다).

이처럼 N-스크린 2.0은 세컨드스크린 서비스를 기점으로 개화되고 있으며, 애플이 아이패드와 함께 아이클라우드iCloud를 등장시켰기 때문인지, 이를 기점으로 해서 '클라우드 컴퓨팅Cloud Computing'도 부상하게 된다. 결국 애플의 아이패드와 아이클라우드가 새로운 개념의 N-스크린 2.0을 여는 결정적 계기가 된 것이다.

앞서 우리나라의 N-스크린 서비스 현황에서 보듯이, N-스크린 개념은 '다양한 스크린'이지만, 티빙이나 올레TV나우 등을 제공하는 유료TV 사업자들은 '다시보기'나 '이어보기'의 한계를 크게 넘어서지 못하고 있으며, 다양한 스크린이 수익의 증가를 담보하지 못하고 있다. 수익화되지 못하는 이유는 간단하다. 사용자가 바라보는 서비스는 어디서나 하나이기 때문에 지불 의사가 생기지 않기 때문이다. 이런 점에서 본다면, N-스크린 1.0 서비스는 새로운 수익원이라기보다는 기술 비용이 된다. 이 점은 N-스크린 제공 사업자들에게는 매우 중요한 사업적 장애 요인이다. CPND 모두 각자 처한 상황에서 앞다투어 N-스크린 서비스를 시도하고 있지만, 수익이 나는 구조를 갖고 있지 못하다면 2.0으로 진화하는 데 있어서 수익화 이슈가 고려되어야 한다. 앞서 언급했듯이, 그나마 지상파방송사는 자체 콘텐츠와 CDN에 힘입어 흑자를 경험 중인 정도이다.

N-스크린 서비스가 사용자에게 그저 하나의 서비스로 인식되고 있다면, 단순한 '다시보기' 전략 추진만으로는 힘들며 다른 노력이 필요하다. 세컨드스크린이나 클라우드 환경을 기반으로 하는 개인화된 플랫폼이 단순한 '다시보기'보다 더 중요한 경쟁 요소가 된다고 하겠다. 필자는 서두에서 N-스크린 개념을 설명하면서, 이의 세 가지 특성인 동시성, 호환성, 연결성을 언급하였다. 이와 연계하여 세컨드스크린과 클라우드 기반으로 N-스크린 2.0 전략을 추진하려면, 그 방향은 크게 세 가지로 나누어 살펴볼 수 있겠다.

첫 번째는 이미 유료TV 사업자들에 의해 일부 제공되고 있는 세컨드스크린 및 클라우드 기반의 소셜 및 콘텐츠 공유 앱들이 개인화된 플랫폼으로 고도화되는 것이다. 연결성을 주는 것이다. 앞에서 언급했듯이, LGU+의 클라우드 기반 N-스크린 서비스는 사실상 웹하드에 담긴 동영상을 무선인터넷을 통해 볼 수 있게 해주는 수준이다. 이를 기반으로 하여 사용자와의 상호작용이 가능한 개인화된 플랫폼화가 가능할 수 있다. 일본의 NTT도코모는 웹하드 기능에 머물렀던 클라우드 앱에 안면 및 음성 인식기능을 지원하기 시작했고, APIApplication Programming Interface를 공개하여 써드파티3rd Party를 지원하고, 번역 서비스 등을 제공하는 등 개인화된 플랫폼으로의 진화를 선두적으로 모색하고 있다. 미국의 콕스Cox도 사진, 동영상,

음악 공유 앱인 마이플레어myflare 출시 계획을 2013년 4월에 발표하면서, 개인화된 플랫폼화를 위해 SNS와 이메일을 연계할 것임을 밝혔다.

두 번째는 클라우드 기반이 인프라인 서버로서 기능하는 것이다. 즉, 백엔드back-end 역할을 하는 것이다. N-스크린이 백엔드인 클라우드 인프라에 의해 가능하게 되면, 시공간을 초월한 환경이 완성될 수 있다. 다시 말해, 몇 가지 디바이스에서만 매우 제한적이고 변형된 형태의 콘텐츠를 제공하는 환경이 아니라, OTT인 넷플릭스Netflix 처럼 동일한 서비스가 장소와 시간, 디바이스에 관계없이 제공되는 환경이 되어야 할 것이다. 동시성을 주는 것이다. 유료TV STB의 클라우드화도 진행되기 시작했다. 예컨대, 컴캐스트Comcast는 STB 튜너, VOD 리스트, DVR 관리, 콘텐츠 엑세스 기능의 클라우드화x1STB 를 실현하였다. 앞서 언급했듯이 우리나라에서도 일부 유료TV 사업자들이 틈새전략 차원에서 TV 제조사와 제휴하여 2013년 하반기부터 본격적으로 'STB 프리free' 환경을 제공할 것으로 기대되고 있다.

마지막으로는 클라우드가 유통 플랫폼이 되어, 그 플랫폼 기반에서 유료 동영상 OTT 제공뿐만 아니라, 음악, 게임 등 다양한 콘텐츠 장르로 확산시키는 것이 가능하다. 다중 콘텐츠 제공을 통한 호환성 및 통합성을 주는 것이다. 콘텐츠의 장르 범위는 많을수록 좋다. 우선은 실시간 방송과 다양한 VOD 콘텐츠의 통합 제공이 필요하다. 이에 대한 유료TV의 대응 모습은 두 가지로 나타나고 있다. 하나는 넷플릭스에 대응하는 OTT를 자체적으로 만들어 클라우드 플랫폼에서 유통시키는 것이고, 다른 하나는 넷플릭스 같은 OTT들과 제휴하는 것이다. 전자의 경우를 예로 들면, 컴캐스트는 HD급 스트리밍인 '스트림픽스Streampix'(월 4.99달러)를 2012년 2월에 출시한 반면, 케이블비전Cablevision은 넷플릭스와 제휴관계를 맺고 있다. 이러한 전략 속에서 콘텐츠 장르도 음악이나 게임 등으로 확산될 것으로 보인다. 우리나라 케이블TV 사업자인 CJ헬로비전은 2012년에 기존의 디지털 STB를 활용하여 클라우드 게임인 'X 게임'을 제공 중이다.

N-스크린 서비스 도약의 선결 조건

앞에서 논의한 내용들을 요약, 정리해보자. 먼저 N-스크린 개념에 대해 살펴보았다. 위키피디아에서 정의되는 N-스크린 서비스는 과거 통신기업들이 3스크린 서비스라고 주장한 결합 서비스 내지 번들 서비스와 구분되며, 통신기업들도 N-스크린 개념으로 서비스를 진화시키고 있음을 AT&T의 사례에서 보게 된다. N-스크린 서비스는 더 이상 네트워크에 초점이 맞추어져 있는 것이 아니라 네트워크를 기반으로 TV, PC, 휴대폰 등 다양한 디바이스들 간에 콘텐츠가 끊김 없이 연계될 수 있도록 함으로써 PC와 TV, 폰 내지 태블릿이 하나의 스크린인 것처럼 편리하게 활용될 수 있도록 하는 것을 의미한다.

그 다음에는 스마트TV가 등장하면서 N-스크린 서비스 제공이 가시화되었다고 보았으며, 우선은 스마트폰에 있는 앱으로 제공되는 다양한 인터넷 콘텐츠가 스마트TV에서도 활성화될 것으로 보았지만, 이는 구글TV의 사례처럼 성공적이지 못했고, 이어서는 전통 TV에서 제공되는 TV 콘텐츠를 다른 스마트 디바이스에서 다시 보거나 이어 볼 수 있게 하는 서비스로 N-스크린 서비스 1.0이 관찰되었다. 또한, 이러한 N-스크린 서비스는 OTT라는 이름으로 TV 제조업체, 유료TV 사업자뿐 아니라 게임 콘솔 업체, 인터넷 사업자들이 대거 경쟁에 참여하면서 점차 가열 양상을 보이고 있다.

이러한 상황에서 필자는 N-스크린의 특징들을 재점검하여 2.0으로 도약할 수 있는 전략 방향을 제시하고자 하였다. 이미 시작된 세컨드스크린과 막 달아오르기 시작한 클라우드 기반의 N-스크린 2.0으로 한 발 내딛는 방법으로 세 가지를 제시하였다. 차례로 소셜 앱과 클라우드 앱을 고도화하는 것, 클라우드 인프라를 백엔드화시키는 것, 그리고 클라우드 기반에서 콘텐츠 장르를 확대해나가는 것이다. 국내외적으로 N-스크린 서비스를 주도하는 사업자들은 이러한 진화 경로를 밟아야 할 것이다. 최근 애플, 구글, 아마존 등의 선두 사업자들은 이미 메타 데이터 분석을 활용한 개인화된 플랫폼 제공에 더욱 초점을 맞추기 시작했다.

한편, N-스크린 서비스가 '다시보기' 수준을 넘어 '개인화'에 초점을 맞춤으로써 더욱 진화, 발전할 것으로 보이지만, 또 다른 문제들이 뒤따른다. 콘텐츠의 불법유통 방지 이슈는 여전하며, 분절화되는 시장에서 충분한 가입자 기반을 가져가는 것, 그리고 수익화가 가능한지의 여부 등이다. 실제로 수익을 낼 수 있는 비즈니스 모델로 성공하기 위해서는 차별화된 콘텐츠와 임계치critical mass에 도달할 만한 충분한 가입자를 동시에 확보해야 한다는 기본 명제는 변함이 없다. 이는 유료TV 시장의 상황과도 동일하다.

클라우드 앱의 고도화와 인프라 제공, 콘텐츠 장르의 다양화 등을 통해 N-스크린 2.0으로 진화될수록 콘텐츠의 중요성은 더욱 부각될 것이다. 예로 구글은 구글TV 출시로 애플에게 빼앗긴 주도권을 회복하고 N-스크린을 완성하려 했지만, 결국 할리우드와의 관계 강화를 통해 저작권 침해를 방지하려는 노력을 하지 않으면 안 된다는 점을 절실히 경험하였다.

아직도 N-스크린 제공의 최대 걸림돌로 콘텐츠 불법유통을 주장하는 콘텐츠 기업들은 NDS나 Irdeto 등 전통적 DRM 업체들과는 SD급 온라인 콘텐츠 제공을 위해 TV와 동일하게 협력 중이나, 이미 보급된 PC와 Mac OS에서는 HD급 콘텐츠용 'HDMI encrypted output'이 제공되지 않아 콘텐츠 보안 이슈가 아직도 해결되지 않은 상태이다. 이러한 우려에 대해 가장 먼저 대응책을 제시한 애플은 2010년 9월 뉴애플TV에 다운로드 기능을 아예 없애고 스트리밍 기능만을 제공하였다. 즉, 애플은 스트리밍과 클라우드를 활용해 콘텐츠 불법복제를 최소화하고 콘텐츠 기업들을 끌어들이는 유인 요소로 활용하였다. 클라우드에서는 인증이 필수이므로 불법복제가 방지될 수 있었다.

이제 스트리밍 서비스 제공 및 이용이 다운로드 서비스를 앞지르면서 콘텐츠 불법복제에 대한 우려는 점차 줄어들고 있다. 하지만, 콘텐츠 자체를 보유해야 하는 또 다른 숙제는 여전히 남아 있다. 그동안 콘텐츠 제작에 관심을 가지지 않았던 구글의 유튜브나 아마존, 넷플릭스 등이 콘텐츠 제작에 손을 대기 시작한다. 가장 최근인 2013년 4월, 아마존은 총 14개의 오리지널 TV 프로그램 시험방송을 실시하고, 누구든지 이를 시청하고 평가할 수 있게 하였으며, 이렇게 얻은 시청자들의 전반적인 피드백을 참고하여 5개 프로그램을 풀 시리즈로 제작하기로 했다.[9]

우리나라의 경우를 보면, 아직 PC에서의 불법복제 문제도 완전히 해결되지 않은 상황에서 차별화된 콘텐츠도 제공되지 않아 이용자 입장에서는 N-스크린에 대한 이용료를 지불할 의사가 매우 낮다고 판단된다. 게다가 유료TV 월정액이 미국의 8분의 1 수준인지라 N-스크린 서비스의 유료 비즈니스 모델화는 더욱 요원하다고 하겠다. 시장은 협소한데, 치열한 CPND 간의 플랫폼 경쟁으로 인한 시장 파편화로 광고를 유치할 만큼의 충분한 가입자 수 확보도 용이하지 않다. 그나마 일부 유료TV 사업자들이 충분한 가입자 수를 확보하고 있어서 우선은 이들의 N-스크린 서비스 제공력에 힘이 실릴 것으로 보인다.

현 시점에서 N-스크린의 유료화가 어렵다는 점에 대해 공감하면서 이에 대한 대응책으로 광고모델에 관심 갖게 되고, 이는 기존의 시청률 개념이 변화되어야 함을 시사하고 있다. 2013년 초, 시청률 조사기관인 닐슨Nielson은 인터넷을 TV에 연결해 프로그램을 시청하는 경우를 시청률 조사 대상에 포함할 계획을 미국으로만 한정하여 발표하였다. 이는 분명히 N-스크린 이용자가 증가하는 추세를 간과할 수 없음을 시사하며, 동시에 N-스크린에 광고가 수익모델이 될 수 있음을 보여준다.

닐슨에 따르면, 앞으로 시청률 측정기기는 태블릿, 게임 콘솔로 확대되고, 넷플릭스 같은 OTT 서비스도 조사 대상이다. 이외에, 닐슨은 시청자가 방송을 보면서 전송하는 트위터 멘션까지 분석해 시청률을 산정하겠다고 발표한다. 이는 그동안 TV에만 한정되어 조사된 시청률 기반의 광고단가 기준이 N-스크린 시대에 맞는 기준으로 변모하는 것을 의미한다.

N-스크린의 수익화를 고민한다면, 이제는 N-스크린 서비스를 제공 중인 티빙, 올레TV나우, 푹 등의 시청률이 닐슨의 산정방식에 포함되는 것을 고민해야 할 시점이다. 이러한 행보가 본격화되면, 수익과 직접 연결되는 필수적 서비스로 N-스크린이 관찰될 것이다. 그렇게 되면, 기존에 고정된 TV에서 피플미터people meter로 가늠된 시청률의 의미도 점차 희석될 것이다.

이상에서처럼 N-스크린 서비스가 진화해나가면 그 이용자 수는 더욱 증가할 것이고, 시청률 개념도 확대되어 합리적인 광고비를 산정할 수 있게 되며, N-스크린 서비스 제공이 더욱 용이해져 선순환 구조를 갖게 될 것이다. 이미 PC, 스마트폰, 태블릿PC를 이용해서 방송을 보는 시청 패턴이 급속히 늘어나고 있어서, 전통적인 시청률 집계방식과 실제 시청행태에 차이가 발생하고 있으며, 광고주들도 신뢰도 높은 시청률을 원하고 있는 상황이다.

한 예로 티빙의 경우, 실제 드라마와 예능 프로그램의 경우 전통 TV와 N-스크린 서비스의 시청행태에 큰 차이가 나타나고 있다. CJ 헬로비전에 따르면, 2012년 12월 8일 〈무한도전〉 방영분은 티빙에서 53%의 시청점유율을 보였지만 TV에서는 15.8%였다. 이는 광고의 타겟이 젊은 층이라면 광고주는 N-스크린에 광고를 하는 것이 비용 대비 효과 측면에서 유리함을 시사하고 있다.

결론적으로, N-스크린에 대한 처음 고민이 스마트TV 등장을 기점으로 시작하였기 때문에 N-스크린 서비스 제공이 제한적일 수밖에 없었다. 이제 다음 단계로의 도약을 위해서는 세컨드스크린, 클라우드 환경 제공이 매우 중요한 차별점이 될 것이다. 더 나아가 개발자 생태계의 유연성을 갖게 하기 위해서는 HTML5 기반의 웹 환경이 되어야 할 것이며, 이를 통해 여러 단말에 동일한 이용 경험을 제공하는 완벽한 N-스크린 서비스 제공 환경이 기술적으로 마련될 것이다.

주

1 〈N스크린 서비스의 확산과 콘텐츠 비즈니스의 미래 전망〉, 디지에코, 2011. 9. 26.

2 홈네트워크 상용화를 위해 2003년 6월에 출범한 DHWG(Digital Home Working Group) 명칭을 변경해 DLNA라 칭하기 시작했다. DLNA 가이드라인에 따라 설계된 제품들은 음악, 사진, 비디오 등의 콘텐츠를 홈네트워크를 통해 상호공유가 가능하게 된다.

3 접속률이란 스마트TV가 ISP의 네트워크에 연결되어 있는 비율을 말한다.

4 이용률이란 이용자가 스마트TV 구매 후에 ISP의 네트워크에 접속하여 실제로 인터넷 콘텐츠를 이용한 비율을 의미한다. 조사기관별로 측정 기준인 이용기간이 상이하여 일관된 이용률 추정은 사실상 쉽지 않다.

5 다양성지수(HHI:Herfindahl Hirschman Index): 각 항목의 점유율 제곱의 합이며 최댓값은 10,000이다. 높은 수치(10,000에 가까울수록)는 다양성이 낮으며, 낮은 수치(0에 가까울수록)는 다양성이 높음을 의미한다.

6 스틱의 경우에는 HDMI 단자와 연결되는 방식이다.

7 디바이스별 특성을 십분 활용한, 어댑티브소스 멀티디바이스 서비스 개념이다. TV와 다른 스마트 디바이스들이 하드웨어가 아닌 콘텐츠 상으로 연동 및 연계된다. 즉, TV 시청에 다른 기기들이 보완적인 기능을 담당하는 것을 의미한다고 하겠다.

8 아이패드가 등장한 2010년 말부터 미국 내 케이블TV 사업자나 주요 방송사들은 아이패드를 겨냥한 세컨드스크린 앱 제작에 나서기 시작한다.

9 이는 존 굿맨(John Goodman) 주연의 정치 코미디인 〈알파 하우스(Alpha House)〉, 실리콘밸리 스타트업 코미디인 〈베타스(Betas)〉, 어린이용 프로그램인 〈아네보츠(Annebots)〉와 〈텀리프(Tumbleaf)〉, 그리고 애니메이션 시리즈인 〈크리에이티브 갤럭시(Creative Galaxy)〉 등이다. 이 에피소드들은 2013년 말~2014년 초 기간에 아마존이 제공하는 OTT인 프라임 인스턴트 비디오(Prime Instant Video)를 통해 독점 제공될 계획이다(출처: http://goo.gl/iBcIj).

스마트미디어 산업

CHAP 07

애플과 구글의 사례로 본 바와 같이 스마트산업은 기기, 콘텐츠, 네트워크 등 산업 내 경쟁이 아닌 플랫폼을 중심으로 한 생태계 간 경쟁이 특징이다. 우리나라는 기기나 네트워크 부분을 이미 대기업이 차지하고 있지만 콘텐츠 제작사는 대부분 영세하여 대기업과 협력적 파트너 관계로의 발전이 지연되고 있다. 심지어 상대적으로 경쟁이 적은 스마트TV의 경우 삼성전자에서 세계 최초의 스마트TV 앱스토어를 개설하는 등 이 시장에서만큼은 생태계에서 우위를 차지하기 위해 애를 쓰고 있지만 콘텐츠 공급 부족으로 많은 어려움을 겪고 있다

스마트폰에서 시작한 '스마트'라는 단어가 TV에 붙여지고, 이후 새로운 미디어 기기는 모두 스마트기기라는 인식을 갖게 되면서 스마트미디어 시대가 등장하였다. 지식경제부(2010. 5)에 의하면 스마트미디어는 "스마트기기를 통해 표현되고, 사용자와 상호작용이 가능하며, 시간적·공간적 제약 없는 융복합 콘텐츠 서비스"이다. 과거에 방송과 통신이 구분되고, 방송과 통신 서비스를 제공하기 위해서는 정부로부터 면허를 득해야 가능했다. 하지만 인터넷이 보편적으로 보급되고 인터넷의 성능이 빨라져 동영상의 전송이 가능해지면서 누구나 동영상 서비스를 제공할 수 있는 시대가 온 것이다. 이러한 통신 환경의 개선에 덧붙여 스마트폰을 포함한 인터넷과 연결된 미디어 기기가 개발되면서 인터넷 서비스를 보다 편리하게 이용할 수 있게 됨에 따라 미디어 이용행태가 크게 변하고 있다. 방송사업자, 통신사업자, 인터넷사업자, 가전사업자들이 이 시장에 진입하여 모두 동영상 서비스 시장에 진입하면서 기기와 서비스의 혁신이 일

어나고 있다. 이 장에서는 스마트폰과 스마트TV의 등장으로 인한 미디어산업의 변화를 정리한다.

스마트폰의 등장으로 인한 미디어산업의 변화

스마트폰 등장의 약사 2007년에 아이폰이 등장하면서 스마트폰의 본격적인 역사가 열리고, 아이패드와 스마트TV가 등장하면서 스마트미디어 시대가 시작되었다. 하지만 아이폰 이전에도 스마트폰의 초기 형태가 존재했다. 스마트폰은 전화 기능이 있는 소형 컴퓨터로, 안드로이드나 애플과 같은 운영체제에 응용 프로그램을 설치할 수 있는 기기이다. 스마트폰을 이용하면 전화 이외에 인터넷 서비스를 이용할 수 있고, 응용 프로그램을 설치하면 전자우편, SNS, 게임, 음악 감상, 영상물 감상, 뉴스 등 정보 검색, 전자책 읽기, 인터넷뱅킹 등 PC에서 이용할 수 있는 모든 서비스가 가능하다.

PDAPersonal Digital Assistant를 스마트폰의 초기 모델로 볼 수 있는데, PDA는 주로 일정 관리, 주소록, 계산기 등의 기본 기능을 가진 휴대용 컴퓨터이고 2차적으로 음성 전송을 지원하는 기기이다. PDA는 1990년대 초에 개발되어 1990년대 중반에 상업적으로 성공한 단말기가 등장하였다. 2002년에 등장한 블랙베리Blackberry는 PDA폰의 가장 업그레이드된 형태로 아이폰이 등장하기 전까지 미국과 유럽의 비즈니스맨을 중심으로 널리 사용된 스마트폰이다. 이러한 초기

모델보다 월등한 디자인과 인터페이스를 구현한 아이폰이 등장하기 이전까지 스마트폰은 비즈니스맨들이 사용하는 고급 사양의 휴대폰에 불과하였다.

2007년에 등장한 아이폰iPhone은 미디어산업의 패러다임을 바꾸어놓았다. 아이폰은 발매 나흘 전부터 구매자들이 줄을 서는 진풍경을 연출하였지만, 발매 첫해에는 아이팟 기능을 내장한 휴대전화에 불과하다는 평가와 함께 판매 실적이 그다지 좋지 않았다. 하지만 2008년에 7월에 아이튠즈iTunes를 업데이트한 형태의 앱스토어App Store라는 오픈 마켓을 열어서 이용자들이 응용 소프트웨어(애플리케이션 또는 앱)를 다운로드하거나 자신이 개발한 응용 소프트웨어를 등록할 수 있게 하였다. 이때부터 아이폰이 제공하는 새로운 경험에 소비자들은 열광하기 시작하였고, 앱스토어를 개시함으로써 아이폰이 생활의 혁명으로까지 불리게 되었다.

하지만 애플은 아이폰의 출시 당시에는 앱스토어를 열려는 계획을 가지지 않은 것으로 판단된다. 애플이 아이폰을 출시하면서 아이팟iPod과 아이튠즈를 결합하여 음악 시장을 장악한 경험을 적어도 초기에는 응용할 생각을 하지 못한 것이다. 애플은 2001년에 아이팟을 출시하였는데 3년 만에 미국의 디지털 음악 재생기기 시장에서 70% 이상의 점유율을 기록하였다. 아이팟은 과거의 MP3 플레이어처럼 단순히 디지털 음악을 재생하는 기기에서 한 걸음 더 나아갔다. 음원 사이트인 아이튠즈에서 이용자가 듣고 싶은 음원을 저렴하고 편리하게 아이팟으로 다운로드해 이용할 수 있도록 함으로써, 애플은 음원 시장을 장악하여 음원 유통 사업자로 등극하게 되었다. 이는 단말기와 온라인 사이트를 연결하여 음악 플랫폼을 구축한 독특한 형태의 사업모델을 만든 것으로, C-P-N-T로 이어지는 미디어 서비스의 공급망을 파괴한 이 사업모델을 음악 이외의 서비스에도 적용하려는 움직임이 등장하였다.

애플의 아이폰에 자극을 받은 삼성전자와 LG전자를 포함한 휴대폰 제조업자들은 인터넷 기능과 응용 프로그램을 자유롭게 이용할 수 있는 스마트폰을 출시하여 본격적으로 아이폰과의 경쟁에 돌입하였다. 삼성전자는 2009년에 안드로이드를 내장한 갤럭시를 출시하였고, LG전자는 2010년에 옵티머스를 출시하였다. 한편 스마트폰에의 대응이 늦은 노키아는 시장 점유율의 급격한 하락으로 재정이 어려워졌고, 2013년 9월에 MS가 노키아의 휴대전화부문을 인수하였다. 한때 PDA의 대세로 각광받던 블랙베리도 아이폰과 안드로이드폰의 강세에 밀려 시장 점유율이 급격히 하락하고 이로 인해 인원을 대량 감축하는 등 자구 노력을 하고 있다.

스마트폰으로 인한 미디어 이용의 변화 아이폰은 편리한 인터넷 접속, 공개된 애플리케이션 소프트웨어의 이용, 편리한 인터페이스, 유려한 디자인 등 이전의 휴대폰과는 비교하기 어려운 혁신을 가져왔다. 아이폰은 전화 기능, 아이팟 기능, PDA 기능을 단순히 합치는 데서 끝낸 것이 아니라 전혀 다른 새로운 개념을 가져왔다. 아이폰 이후의 스마트폰으로 인해 미디어 이용행태가 변화되었다.

첫째로, 아이폰 이후의 스마트폰은 터치만으로 인터넷에 접속할 수 있어서 컴퓨터에 익숙하지 않은 사람들도 쉽게 인터넷을 이용할 수 있게 하였다. 스마트폰은 PC를 통해 확산되기 시작한 SNS 서비스를 휴대폰을 통해 쉽게 이용할 수 있게 함으로써 개인 미디어화 현상을 정착시키는 계기가 되었다. 트위터와 페이스북, 카카오톡 등을 통해 동질적인 집단 간에 일상적인 이야기를 할 수 있도록 하였다. SNS를 통한 정보의 유통으로 매스미디어의 일방적 정보 유통보다는 양방향적 유통이 일어나고 있다.

둘째로, 앱을 이용하여 소비자가 자신의 기호에 맞게 제품이나 서비스를 변경하는 자기 스스로 맞춤형self customization 기기를 보유하게 되었다. 소비자는 앱스토어를 통해 자신이 원하는 앱만 휴대폰에 탑재하여 이용할 수 있으며 대기화면GUI도 자신이 원하는 대로 구성할 수 있다. 이러한 앱을 도입한 애플은 아이폰을 통해 미국의 휴대폰 시장을 석권하고 휴대폰 이용의 혁신을 가져왔다. 애플이 앱스토어를 만든 이후, 안드로이드 OS를 사용하는 스마트폰 제조사와 통신사들은 모두 유사한 형태의 서비스를 제공하고 있는데, 이것이 구글플레이, T-스토어, 올레마켓이다.

앱스토어란 애플의 응용 소프트웨어 가게Apple Application Software Store란 의미를 담고 있는데, 개인용 컴퓨터에서 아이튠즈를 이용하거나, 아이폰 및 아이팟 터치의 메뉴에서 직접 무선 전화망이나 데이터망을 경유하여 소프트웨어를 다운로드할 수 있다. 다운로드할 수 있는 소프트웨어는 유료 및 무료가 있다. 그리고 일반 이용자는 자신이 개발한 응용 소프트웨어를 앱스토어를 통해 등록할 수 있다. 유료 소프트웨어의 판매 가격은 개발자가 자유롭게 매길 수 있으며, 판매 수익의 30%를 애플이 수수료 및 호스팅 비용으로 받는 형태이다.

셋째로, 모바일TV와 비디오 서비스의 이용과 제공이 용이해졌다. 사용자와 사업자 모두 이전의 피처폰 시절보다 편리하고 저렴하게 모바일 비디오 서비스를 이용할 수 있게 되었다. 기존의 모바일 TV/비디오 서비스는 전용 칩을 내장한 단말로 이용이 한정되어 접근성이 좋지 않았다. 하지만, 스마트 단말은 특정 칩 없이도 단말 상에서 웹브라우저나 애플리케이션 다운로드를 통해 쉽고 빠르게 모바일 비디오 서비스 이용이 가능하다.

스마트폰 확산을 위해 통신사들이 앞 다투어 내놓은 데이터 무제한 정액 요금제 또한 이용자들의 모바일 비디오 서비스에 대한 가격 부담을 줄여 접근성 강화에 크게 일조했다. 피처폰 시절에 모바일TV를 제공하기 위해서는 주파수 획득, 콘텐츠 수급, 이동통신사와의 서비스 송출 협의, 단말 사업자와의 서비스 칩 내장 협의까지 많은 단계를 거쳐야만 서비스를 제공할 수 있었다. 하지만 스마트폰과 태블릿의 등장으로 이러한 단계를 거치지 않고, 콘텐츠 수급과 스트리밍 서비스 구축 후 앱을 배포하면 지상파나 온라인 사업자들도 모바일 비디오 사업을 할 수 있다(안민지, 2011).

넷째로, 사용자는 위치정보 서비스를 이용하여 다양한 서비스를 이용할 수 있으며, 이를 통해 사업자들은 새로운 수익모델을 만들 수 있게 되었다. 모바일기기를 통해 사용자는 자신이 어디에 있는지 알게 되고, 자신이 있는 곳 주변의 상점과 상점의 상세 정보를 알 수 있다. 사업자들은 사용자의 위치와 사용 패턴 정보를 결합하여 새로운 가치의 서비스를 만들어낸다. 사업자의 역할은 수집한 개인 정보들을 데이터 마이닝 하여 고객이 최상의 선택을 할 수 있도록 정보를 제공하고 각종 혜택을 지원하는 것이다.

스마트TV로 인한 비디오 시장의 경쟁구도 변화

스마트TV의 등장 스마트TV는 TV에 인터넷 접속 기능을 결합, 각종 앱을 설치해 웹 서핑 및 VOD 시청, 소셜네트워크서비스, 게임 등의 다양한 기능을 활용할 수 있는 다기능 TV이다. 2010년에 위와 같은 TV를 삼성전자가 출시하면서 '스마트TV'라는 브랜드명을 붙였고, 이후 스마트TV가 보통명사로 전환되어 사용되고 있다.

스마트TV는 인터넷과 연결되어 SNS와 정보 검색 서비스를 이용할 수 있으며, 운영체제를 갖추고 있어서 다양한 애플리케이션을 이용할 수 있다는 측면에서 스마트폰의 확장된 기능을 TV에 구현한 것으로 볼 수 있다. 하지만, 소비자들은 스마트폰에서 제공하는 SNS와 앱의 이용에 많은 추가적인 시간을 소비하고 있지만, 스마트TV에서 제공하는 SNS와 앱은 그다지 이용하지 않고 있다. 그 이유로 몇 가지를 들 수 있다. 첫째로, 스마트폰은 몸에 지니고 다니기

| 그림 7-1 | 삼성전자 스마트TV 애플리케이션 사이트인 '삼성앱스TV'의 초기화면

때문에 24시간 이용할 수 있지만, TV 수상기는 주로 집에서 이용할 수 있다. 둘째로, 스마트폰은 개인화된 기기이지만, 스마트TV는 공용 기기의 성격을 가지고 있다. 셋째로, 스마트폰은 터치라는 편리한 인터페이스를 가지고 있지만, 스마트TV는 터치할 수 없어서 인터페이스가 불편하다.

OTT 서비스와 스마트TV 한국에서 2010년에 스마트TV가 등장하면서 미국에서는 스마트TV가 활성화되고 있다고 국내에 인용되었다. 하지만 한국에 인용된 미국의 스마트TV는 스마트TV가 아니라 OTT 서비스이다. OTT는 인터넷망을 통해 소비자에게 직접 콘텐츠를 제공하는 서비스로, 이 서비스를 제공받기 위해는 초기에 셋톱박스와 같이 TV 위에 두는 박스가 필요했고, 이 박스에 OTTOver The Top라는 이름을 붙였다. IPTV는 일정한 속도의 품질이 보장된

(QOS가 보장된) 망을 이용하지만, OTT는 범용망을 이용하여 서비스가 제공된다. OTT 서비스의 초기에는 서비스 제공자가 제공한 셋톱박스를 통해 이용할 수 있었지만, 셋톱박스가 내장되거나 셋톱박스 자체가 필요 없는 서비스도 등장하고 있다. 스마트TV는 셋톱박스가 TV에 내장되어 있는 OTT 서비스라고 할 수 있다.

미국에서 OTT 서비스의 진입방식은 사업자별로 상이하다. 애플, MS, Tivo 등은 플랫폼과 단말기를 들고 OTT 시장에 뛰어들었다. 이들은 탁월한 단말기와 플랫폼의 힘을 이용해서 콘텐츠를 유인했다. 반면에 넷플릭스Netflix, 아마존, 구글은 플랫폼만을 들고 시장에 뛰어들었지만, 플랫폼 시장 지배력을 바탕으로 콘텐츠와 단말기를 유인하고 있다. 구글은 전체 인터넷 시장의 지배력을 바탕으로 소니를 단말기 사업자로 끌어들였고, 이어서 타임워너케이블Time Warner Cable:TWC의 케이블 네트워크와 디시 네트워크Dish Network 등을 콘텐츠 공급자로 끌어당겼다. 넷플릭스는 미국 내 최고의 가입자를 바탕으로 총 200여 개에 달하는 기기를 끌어당길 수 있었다. 반면에 훌루Hulu는 지상파 콘텐츠라는 무기를 바탕으로 인터넷 동영상 시장에 진입했고, 이 힘을 근간으로 단말기를 유인하기 시작했다. 이와는 달리, 로쿠Roku와 디빅스DivX 등은 단말기를 무기로 시장에 뛰어들었다(조영신, 2011).

미국 시장과 달리 한국 시장에서는 신규 사업자들보다 기존 미디어기업들이 중심이 되어 점차 OTT를 제공하고 있다. CJ헬로비전의 티빙TVing이 시장을 주도하고 있는 가운데, 지상파방송사들이 연합하여 푹pooq 서비스를 무료와 유료로 제공하고 있고, IPTV 서비스를 제공하는 통신회사들은 N-스크린의 일환으로 OTT 서비스를 제공하고 있다. 이외에도 HCN과 아프리카TV가 제휴하여 에브리온TV를 제공하고 있고, 네이버와 다음도 TV 서비스를 제공하고 있다.

하지만, 한국에서는 미국과 달리 OTT가 활성화되기 어려운 여건에 놓여 있다. 가장 큰 장애 요인은 가격 요인으로 한국 유료방송의 가격이 매우 낮게 제공되고 있어서, 유료방송보다 질이 낮은 서비스인 OTT의 가격을 유료방송의 가격보다 낮게 하는 데 한계가 존재하기 때문이다. 미국의 경우 정액제인 OTT 서비스의 경우에는 유료방송 서비스의 1/10~1/20 수준인 것에 비해서 티빙은 베이직의 경우 유료방송 서비스의 90% 수준이다. 따라서 일부 계층이 이용하는 특수형 서비스이지 범용형 서비스가 되기에는 무리가 있다. 두 번째 장애 요인은 콘텐츠를 수급하기가 어렵다는 것이다. 대부분의 방송 콘텐츠의 저작권을 보유한 지상파방송사가 직접 OTT 서비스를 제공하기 때문에 콘텐츠 제공에 적극적이지 않다.

인터넷 동영상 서비스 이용행태 인터넷이 연결된 기기로 동영상 서비스를 이용하는 사례와 시간이 늘어나고 있다는 조사가 지속적으로 보고되고 있다. 2012년에 조사한 결과에 의하면, 1주일에 거의 매일 인터넷을 통해 동영상을 시청하는 응답자의 비율은 32.0%에 달했으며 91.0%가 1주일에 하루 이상 인터넷 동영상 서비스를 이용하고 있는 것으로 나타났다. 기기별로 인터넷 동영상 서비스를 이용한 비중을 보면, PC와 노트북이 46.2%, 스마트폰이 42.6%로 상대적으로 높게 나타났다. 인터넷 동영상 서비스를 통해 이용하는 콘텐츠 종류는 영화가 58.1%로 가장 높았으며, TV 프로그램이 50.4%로 그 다음을 차지하였다(1+2+3순위 중복 기준. 박유리 외, 2012).

스마트폰의 경우에는 TV 프로그램의 일부나 뮤직비디오를 시청하는 비율이 49.9%로 가장 높게 나타나 영화나 TV 프로그램이 높은 순위를 차지한 다른 디바이스와 차이를 보였다. 응답자의 90.2%는 무료로 인터넷 동영상 서비스를 이용하고 있는 것으로 나타났으며 유료 서비스를 이용하는 경우, 건당 결제 형태의 서비스 이용 비율이 7.1%, 정액제(패키지 서비스 포함) 이용이 2.7%인 것으로 나타났다. 인터넷 동영상 서비스에 대해 응답자의 41.9%가 서비스에 만족하고 있는 것으로 나타났다. 스마트폰과 태블릿PC 구입 전과 구입 후의 전통적 방송과 인터넷 동영상 시청 비중을 비교 분석한 결과, TV를 통한 방송 시청 비중은 약 13% 감소(58.5%→45.5%)하였으며, 상대적으로 인터넷 동영상 시청 비중은 약 13% 증가(41.5%→54.5%)한 것으로 나타났다(박유리 외, 2012).

2013년 2월에 설문조사한 결과에 의하면, 국내 온라인 동영상 서비스 이용자의 일주일 평균 서비스 이용시간은 약 7시간 5분에 달하는 것으로 나타났다. 여성의 온라인 동영상 서비스 이용시간이 남성보다 약 14.0% 더 많았다. 기기별로 주 사용 목적이 달랐는데, 스마트폰의 주 사용 목적은 '정보 검색'이고, 태블릿PC의 주 사용 목적은 '온라인 동영상 시청'으로 나타났다.

|표 7-1| 스마트폰 및 태블릿PC의 주 이용 목적(중복응답 허용, 단위: %)

	정보 검색	온라인 동영상 시청	SNS	게임	메신저 채팅	전자책	기타
스마트폰	37.8	13.0	12.0	12.0	23.5	1.5	0.3
태블릿PC	33.5	37.0	5.5	14.5	2.0	7.5	

출처 : 《동향과 전망: 방송 · 통신 · 전파》(2013. 2), 한국방송통신전파진흥원

스마트폰만 보유한 사용자에 비해서 스마트폰과 태블릿PC를 함께 보유한 사용자의 온라인 동영상 서비스 이용시간이 두 배(9시간 54분) 가까이 많은 것으로 나타났다. 스마트폰 기반 온라인 동영상 서비스 이용자는 음악 관련 동영상이나 뮤직비디오(38.5%)를 선호하는 반면, 태블릿PC 기반 온라인 동영상 서비스 이용자가 주로 시청하는 동영상 콘텐츠는 영화(50.0%)로 나타났다.

인터넷 동영상의 확산으로 인한 미디어 시장의 변화 스마트TV라는 단말기는 지속적으로 보급되고 있지만, 스마트TV를 통한 동영상 이용, 정보 검색 등은 별로 이루어지지 않고 있다. 따라서 스마트TV가 마치 세상을 바꿀 듯한 언론의 보도는 과장되었다고 판단된다. 그럼에도 불구하고 범용 인터넷을 통한 동영상의 보급은 확산될 것이고 이로 인해 미디어 시장에 변화가 일어나고 있는데, 이를 정리해보자.

첫째로, 주파수 배분이나 정부의 허가 없이 동영상을 제공할 수 있게 됨에 따라 동영상 서비스 제공 사업자가 늘어나 경쟁이 심화되

| 표 7-2 | 단말기별 일주일 평균 온라인 동영상 서비스 이용시간

<table>
<tr><th>사용자군</th><td>스마트폰 보유자</td><td colspan="2">스마트 & 태블릿PC 보유자</td></tr>
<tr><th>이용 단말기</th><td>스마트폰</td><td>태블릿PC</td><td>스마트폰</td></tr>
<tr><th rowspan="2">평균 이용시간</th><td rowspan="2">4시간 15분</td><td>4시간 37분</td><td>5시간 17분</td></tr>
<tr><td colspan="2">9시간 54분</td></tr>
<tr><th>전체 평균 이용시간</th><td colspan="3">7시간 5분</td></tr>
</table>

출처 : 《동향과 전망: 방송 · 통신 · 전파》(2013. 2), 한국방송통신전파진흥원

고 있다. 지상파방송 사업자, 케이블TV, 위성방송, IPTV 사업자 이외에 인터넷 사업자와 가전 사업자가 이 시장에 뛰어들었다. 하지만 동영상 서비스 시장 규모가 크지 않고, 동영상 서비스 시장의 성장 속도도 빠르지 않기 때문에 이들 사업자 중 상당수는 경쟁에 밀려 퇴출될 것으로 예상된다. 실제로 네이버나 다음 등은 동영상 서비스의 수익성이 떨어지자 이 사업에 적극성을 띠지 않고 있으며, 가전 사업자들도 콘텐츠 확보에 그다지 열심이지 않고 양질의 서비스를 제공하지 않고 있다.

둘째로, 플랫폼보다는 콘텐츠의 중요성이 보다 증대할 것이다. 인터넷을 통한 동영상 이용과 유료방송의 VOD 서비스 이용이 빠르게 증가하고 있고, 이때 동영상을 주로 채널 단위가 아닌 프로그램 단위로 이용하고 있다. 스마트미디어가 등장하면서 플랫폼을 보다 중요시하는 분위기가 만들어지고 있지만, 이는 바람직한 방향이 아닌 것으로 보인다. 가입자 접근을 가진 플랫폼을 확보할 경우 쉽게 수익모델을 만들 수 있는 것은 사실이지만, 플랫폼 간의 경쟁이 심화

되는 시점에 가입자 접근을 확보하기 위해서는 많은 투자와 시간을 필요로 한다. 다수의 플랫폼 시대에는 양질의 콘텐츠 보유자가 보다 큰 협상력을 가질 수 있기 때문이다. 양질의 콘텐츠를 제작, 저작권을 보유하여 다수의 플랫폼에 공급하는 것이 보다 높은 수익을 낼 수 있는 시대가 오고 있다. 가장 많은 양질의 방송 프로그램을 보유하고 있는 지상파방송사는 총 매출액의 10% 이상을 프로그램 판매를 통해 얻고 있는데, 앞으로 이 비율은 높아질 것이다.

셋째로, 인터넷 동영상 서비스가 확산됨에 따라 신규 사업자에 의한 파괴적 혁신모델을 가져오기보다는 기존 사업자에 의한 진화 모델을 취하고 있다. 한국의 경우 저렴한 유료방송 가격으로 인해 OTT 서비스가 활성화되기 어렵고, 양질의 방송 프로그램을 보유한 지상파방송사가 직접 온라인 동영상 배급에 참여하고 있고, 영화의 경우 인터넷 배급 수입보다는 유료방송의 VOD를 통한 매출이 더 많은 것이 현실이기 때문이다. 그리고 온라인 영상물 서비스 사업자인 웹하드 업체는 100여 개의 업체가 서비스를 제공하고 있고, 온라인 영화 배급 시장을 주도하는 대형 사업자가 없는 것이 현실이다.

스마트미디어 시장에서 경쟁과 변화 방향

스마트미디어 환경이 도래하게 된 배경은 스마트 단말기와 애플리케이션의 폭발적 증가이다. 2012년에 한국의 스마트폰 보급률은

67.6%로 세계에서 가장 높았고, 3G 네트워크보다 속도가 5배 이상 빠른 4G 네트워크 서비스가 제공되고 있다. 단말 기능 혁신과 함께 다양한 앱이 등장하고 있으며, 이에 따른 이용자의 기호도 다양화되고 있다. 스마트미디어 시대의 특징을 먼저 살펴본 다음 스마트미디어 시대의 변화 방향을 전망해본다.

스마트미디어 시장의 특징

| 앱 시장의 성장 | 소비자가 원하는 기능을 가진 앱을 다운로드해 이용하게 됨에 따라 같은 단말이라도 이용자의 필요에 따라 나만의 기기를 만들 수 있게 되었다. 스마트미디어 시대 이전에 애플리케이션은 각 단말에 내장되어 제공됨에 따라 단말별로 이용할 수 있는 서비스가 차별화되었다. 스마트기기가 성공한 요인 중 가장 중요한 것이 앱의 도입이다. 앱으로 인해 사용자들은 자신에게 맞는 기능을 이용할 수 있게 되었고, 사업자는 사업모델을 추가로 만들 수 있게 되었다.

아이폰이 iOS 앱스토어를 출시한 2008년 이후 구글과 애플이 시장 점유율을 높이려고 노력하고 있다. 2012년 5월에 iOS에서는 500억 다운로드를 기록했고 안드로이드에서는 480억 다운로드를 기록했다. 하지만 2013년 2분기 앱 다운로드 수를 보면 구글플레이 앱 다운로드 수가 아이폰 앱스토어 다운로드 수를 처음으로 10% 앞선 것으로 나타났다. 이는 삼성 스마트폰의 전 세계 시장 점유율이 높아지는 것과 관련이 있다. 2013년 상반기까지는 iOS 앱들이 구글플레이 앱들보다 2.3% 많은 수익을 창출하였는데, 이는 향후 안드로이드폰의 판매가 증가하면서 바뀔 수 있다. 한편 애플 앱스토어에 등록한 앱 수는 90만 개(2013년 6월 발표)에 달하고 2013년 연말에는 100만 개에 달할 것으로 예측된다.

앱 다운로드 수와 수입 규모를 국가별로 보면, 앱스토어와 구글플레이 간에 차이가 있음을 알 수 있다. 앱스토어의 경우 미국이 다운로드 수와 수입 규모가 가장 큰데, 구글플레이의 경우 미국이 다운로드 수에서는 가장 크지만, 수입 규모는 일본이 크다. 한국의 경우 앱스토어 시장에서는 상위 5개국 안에 들지 못했지만, 구글플레이 다운로드와 수입 규모에서는 한국이 2위 내에 포함되었다.

범주별 다운로드 건수와 수익을 살펴보면, 게임이 다운로드와 수입 규모가 가장 크지만, 2위는 앱스토어에서는 엔터테인먼트와 소셜네트워킹이 차지했고, 구글플레이에서는 커뮤니케이션이 차지하였다.

| 표 7-3 | 다운로드 수와 수입 규모 상위 5개국(2013년 1/4분기)

	앱스토어		구글 플레이	
	다운로드 수	수입 규모	다운로드 수	수입 규모
1	미국	미국	미국	일본
2	중국	일본	한국	한국
3	일본	영국	인도	미국
4	영국	오스트레일리아	러시아	독일
5	러시아	중국	브라질	영국

출처 : App Annie Index

| 표 7-4 | 범주별 다운로드 건수와 수익(2013년 1/4분기)

	앱스토어		구글 플레이	
	다운로드 수	수입 규모	다운로드 수	수입 규모
1	게임	게임	게임	게임
2	엔터테인먼트	소셜네트워킹	커뮤니케이션	커뮤니케이션
3	사진과 비디오	음악	도구	소셜
4	라이프 스타일	생산성	엔터테인먼트	여행과 지역
5	유틸리티	엔터테인먼트	소셜	도구

출처 : App Annie Index

| 소셜네트워크서비스의 확산과 수익모델 | 스마트폰 이용자의 증가와 무선인터넷 서비스의 확장과 더불어 소셜네트워크서비스Social Network Service;SNS의 이용이 증가하고 있다. SNS는 사용자 간의 자유로운 의사소통과 정보 공유, 그리고 인맥 확대 등을 통해 사회적 관계를 생성하고 강화시켜주는 온라인 플랫폼을 의미한다. SNS에서 가장 중요한 부분은 이 서비스를 통해 사회적 관계망을 생성, 유지, 강화, 확장시켜나간다는 점이다.

SNS 공급자의 입장에서는 SNS를 콘텐츠 서비스와 결합한 매시업mashup 서비스를 통해서 수익을 확보하는 것이 중요하다. 콘텐츠 기업들은 이미 마케팅 전략에 SNS 플랫폼을 활용하기 시작했고, 카카오톡과 애니팡 같은 모바일메신저와 게임콘텐츠 간 융합이 대표적이다. TV 서비스에서는 생각과 경험, 의견 등을 공유하며 커뮤니티를 형성하는 SNS가 다양한 단말의 등장과 맞물리면서 TV와 결합된 세컨드second 단말에서 보조 기능을 수행한다. 즉, TV 시청과 동시에 방송 중인 콘텐츠와 관련된 부가 정보가 세컨드 단말에서 제공받는 SNS 플랫폼 기능이 갖추어지게 되었는데, 이를 소셜TV라 부르기도 한다. 또한, SNS는 영화나 방송 프로그램의 강력한 홍보 수단으로도 활용되고 있다.

한국에서 SNS 시장을 주도하고 있는 서비스는 초기에 페이스북과 트위터였으나, 토종 서비스로 2010년 3월 출시한 카카오톡이 빠르게 성장하여 회원이 4,000만 명을 초과하였다. SNS가 사람을 모으는 데는 성공하였지만 수익모델이 약하다는 평가를 받고 있다. SNS의 간판 기업인 페이스북의 주가는 2012년 5월에 공모가(38달러) 대비 2분의 1 수준으로 하락하였다. 기업공개IPO 전만 해도 가입자가 8억 명을 넘어선 페이스북의 미래가치는 무궁무진해 보였다. 그러나 이후 페이스북은 투자자들의 기대를 충족시키지 못했다. SNS 열풍이 지속 가능성을 인정받으려면 확실한 수익모델이 있어야 한다. 모바일 생태계의 개척자인 애플은 아이폰, 아이패드를 만들어 엄청난 수익을 올렸다. 구글은 인터넷 검색광고 시장을 장악했다. 반면 페이스북은 세계 최대 인적 네트워크를 구축하는 데는 성공했으나 한발 더 앞으로 나아가지 못했다.

미국의 사례는 카카오 등 국내 SNS 기업들에도 수익모델의 중요성을 되새기는 교훈이다. 카카오의 경우에도 수익모델에 대한 의구심이 있었지만, 2013년에 들어서면서 수익모델에 대한 긍정적인 평가를 받고 있다. 카카오의 현재 주 수익원은 '카카오 게임센터'에서 발생하는 중개매출이다. 카카오의 매출은 크게 중개, 광고, 기타매출로 나뉜다. 2012년에 카카오의 전체 매출은 458억 원이며, 중개매출은 312억 원, 광고매출은 121억 원, 기타매출은 25억 원으로 구성 비율은 각각 68%, 26%, 6%이다(머니투데이, 2013. 5. 23).

중개매출은 카카오 게임센터에 입점한 게임을 유료로 다운로드하거나 아이템 및 선물 등을 구입했을 때 일정 부분 수수료를 받음으로써 발생하는 매출이다. 2012년 7월 선보인 카카오 게임센터에 입점한 '애니팡', '드래곤 플라이트', '아이러브커피', '다함께 차차차' 등 다양한 게임이 인기몰이에 나서며 카카오 수익의 일등공신으로 떠올랐다. 게임을 통해 발생한 매출의 30%는 구글이나 애플 등이 수수료로 징수하며 나머지 70%를 게임 개발사와 카카오가 7대 3으로 가져간다. 따라서 총 매출에서 카카오가 가져가는 몫은 21%다. 예컨대 사용자가 1만 원어치 게임 아이템을 구매했을 경우 2,100원이 카카오의 매출로 잡히는 셈이다.

|그림 7-2| '카카오 플러스친구'의 초기화면

광고매출은 기업이 카카오의 광고 플랫폼인 '카카오 플러스친구'에 입점하기 위해 지

불하는 비용 등을 통해 발생하는 매출이다. 플러스친구란 사용자가 좋아하는 브랜드나 스타, 미디어를 카카오톡 친구로 추가하면 관련된 다양한 콘텐츠와 쿠폰, 정보 등을 받을 수 있도록 해주는 모바일 마케팅 플랫폼이다. 카카오톡의 모바일 점유율이 높아지면서 기업들의 플러스친구 참여도 확대돼 카카오 광고매출은 2011년 3억 원에서 2012년에 121억 원으로 늘었다.

| N-스크린과 클라우드 서비스 | 스마트기기가 진화하는 한 방향에는 다른 환경에서 사용했던 기기의 기능을 다른 기기에서도 끊김 없이(seamless하게) 사용하겠다는 욕구에서 시작하여, 각 기기의 고유 기능을 보다 확장하면서 기능을 연동하는 방식으로 진화하고 있다. SNS와 콘텐츠 서비스를 다양한 스마트기기 간에 연동하여 사용할 수 있게 되었다. 스마트기기는 모두 인터넷에 연결되어 있고, 인터넷을 통해서 서로 연동될 수 있게 된 것이다. N-스크린 서비스 환경이 미디어 콘텐츠 수준에서 앱으로 확대되고, 끊김 없는 환경에서 다양한 기기의 특성을 활용한 보완적 이용 환경으로 변화하고 있다.

그러나 스마트기기별로 사용하는 OS가 다르고 사용하는 툴이 다르기 때문에 정합을 해주어야 한다. 그리고 기존 시장에서 강자인 애플 iOS와 구글 안드로이드의 경우 기존의 체제를 유지하려는 유인이 강하다. N-스크린 서비스의 OS와 툴의 장애를 뛰어넘게 해주는 HTML5나 클라우드 컴퓨팅이 등장하였지만, 이들이 얼마나 빠른 시간에 보급되고 확산될지는 의문이다. 그럼에도 불구하고, 웹 기술의 진화로 HTML5가 대세가 될 것에 대해 의심하는 기업들은 없다. 다만, 기술적 미성숙과 기존 OS 사업자들의 지연전략에 의해 시기가 늦추어질 가능성은 아직 존재한다.

N-스크린 서비스의 확산에는 이러한 기술적인 문제 이외에도 저작권 이슈가 걸림돌이 될 수 있다. 콘텐츠 사업자는 스크린별로 별도의 사용 허락을 주는 창구화전략을 사용하여 수익을 극대화시키고 있다. 창구별로 지불하려는 가격 수준이 다르기 때문에 높은 가격을 지불하려는 창구에 먼저 개봉하고, 이후 지불하려는 가격 수준에 따라서 시장을 분할하여 판매하고 있다. N-스크린 서비스로 이러한 콘텐츠 사업자의 전략이 무력화될 수 있기 때문에, 콘텐츠 사업자의 입장에서는 N-스크린 서비스를 그다지 반기지 않을 수도 있다.

| 생태계 구축 | 스마트미디어산업은 기술, 문화, 비즈니스, 경제적 측면에서의 급격한 트렌드 변화로 인해 산업구조가 역동적으로 변화하면서 기존의 수직적 가치사슬구조가 복잡한 생태계 모델로 전환되고 있다. 이와 함께 디지털 전환의 가속화, 유무선 인터넷 시장의 폭발적인 성장, 스마트기기의 보급 확대와 더불어 세계 기업들 간에는 독자적인 기기-서비스-콘텐츠 융합형 스마트 생태계 구축을 통해 시장을 선점하려는 경쟁이 더욱 치열해지고 있다.

구글은 2012년 3월에 안드로이드마켓과 구글뮤직, 구글이북스토어를 하나로 합쳐 통합한 앱스토어인 '구글플레이'를 선보였다. 단순히 앱만을 제공하는 앱스토어가 아닌 클라우드 기반으로 음악, 영화, 이북 등 구글의 모든 콘텐츠를 '플레이'할 수 있는 복합 유통 플랫폼이다. 하나의 기기에서 한 번 구매한 콘텐츠는 자신이 사용하는 다양한 기기에서 언제 어디서나 즐길 수 있게 해준다. 구글플레이는 구글의 생태계 구축의 핵심으로 디바이스 플랫폼 경쟁뿐만 아니라 콘텐츠 플랫폼에서도 이제 애플과 격돌하게 되었다는 점에서 그 의미가 크다.

온라인 스토어인 아이튠즈를 통해 콘텐츠 유통시장에 처음 진입했던 애플은 이제 아이클라우드iCloud를 통해 콘텐츠 생태계를 더욱 확장해나가고 있다. 2007년 아이폰 출시 이후로 애플은 줄곧 역발상적 사고로 새로운 시장을 창출하는 혁신의 아이콘으로 평가받아 왔지만 요즘 애플이 내놓은 제품들은 더 이상 혁신적이지 않다거나 애플의 혁신은 한계에 이르렀다는 혹독한 비판이 쏟아지고 있다.

| 그림 7-3 | 애플 사의 스티브 잡스가 샌프란시스코에서 열린 세계개발자회의에서 '아이클라우드'를 소개하고 있다(2011).

그러나 이미 포화상태에 접어든 스마트폰 시장은

혁신이 지배하는 시대에서 점진적인 진화의 시대로 변화하였다. 최근 애플의 행보는 제품의 혁신보다는 자신들만의 생태계를 더욱 강화하기 위한 전략으로 이해할 수 있다. iOS5부터 공개된 아이클라우드 서비스는 그동안 애플 제품의 동기화 플랫폼을 PC의 아이튠즈에서 애플의 클라우드로 옮기는 1차적인 작업이었다. 아이클라우드는 단순한 저장소에 그치는 것이 아니라 전 세계 어디서나 어떤 디바이스를 사용하든지 관계없이 동일한 체험을 가능케 한다. 아이폰5에서 화면 비율을 16:9로 늘린 것은 영상 시장을 장악할 HD급 영상을 전체 화면으로 즐길 수 있게 하기 위한 선택이다. 애플이 유니버설스튜디오와 아이클라우드를 통한 콘텐츠 공급 계약을 맺은 것은 아이튠즈로 음악시장을 점령한 것처럼 아이클라우드로 영상시장까지 장악하려는 것으로 풀이된다.

애플과 구글의 사례로 본 바와 같이 스마트산업은 기기, 콘텐츠, 네트워크 등 산업 내 경쟁이 아닌 플랫폼을 중심으로 한 생태계 간 경쟁이 특징이다. 우리나라는 기기나 네트워크 부분을 이미 대기업이 차지하고 있지만 콘텐츠 제작사는 대부분 영세하여 대기업과 협력적 파트너 관계로의 발전이 지연되고 있다. 심지어 상대적으로 경쟁이 적은 스마트TV의 경우 삼성전자에서 세계 최초의 스마트TV 앱스토어를 개설하는 등 이 시장에서만큼은 생태계에서 우위를 차지하기 위해 애를 쓰고 있지만 콘텐츠 공급 부족으로 많은 어려움을 겪고 있다(채원석 외, 2012).

스마트미디어의 변화 방향 스마트 단말의 지속적 확산과 모바일 브로드밴드 보편화가 이루어질 미래의 스마트미디어 시장의 변화 방향을 가늠할 때 고려해야 할 요인들을 먼저 짚어보자.

첫째, 전통적인 미디어 사업자인 지상파방송사와 유료방송사들이 스마트미디어 시대에 적극적으로 대응하면서 이들이 스마트미디어 시대에서도 주도권을 잡을 가능성이 크다. 인터넷망과 연결된 스마트기기의 등장으로 '비방송 사업자'(온라인사업자와 가전사)가 동영상 시장에 진입할 수 있게 되었다. 온라인 사업자와 가전사는 콘텐츠와 서비스 차원에서 독자성 부족으로 인해 동영상 시장에서 주도적인 입지를 차지하기 어려울 것이고, 이들이 기존 동영상 사업자를 보완할 가능성이 크다.

한국의 지상파방송 사업자와 유료방송사들은 온라인 모바일 방송 서비스의 제공에 적극적이다. 이들은 콘텐츠의 저작권을 보유하고 있거나 오랫동안 콘텐츠를 거래해본 경험이 있기 때문에 스마트미디어 시장에 새롭게 진입한 온라인 사업자나 기기 제조업자에 비해 우위에 있다. 그리고 전통적인 미디어 사업자들은 새로운 서비스를 통해서 자사의 콘텐츠를 판매하여 2차 유통 수입을 늘릴 수 있는 기회를 잡고 있다. 온라인과 모바일 중심의 스마트미디어산업에서도 기존 미디어산업에서의 'Content is the King' 규칙은 적용될 수 있을 것이다.

둘째, 모바일 동영상 서비스 시장이 지속적으로 성장할 것으로 기대된다. 한국의 경우 통신사업자들이 2.5세대 망을 이용해 '준'과

'핌'이라는 방송 채널 서비스를 제공하였고, 이후 SK텔레콤이 위성 DMB, 지상파방송사와 독립법인이 지상파DMB를 제공하면서 모바일 비디오 서비스로 수익을 창출하려고 노력하였다. 하지만 유료 가입자의 감소, 협소한 모바일 광고 시장으로 인해 사업자들이 재정적인 어려움을 겪으면서 위성DMB는 사업을 접었고, 지상파DMB도 최근 앱 서비스를 통한 동영상 서비스로 인해 광고 수입이 감소되어 경영난이 가속화되고 있다. 지상파DMB는 무선 데이터망을 이용하지 않는다는 점에서 스마트폰 이용자들이 무료로 편리하게 이용할 수 있는 서비스이지만, 제한된 채널 수와 좋지 않은 화질로 인해 이용자 수가 감소하고 있다. 티빙, 푹, 에브리온 서비스, 그리고 모바일 IPTV에서는 지상파DMB보다 훨씬 많은 채널, 훨씬 선명한 화질, 다양한 양방향 서비스를 제공하고 있다. 따라서 앱을 통한 동영상 서비스가 지상파DMD보다 우월한 서비스이므로, 지상파DMB는 언젠가는 사라지고 동영상 앱이 주로 이용될 것으로 예측된다.

셋째, 인터넷의 성장과 스마트미디어 시대의 도래로 인해서 웹과 앱이 플랫폼으로 진화되고 있다. 2000년 중반 웹 2.0의 개념 확대와 애플, 구글 등의 거대 플랫폼 제공자, 페이스북과 트위터 등 SNS 업체의 등장으로 인터넷 기업에 대한 투자가 확대되면서 제2의 인터넷 성장이 가능하게 되었다. 더불어 스마트 환경의 도래와 함께 방송·통신·인터넷이 융합되면서 다양한 콘텐츠 앱을 기반으로 한 비즈니스 플랫폼들 간에 경쟁이 심화되고 있다. 스마트폰 운영체제, 콘텐츠 유통, 웹브라우저, 마케팅, 소셜네트워크서비스 등이 모두 플랫폼 간의 경쟁을 통해 진화되고 있다(김창완 외, 2011).

한국의 경우 온라인 동영상 배급 플랫폼인 유튜브와 SNS 사업자인 카카오톡이 온라인 동영상 플랫폼으로 비중 있게 성장할 가능성이 크다. 구글이 인수한 유튜브는 이미 세계적인 배급망을 가진 동영상 배급 플랫폼으로 한국의 동영상을 전 세계에 유포할 때 유용한 수단이다. 카카오톡은 스마트폰을 보유한 거의 대부분의 한국인이 이용하는 앱으로, 카카오톡과 연계된 게임인 '애니팡'은 한때 국민 게임이라 불릴 정도로 인기를 얻었다. 카카오톡이 동영상의 배급에 적극적으로 나설 경우 상당한 시장 점유율을 득할 수 있을 것으로 기대된다.

넷째, 스마트미디어의 확산과 디지털 유료방송의 확산으로 VOD 서비스의 이용이 빠르게 증가함에 따라 채널의 의미는 약화되고 개별 프로그램의 의미가 강화될 것으로 보인다. 이에 따라 시청자가 선호하는 콘텐츠를 검색 및 추천하는 콘텐츠의 배치방식과 검색의 중요성이 증대되고 있다.

방송 콘텐츠에서 메인 콘텐츠와 함께 제공되지 않는 부가 정보들을 스스로 2nd 디바이스를 이용하여 추가적인 정보를 습득하고, 이를 공유하는 새로운 현상이 타나나고 있다. TV의 조작에 사용하는 리모콘은 부가 정보를 얻거나 이를 공유하기에 불편하기 때문에, 부가 정보를 얻거나 채팅에 편리한 기기인 스마트폰이나 스마트패드 등을 이용하여 TV 시청 경험을 향상시키고 있다. 이는 TV 기기 고유의 특성을 유지하면서 스마트성이 추가되고 있음을 나타낸다.

다섯째, 기존의 콘텐츠에 이동성, 양방향성, 사용자 친화성, 이용자 맞춤형, 실감 체감형, N-스크린 등의 특징을 갖춘 스마트 콘텐츠가 등장하고 있다. 스마트 콘텐츠는 스마트기기에 터치UI, 음성인식, 각종 센서, LBS/GPS, 고화질 카메라 등이 탑재되면서 기능이 고도화되어 폭넓게 활용될 가능성이 있다. 산업 측면에서는 단말기기, 플랫폼, 서비스 등과 융합되고 문화, 예술, 사회 등과 연계되면서 다양한 시장을 창출하는 등 미래 신성장 동력으로 부각될 가능성이 있다(임명환 외, 2012).

우리나라는 기기나 네트워크 부분은 이미 대기업이 차지하고 있지만 콘텐츠 제작사는 대부분 영세하여 대기업과 협력적 파트너 관계로의 발전이 지연되고 있다. 우리나라는 콘텐츠가 인터넷 기반의 네트워크, 플랫폼, 디바이스와 밀접하게 연계되지 못하여 개별 영역간 주도권 경쟁으로 인해 상생하는 환경이 조성되지 못하고 있다. 국내 콘텐츠 산업의 주요 장르에서 온라인, 디지털 콘텐츠 시장은 아직도 2차 시장 또는 부가 시장의 역할에 머물고 있다. 콘텐츠 제작에 대기업이 진출하거나, 콘텐츠 제작자가 투자를 받아서 대기업으로 성장하여야 한다. 그래서 콘텐츠 대기업이 스마트미디어 시대에 주도적인 역할을 하여야 스마트미디어산업이 지속적으로 발전할 수 있고, 소비자들이 다양하고 새로운 서비스를 즐길 수 있게 될 것이다.

Smart

스마트미디어와 공유경제

CHAP 08

산업혁명 이후 지금까지 대량생산과 대량소비가 현대 자본주의의 특징이었다면 공유경제와 협력소비의 증가로 21세기는 개개인의 사회적 평판과 신용이 돈이 되고 자산이 되는 새로운 경제 패러다임의 시대가 열리게 될 것이다. 즉 지금까지 무한경쟁과 대량생산 시스템이 더 많은 것을 소유, 소비하려는 사람들의 욕구를 자극하여 20세기를 과잉소비시대로 만들어왔다면, 21세기 공유경제와 협력소비시대에는 평판과 커뮤니티, 어디에 접근하고 어떻게 공유하고 무엇을 나누느냐가 소비 주체를 규정하는 시대가 될 것이다.

정보통신기술ICT 혁명이 가속화되면서 다양한 IT 제품과 서비스가 등장하고 있으며 이에 따라 산업구조나 경제활동은 물론 사회·문화생활 등 일상생활 전반에도 많은 변화가 예상되고 있다. 특히 최근 들어 정보의 기하급수적 증가와 빅데이터big data의 등장, 기술·서비스·관계를 연계하는 다양한 플랫폼의 확산, 초고속 광대역 유·무선 통신망의 구축, 스마트폰, 스마트TV 등을 비롯한 다양한 스마트미디어의 보급으로 인하여 우리나라는 초기 정보사회에서 스마트사회로 빠르게 전환되고 있다.

스마트사회에서는 다양한 스마트미디어와 클라우드 컴퓨팅cloud computing을 기반으로 개인의 크로스 플랫폼[1] 환경이 구현되며, 이를 바탕으로 상시 연결성이 구현되는 초연결사회Hyper Connection Society가 될 것이다. 스마트미디어가 국민의 일상을 구성하고 삶의 질을 향상시키는 필수 생활기술로 등장하면서 개인적, 사회적 생활에 대한 통제력과 효율성을 확장시킬 뿐만 아니라 사회적 지식 공유의 확대, 정치·사회 민주화, 새로운 경제 시스템과 경제적 기회 창출 등을 촉진하게 될 것이다.

스마트폰을 비롯한 스마트미디어의 확산, 오픈 플랫폼과 온라인 소셜네트워킹이라는 정보통신기술의 혁신, 그리고 참여, 공유, 개방, 협력이라는 인터넷 3.0의 철학을 바탕으로 기존의 전통적 자본주의 생산 및 소비방식과는 차별화되는 새로운 경제 시스템이 등장하고 있는데, 그중 최근에 가장 주목을 받고 있는 것 중 하나가 바로 공유경제Sharing Economy이다. 2011년에 《타임》은 공유경제를 '세상을 바꾸는 10가지 아이디어'의 하나로 선정한 바 있다.

위키피디아 백과사전에 의하면 공유경제란 "개인이나 단체, 기업이 갖고 있는 물건, 정보, 시간, 공간, 재능 등의 자원resources을 다른 사람들이 사용할 수 있도록 개방하는 경제적, 사회적 시스템economic and social systems"을 의미한다. 공유경제란 용어는 2008년 미국 하버드 대학의 로렌스 레식Lawrence Lessig 교수가 처음 사용하였는데, 한 번 생산된 제품을 여러 사람이 서로 공유해서 쓰는 협력적 소비collaborative consumption를 기본으로 하는 경제방식이다. 공유경제는 '재화의 가치는 단독으로 소유할 때보다 다른 사람들과 나눌수록 커질 수 있다'는 전제에 기초하고 있다.

공유경제가 가능하게 된 것은 무엇보다 2000년대 중반에 휴대단말기, 스마트폰, 소셜네트워킹서비스SNS의 등장으로 언제 어디서나 정보와 지식의 교환과 공유가 가능하게 된 것에 기인한 바가 크다. 즉 사회적 관계를 확장시키는 소셜미디어와 컴퓨터와 통신이 결합되고 항시 이동과 휴대가 가능한 스마트미디어의 급속한 확산으로 재화의 공유를 위한 정보의 교환이 시간과 공간의 한계를 뛰어넘게 되었으며, 더 나아가 공유경제의 핵심 기반이 되는 신뢰의 형성과 확인이 가능한 플랫폼을 가지게 된 것이다. 이와 함께 경제·사회적인 배경으로는 2008년 글로벌 금융위기 이후 전 세계적 차원에서의 경기 침체에 따른 소비관습의 변화와 공동체 기반의 소비문화 확산도 공유경제의 등장과 발전에 커다란 영향을 미쳤다고 볼 수 있다. '소유하지 말고 공유하라'는 공유경제의 슬로건이 대변해주듯 글로벌 금융위기 이후 개발 위주의 성장과 탐욕의 경제에 대한 반성과 함께 신뢰를 바탕으로 자신이 가진 것을 공유함으로써 건강한 공동체를 만들자는 주장이 설득력을 얻게 된 것이다.

스마트기술혁명과 경제·사회적 변화를 배경으로 태동한 공유경제는 이제 잠시 비워두는 주택이나 사무실 공간, 자동차와 주차장, 고가의 장비, 의류나 책 등과 같은 물질적인 재화뿐만 아니라 재능이나 여유시간 등과 같은 비물질적인 것까지 서로 교환하고 공유하는 정도로까지 발전해가고 있다. 2012년 한 해 공유경제 규모는 미국 110조 원, 영국 28조 원 등 총 550조 원 규모로 추산된 바 있는데, 경제전문지 《포브스》에 따르면 2013년도에 공유경제의 규모는 전년보다 25% 이상 성장할 것으로 전망되고 있다. 우리나라의 경우도 우리 경제가 구조적인 저성장 국면에 진입한 데다 소득이 크게 늘어나기도 어려워 공유경제가 활성화될 가능성이 높다고 전문가들은 예측하고 있다.

산업혁명 이후 지금까지 대량생산과 대량소비가 현대 자본주의의 특징이었다면 공유경제와 협력소비의 증가로 21세기는 개개인의 사회적 평판과 신용이 돈이 되고 자산이 되는 새로운 경제 패러다임의 시대가 열리게 될 것이다. 즉 지금까지 무한경쟁과 대량생산 시스템이 더 많은 것을 소유, 소비하려는 사람들의 욕구를 자극하여 20세기를 과잉소비시대로 만들어왔다면, 21세기 공유경제와 협력소비시대에는 평판과 커뮤니티, 어디에 접근하고 어떻게 공유하고 무엇을 나누느냐가 소비 주체를 규정하는 시대가 될 것이다. 이에 따라 이제는 단순히 하나의 상품을 구매해서 얻어지는 '소장가치'에 머물지 않고 그것을 공유하고 활용해서 얻는 '경험가치'로 점점 더 이동하게 될 것이다.

공유경제의 비즈니스 모델

공유경제는 [그림 8-1]에서 보는 것처럼 SNS나 인터넷 사이트 등 온라인 플랫폼을 기반으로 공유하고자 하는 자원을 보유하고 있는 대여자(소유자)와 이용자 간에 직거래 형태로 이루어지는 것이 일반적인 비즈니스 모델이라고 할 수 있다.

재화나 서비스, 그리고 무형의 자원 등 유휴자원을 가진 대여자는 공유경제 기업이 구축한 온라인 플랫폼에 자신이 공유하고자 하는 자원에 대한 상세한 설명과 함께 가격을 책정하여 포스팅을 하

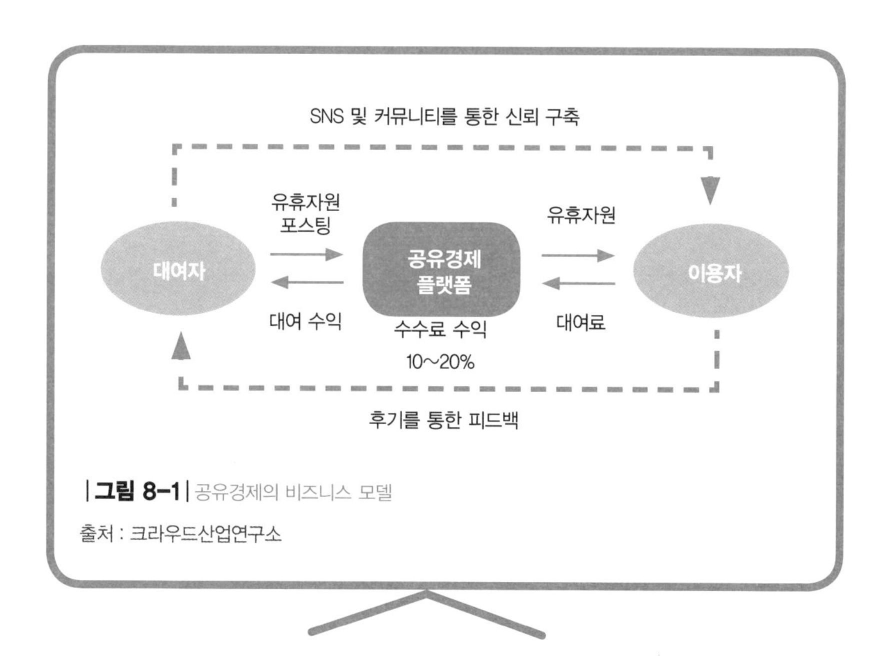

|그림 8-1| 공유경제의 비즈니스 모델

출처 : 크라우드산업연구소

게 된다. 이때 대여자는 자신의 평판이나 신뢰를 증명하기 위해 SNS를 공개하여 거래에 대한 신용을 높일 수 있다.

한편 타인의 자원을 공유하여 사용하고자 하는 이용자는 공유경제 기업의 온라인 플랫폼에 올라온 다양한 자원 중에서 자신의 조건에 적합한 것을 고르고, 대여자가 제시한 가격에 대해 가격 협상을 할 수도 있다. 이렇게 하여 적정한 가격으로 거래가 성사되면 공유경제 플랫폼에서 제공하는 카드, 현금, 포인트 등 다양한 방식의 결제 수단을 통해 자원을 구매하게 된다.

거래가 성사될 경우 공유경제 기업은 10~20% 수준의 중개 수수료를 얻게 되며 나머지를 대여자에게 제공한다. 그후 대여자는 이용자에게 다양한 방식으로 자신이 소유한 자원을 전달하게 되며, 이용자는 대여기간 동안 자원을 사용한 후 거래기간이 종료되면 대여자에게 자원을 반납하면 된다. 이때 이용자는 공유경제 플랫폼에 대여한 자원에 대한 만족도나 대여자의 신뢰 수준 등 다양한 피드백을 제공할 수 있으며, 이러한 피드백은 다음번의 이용자에게 중요한 거래 준거자료로 활용된다.

이상 공유경제의 비즈니스 모델에서 간략히 살펴보았듯이, 공유경제 모델은 대부분 '신뢰'와 '평판'이라는 무형의 가치를 온라인에서 작동 가능하도록 만든 것이다. 그런 면에서 공유경제 기업들은 스마트폰 대중화가 만들어낸 온라인 플랫폼을 활용하여 참신한 비즈니스 모델을 구현한 것이라고 할 수 있다. 이들 기업은 고객 모집이나 평판 체크 시스템은 페이스북과 같은 소셜미디어 플랫폼을, 결제시스템은 페이팔Paypal을 이용하는 등 핵심 솔루션을 대부분 제휴하거나 빌려서 사용한다. 따라서 공유경제가 활성화된 이유는 기술적 요인도 중요하지만 무엇보다 IT 인프라를 활용하여 공유경제 참여자 모두에게 이익이 돌아가는 윈윈win-win 모델을 새로이 개척했다는 데 있다.

공유경제 플랫폼을 활용하여 자원 소유자는 유휴자원의 판매에 대한 마케팅 비용을 절약하고 대여를 통한 일정 수익을 확보할 수 있으며, 이용자는 유통 마진이 제거된 저렴한 가격으로 자신이 원하는 자원을 이용할 수 있어 상호 이익이 된다. 그리고 공유경제 기업의 경우도 전통적인 온라인 광고나 상품 판매모델이 아니라 중개를 통한 수수료를 주 수익원으로 적은 투자비용으로 안정적인 수익을 확보하는 것이 가능해진다.

이제 해외 및 국내의 대표적인 공유 서비스 기업 및 서비스 내용을 살펴보기로 하자.

공유경제 기업의 국내외 운영 사례

공유경제의 선두주자이자 대표적인 성공모델로 자주 언급되는 기업은 빈방을 공유하는 서비스를 제공하는 소셜 민박업체 에어비앤비Airbnb이다. 에어비앤비(www.airbnb.co.kr)는 2008년도에 조 게비아, 브라이언 체스키, 네이선 블레차르지크가 공동 창업하였는데, 2007년 샌프란시스코에서 개최된 유명한 디자인 컨퍼런스 기간 중 참가자들이 호텔 예약을 하지 못해 쩔쩔매는 것을 보고 자신의 아파트를 빌려주고 아침식사까지 제공해주면 사업이 되겠다는 아이디어에서 출발했다고 한다.

에어비앤비는 2008년 8월 창업하여 미국 캘리포니아 주 샌프란시스코에 본사를 두고 있으며, 전 세계에 독특한 숙소를 가진 사람들과 숙박할 곳을 찾는 사람들을 연결해주는 온라인 및 모바일 커뮤니티이자 마켓플레이스로 지속적인 성장을 거듭하고 있다. 2013년 현재 에어비앤비는 전 세계 192개국의 3만 4,000개 이상 도시에서 아파트는 물론 별장, 성에 이르기까지 30만 개 이상의 객실을 공유

|그림 8-2| '에어비앤비' 웹사이트의 검색결과 화면

하고 있어 세계 최대의 호텔 체인인 힐튼보다 더 많은 객실을 가진 것으로 평가되고 있다. 민박 가격은 위치와 규모에 따라 하루 1박당 10달러에서 500달러까지 다양하며 대여 고객에게 6~12%, 집 소유주에게 3%의 수수료를 받고 있다. 에어비앤비는 창업 이래 600만 건 이상의 소셜 커넥션을 가지고 있으며 이미 1천만 건 이상의 민박 중개를 달성하여 기업 가치도 1조 원 이상이 될 것으로 평가된다.

에어비앤비의 창업을 계기로 그 이후 민박 외에 사무실 공간, 자동차나 자전거, 도서, 의류, 장난감, 유휴물품은 물론 예술품이나 무형의 재능이나 시간까지 공유하는 다양한 공유 서비스 기업들이 나타났는데 대표적인 해외 기업 및 서비스 내용은 [표 8-1]에서 보는 바와 같다.

러브홈스왑(www.lovehomeswap.com)은 회원제 중심으로 휴가기간에 서로 집을 교환해주는 서비스인데 전 세계에 150여 개국에 4만 2,000개 이상의 집들이 등록되어 고객들의 호텔 비용을 절감시켜주

| 표 8-1 | 해외 주요 공유 서비스 기업 및 서비스 내용

사업 분야	업체명	서비스 내용
숙박	AirBnb / LoveHomeSwap	민박 및 가정집 공유, 교환
사무실 공간	Loosecubes / Cloo / Restolib	사무실, 회의실 등 공유
자동차/자전거	Zipcar / RelayRides / Spinlister	자동차, 자전거 대여
도서	Bookcrossing / chegg	책, 교과서 공유
의류	Thredup / DressVault	정장을 비롯한 각종 의류 공유
장난감	Babyplays	장난감 임대 및 구매
예술품	Artsicle	예술품 임대 및 구매
유휴물품	snapgoods / Rentalic	유휴물품 공유
설비	Techshop	값비싼 연장, 생산설비 임대
재능 및 시간	taskrabbit	단기 아르바이트 매칭

고 있다. 수수료는 실버, 골드, 플래티늄 급으로 나누어 16달러에서 42달러 정도를 받고 있다.

한편 비어 있는 사무실과 여유공간, 공공 화장실 등에 대한 공유 서비스를 제공하는 기업들도 있는데 루스큐브Loosecubes, 클루Cloo, 레스토립Restolib 등이다. 루스큐브는 작업공간에 대한 커뮤니티 중심의 마켓플레이스이다. 생산적이고, 영감을 받을 수 있는 작업공간이 필요한 회원들과 비어 있는 책상, 스튜디오, 소파를 가지고 있는 회원들을 연결하는 서비스이다. 그러나 2010년에 설립된 이 회사는 최근에 수익모델 부재로 인해 이 이상 서비스를 하지 않고 있다.

클루는 소셜미디어 연계를 통해 자신의 화장실을 공유하는 회원들의 커뮤니티이며, 레스토립은 비어 있는 레스토랑을 임대해주는 서비스이다. 영업시간이 아닌 빈 레스토랑을 공유하여 요리 교실, 테이블 장식 교실, 와인 시음 평가 교실, 칵테일 교실과 같은 곳을 만들어 요리사의 기술을 누구든지 볼 수 있도록 기회를 제공하고 있다.

한편 자동차를 렌트하거나 공유하게 해주는 대표적인 서비스 회사로 집카Zipcar와 릴레이라이즈RelayRides를 들 수 있다. 집카(www.zipcar.com)는 2000년도에 설립된 회사로 미국에서 회원제 자동차 공유 서비스를 제공하고 있다. 2013년 7월 현재 약 80만 명의 회원이 있으며 미국, 캐나다, 영국, 스페인 등 여러 나라에서 1만 대 이상의 차량을 제공하고 있다. 세계 최고의 차량 공유 네트워크를 가진 이 회사는 2013년 3월에 에이비스Avis가 5억 달러에 인수한 바 있다.

릴레이라이즈는 2010년 미국 보스턴에서 창업한 개인 대 개인 간의 자동차 공유 서비스이다. 온라인을 통해 차량 소유주가 직접 임대 가격을 책정하며 이 회사가 25%의 수수료를 챙겨 간다. 2012년에는 전 미국 지역으로 서비스를 확대하였으며 최근에 GM 등과 협력관계를 구축하여 발전을 더해가고 있다.

자동차뿐만 아니라 자전거에 대해서도 대여 서비스를 제공하는 공유 서비스 회사가 있는데, 미국 로스앤젤레스에서 자전거 대여 서비스를 제공하는 스핀리스터Spinlister를 들 수 있다. 이 서비스는 개인과 개인이 자전거를 빌리고 빌려주는 플랫폼을 통해 자전거를 등록하면 자전거의 상태 등을 고려해 가격을 책정하고 상호 거래가 이루어진다. 하루 대여비용은 16달러 정도이며 현재 미국 샌프란시스코, 뉴욕 등 대도시에서 서비스를 제공하고 있다.

책을 공유하는 서비스를 제공하는 북크로싱Bookcrossing은 2001년부터 서비스를 시작했는데 2013년 현재 180만 명 이상의 회원과 약 1천만 권에 달하는 책들이 등록되어 회원 간에 도서를 대여하고 공유하는 서비스를 하고 있다. 체그chegg는 온라인 교과서를 대여해주는 전문 회사로 값비싼 대학교재를 서로 공유하고 대여해주는 서비스를 제공하고 있다.

한편 대표적인 의류 공유 서비스를 제공하는 회사로는 미국의 아동의류 교환 사이트인 스레드업(www.thredup.com)을 들 수 있는데, 지난해 이 회사에서는 총 100만 건이 거래됐으며, 사이트에 올라와 있는 꾸러미가 일 평균 5천여 개에 이르고 있다. 한편 여성의류를 중심으로 서로 옷을 빌려주고 빌리는 서비스를 제공하는 회사로 드레스볼트(DressVault.com)를 들 수 있다. 이 회사 또한 소셜네트워크 플랫폼을 통해 의류를 상호 공유하는 서비스를 제공한다.

장난감을 대여해주는 서비스를 제공하는 베이비플레이스(www.babyplays.com)는 쌍둥이 아들을 가진 엄마인 로리 포프가 2007년에 세운 회사이다. 로리 포프는 장난감 구입비용이 비싼 편인데 아이들이 조금 쓰다가 싫증을 내 이용하지 않는 장난감을 서로 교환하면 비용을 절감할 수 있겠다는 아이디어에서 창업을 했다. 처음에 장난감 4개를 빌리면 28.99달러, 6개를 빌리면 35.99달러를 받는 형태로 운영하였는데, 최근에 이 회사는 중고 장난감 판매를 하는 방식으로 전환하였다.

일상적인 제품이나 서비스와 달리 예술작품을 대여하거나 구매하는 서비스를 제공하는 회사로 아트시클(www.artsicle.com)을 들 수 있다. '구매하기 전에 체험해보라'라는 카피와 함께 이 회사는 미술품을 구매하기 전에 일정 기간 대여하여 체험할 수 있는 기회를 제공하고 있다. 여러 예술가들의 작품을 선택하여 체험할 수 있으며 한 달 임대료는 최저 25달러부터 미술품의 종류나 크기 등에 따라 달리 책정되고 있다.

이외에도 다양한 물품을 가진 사람들을 서로 연결하여 물건들을 빌려주고 빌리는 서비스를 제공하는 회사로 스냅굿즈(snapgoods.com)와 렌탈릭(rentalic.com) 같은 회사가 있으며, 값비싼 연장이나 생산설비를 임대해주는 테크숍Techshop과 같은 회사도 있다. 스냅굿즈는 일종의 온라인 나눔장터로 창업자는 하버드 대학을 나온 래퍼 겸 복서 론 윌리엄스이다. 그는 소셜데이터광으로 월가의 고연봉 직장을 버리고 자신이 좋아하는 일에 도전해 스냅굿즈를 창업했다. 그는 "이미 쓸모가 없어진 물건을 처분하고 싶은 사람과 돈을 주고라도 그 물건을 빌리고 싶은 사람이 서로 만날 수 있는 곳이 왜 없을까?"라는 문제의식에서 출발해 소셜네트워크 기반의 물건을 서로 공유할 수 있는 온라인 플랫폼을 만들어냈다.

마지막으로 소개할 회사는 태스크래빗(taskrabbit.com)인데, 2008년 리어 버스커에 의해 창립된 이 회사는 소규모의 집안일이나 심부름 등을 이웃에게 아웃소싱 하는 온라인 마켓플레이스라고 할 수 있다. 초기에 태스크래빗은 일반 소비자들을 대상으로 장보기, 이삿짐

챙기기, 우편물 받아주기, 애완동물 돌보기, 가구 조립하기 등의 단기 아르바이트를 매칭시켜주는 일을 주로 하였는데 최근에는 기업을 대상으로 한 서비스로 확대하고 있다. 태스크래빗에서 능력을 파는 사람들 가운데 70%는 무직인데, 이들은 자신의 능력을 제공하고 한 달에 최대 5천 달러까지 번다고 한다. 태스크래빗은 현재 미국 보스턴, 샌안토니오, 시카고, 포틀랜드, 뉴욕, 샌프란시스코 베이, 오스틴, 시애틀에서 서비스를 제공하고 있다.

| 그림 8-3 | '스냅굿즈'와 '태스크래빗'

해외의 선진 사례를 토대로 국내에서도 이를 벤치마킹한 다양한 공유경제 서비스 모델이 도입되고 있는데, 그 대표적인 기업 및 서비스 현황은 [표 8-2]와 같다.

[표 8-2]에서 보듯이, 국내 공유경제 기업들은 숙박이나 자동차,

| 표 8-2 | 국내 주요 공유 서비스 기업 및 서비스 내용

사업 분야	업체명	서비스 내용
숙박	BnBHero / 코자자	민박 중개 및 공유
사무실 공간	코업 / 모두의 주차장	작업공간, 주차장 공유
자동차	쏘카	자동차 공유
도서	국민도서관책꽂이	도서 대여 서비스
의류 · 가방	열린옷장 / 키플 / 코럭스	정장, 어린이옷, 명품가방 공유
유휴물품	원더렌드	개인 유휴물품 공유
재능 및 시간	집밥 / 품앗이파워	식사모임 공유/ 교육재능 공유
여행 경험	마이리얼트립 / 트립플	현지인 여행가이드 서비스 등

도서, 의류 · 가방, 유휴물품 등과 같은 비교적 보편화된 물품의 공유뿐만 아니라 재능이나 시간, 경험 등과 같은 무형자원의 공유에 이르기까지 다양한 공유모델을 선보이고 있다. 국내 공유경제의 사업모델은 크게 참가자 모두에게 이윤을 배분하는 이윤형 모델과 자원 소유주의 후원을 받아 운영함으로써 자원 소유주에게는 이윤이 돌아가지 않는 후원형 모델이 있다. 공유경제 기업은 대부분 이윤형 모델이 많은 편인데, 이윤형 모델은 다시 공유경제 업체가 자원 소유자부터 직접 자원을 매입하거나 위탁 보관하는 자원보유형과 자원을 보유하지 않고 보유자와 이용자를 연결만 해주는 거래중개형으로 나눌 수 있다. 다음에서는 공유경제 기업의 비즈니스 모델 유형별로 간단하게 그 내용을 소개해보고자 한다.

자원보유형 모델 자원보유형 모델로는 사무실 및 작업공간을 공유하는 ‘코업’, 책을 한곳에 모아 필요한 사람에게 대여하는 ‘국민도서관책꽂이’, 그리고 어린이옷과 잡화를 공유하는 ‘키플’, 회원들 간에 명품가방을 서로 공유하고 대여하는 ‘코럭스’ 등을 들 수 있다.

코업(co-up.com)은 개인과 작은 기업들이 열린 형태로 사무실을 공유하면서 자유롭게 대화하고 함께 일하는 공간이다. 공유되는 사무실은 20여 석의 책상과 의자, 복사기 및 팩스 등과 같은 사무기기, 무선랜 환경, 기타 정수기 등과 같은 편의시설을 제공한다. 사용하는 기간에 따라 이용요금만 내면 언제든지 자유롭게 이용 가능하며, 이용시간은 통상적으로 오전 9시에서 오후 6시로 되어 있는데 필요에 따라 야간에 연장도 가능하다. 이용요금은 하루에 1만 원, 12일에 10만 원, 30일에 24만 원이며 멤버쉽 회원은 15만 원을 받고 있다.

국민도서관책꽂이(www.bookcob.co.kr)는 도서 소유자로부터 책을 위탁받아 보관하고 책을 빌리는 사람에게는 택배로 책을 보내주는 자원보유형의 공유 서비스이다. 회원들이 집에서 보유하고 있지만 좀처럼 다시 읽지 않는 책들을 국민도서관책꽂이에서 운영하는 서가에 키핑keeping시키고 여러 회원들이 키핑한 책들을 회원들이 택배비만 부담하고 2개월까지 빌려볼 수 있는 시스템이다. 이 서비스는 회원제로 운영되며 별도의 도서 대여료는 없고 배송 택배비만 부담하면 된다. 회원이 책을 키핑시키면 건포도 포인트를 주고 포인트 실적에 따라 책을 빌릴 수 있는 권수가 결정된다.

국민도서관책꽂이는 내 집 밖에 언제든지 책을 빌려 볼 수 있는 더 큰 도서관을 공유한다는 일종의 ‘클라우드 도서관cloud library’을 개념화한 것인데, 이를 통해 회원들은 수많은 책을 사서 소유하지 않아도 읽어볼 수 있는 이점이 있고 나아가 집에서 책이 차지하고 있던 공간을 유용하게 사용하는 효과도 누릴 수 있다. 이 서비스는 지금까지 시범 서비스로 운영되다가 2013년 8월부터 정식 서비스를 개시하였다.

|그림 8-4| '국민도서관책꽂이'와 '키플'

키플(www.kiple.net) 역시 공유경제와 협력적 소비를 지향하는 아동의류 전문 교환 및 공유 플랫폼 서비스를 제공하는 기업이다. 이 회사는 작거나 유행이 지나서 더 이상 입지 않는 아동의류를 수집하여 의류의 종류, 브랜드, 상태별로 가격을 책정하고 해당 금액만큼 키플머니라는 포인트를 적립

해주며, 일종의 가상화폐인 키플머니 포인트로 다른 의류를 구매할 수 있다. 물품을 제공했거나 유료 회원으로 등록한 정회원의 경우 결제 금액의 50%까지 키플머니로 결제할 수 있다. 또한 의류를 제공하지 않은 사람들도 현금이나 카드 결제 등의 수단으로 아동의류를 저렴한 비용으로 구매할 수 있다.

코럭스(www.colux.co.kr)는 평소에 소유하기 어려운 명품가방을 회원들 간에 서로 공유하고 대여해주는 서비스이다. 명품가방을 소유한 사람은 가방에 대한 기본 정보와 사진을 찍어 일정 기간 등록한 다음 방문자의 요청이 높을 경우 코럭스에 발송하게 되며, 이때 코럭스에서는 물품 확인 및 보상 등에 대한 절차를 마친 후 대여 가능한 물품으로 등록하게 된다. 등록된 가방 소유주는 일반회원에서 정회원이 되며 다른 명품가방을 대여할 경우 50% 저렴한 비용으로 대여 가능하고 자신이 등록한 가방을 누군가가 대여해 갈 경우 대여료의 약 40%를 수수료 수입으로 얻을 수 있다. 명품가방의 대여기간은 통상적으로 일주일 정도이며 대여 수수료는 5만 원 정도로 하고 있다. 그러나 아직 이 서비스는 정상적인 서비스를 할 수 있는 수준이 아니어서 향후 지속적인 사업 추진과 성공 가능성에 귀추가 주목되고 있다.

지금까지 자원보유형 공유 서비스 기업에 대해 간단히 살펴보았는데, 앞에서 보았듯이 이들 기업은 제공받은 물품을 직접 관리하고 배송 및 수령에 참여함으로써 물품에 대한 책임을 지게 된다. 이때 무엇보다도 중요한 것이 공유 서비스 기업의 신뢰와 이들 기업에 대한 서비스 이용자의 평판이라고 할 수 있다. 즉 이들 기업의 신뢰가 약하거나 서비스 이용 경험이 부정적인 경우가 많을 경우 제공되는 물품의 격감과 함께 이용자의 수요도 줄어 더 이상 기업을 유지할 수 없게 되는 것이다.

거래중개형 모델 자원보유형과 달리 공유되는 자원을 직접 보관하거나 관리하지 않고 물품 대여자와 이용자를 연결하여 중개만 해주는 거래중개형 공유경제 서비스 기업들도 여럿 있다. 먼저 민박을 온라인을 중개하는 'BnBHero'와 '코자자', 주차공간 소유주와 운전자를 중개해주는 '모두의 주차장', 자동자 공유 서비스를 제공하는 '쏘카', 여러 가지 유휴물품에 대한 개인 간의 대여 서비스를 제공하는 '원더렌드', 여행상품 기획 및 가이드 서비스를 중개하는 '마이리얼트립' 등이 있다.

BnBHero(www.bnbhero.co.kr)는 미국의 에어비앤비와 같은 서비스를 제공하는 회사로 개인의 재화 중 남는 공간을 쉽게 공유할 수 있도록 도와주는 인터넷 플랫폼이다. 즉 개인 소유의 집은 물론 한옥마을, 농촌 팜스테이, 게스트하우스 등 남는 공간을 전 세계 여행자들이 쉽게 검색하고 예약/결제할 수 있도록 해준다. 이때 공간을 빌려주는 사람은 수익이 발생하고 공간을 빌리는 사람은 비용을 절감하면서 지역의 고유한 문화체험까지도 가능한 장점이 있다. 2012년에 창업한 이 회사는 창업한 지 8개월 만에 홍콩, 싱가포르, 대만 등지에서 온 외국인 5천여 명에게 빈방을 중개했으며 매출액은 2억 원에 달한다고 한다. 이 회사는 2012 여수엑스포와 2013 순천만국제정원박람회 기간에 한국을 방문한 외국인에게 빈방을 중개하는 서비스를 제공하여 주목을 받은 바 있다.

코자자(www.kozaza.com) 또한 집주인과 여행객이 빈방을 공유하도록 중개 서비스를 제공하는 빈방 공유 플랫폼이다. 특히 코자자는 우리의 소중한 전통공간인 북촌 한옥마을, 전주 한옥마을 등 전국의 모든 한옥마을에 대한 빈방 중개에 중점을 두어 외국인들이 한국 전통과 라이프스타일 및 문화를 체험할 수 있도록 하는 데 기여하고 있다. 현재는 한옥스테이를 넘어 탬플스테이, 일반주택, 아파트, 펜션 및 게스트하우스 공유로 사업을 확장하고 있다.

모두의 주차장(www.parkingshare.com)은 주차공간 소유주와 사용자가 주차공간을 공유하는 참여형 공유경제 플랫폼으로 남는 주차장이나 주차면의 사용하지 않는 시간을 스마트폰 앱을 통해 효과적으로 나누어 사용할 수 있도록 하는 주차공간 정보공유 서비스이다. 이 서비스는 서울시의 주차공간에 대한 정보를 가장 빠르고 정확하게 검색하여 이용할 수 있도록 서비스를 제공하고 있다.

쏘카(www.socar.kr)는 경제적이고 친환경적인 차량 공유 서비스를 제공하는 사회적 혁신기업이다. 2011년 제주도에서 창업하여 2012년에 서울시 공식 자동차 공유 서비스 업체로 선정되었으며, 현재 전국 대도시 지역으로 그 서비스 범위를 넓혀가고 있다. 쏘카는 회원제 서비스로 운전면허와 카드 결제를 통해 정회원이 되면 홈페이지, 스마트폰, 콜센터 등을 통해 차량 예약이 가능하다. 차량 이용이 종료되면 차량을 반납 장소에 반납하고 이용료를 카드로 결제하면 된다. 이용요금은 중형 기준으로 30분에 약 5천 원, 하루에 약 10만 원 정도이다.

원더렌드(wonderlend.kr)는 사람들이 소유하고 있는 다양한 유휴물품을 타인과 공유할 수 있도록 중개해주는 서비스이다. 물품을 제공하는 사람은 자신이 소유한 물품을 등록하고, 필요한 사람이 대여 요청을 하면 승인하고 대여해준다. 반대로 대여자는 자신이 원하는 물품을 검색하여 필요한 물품을 선정, 결제한 후 소유주로부터 물품을 수령하고 사용 후 반납한다. 공유하는 물품 목록은 전자제품, 생활용품, 레저용품, 음악 · 미술용품, 의류, 도서는 물론 재능, 시간까지 망

| 그림 8-5 | 'BnBHero'와 '쏘카'

라되어 있다.

마이리얼트립(www.myrealtrip.com)은 다양한 국가의 현지 거주자들이 해당 지역의 여행상품을 기획하여 웹사이트에 포스팅하면, 그 여행상품에 대한 가이드 서비스를 받고자 하는 이용자들이 비용을 지불하고 여행 서비스를 이용할 수 있도록 도와준다. 전 세계 120여 개국에 약 5천 명의 여행객이 이 서비스를 통해 여행을 다녀왔다고 한다. 이 서비스는 여행상품을 기획한 가이드와 여행객을 연결해주는 플랫폼을 제공하는 서비스로 여행자에게는 특별한 경험과 나만의 여행을, 그리고 가이드에게는 새로운 사람을 사귀고 약간의 부수입도 생기는 소셜네트워크서비스라고 볼 수 있다.

이상에서 거래중개형 공유경제 서비스 모델을 살펴보았는데, 여기서 자세히 소개하진 않았지만 여러 사람이 모여서 함께 밥을 먹으며 대화를 나눌 수 있도록 소셜 다이닝social dining 서비스를 제공하는 집밥(www.zipbob.net)도 거래중개형 서비스라고 할 수 있다. 거래중개형은 자원보유형과 달리 자원에서 발생하는 다양한 문제에 대한 책임이 적으며, 또한 자원의 유지 및 관리에 따른 비용이 발생하지 않는다는 장점이 있다. 그래서 이동이 불가능한 공간이나 무형의 재능, 시간, 서비스 등이 거래중개형 모델을 통해 제공되는 경우가 많다.

후원형 모델 마지막으로 소개할 공유경제 서비스 모델은 후원형 서비스 모델인 열린옷장(theopencloset.net)이다. 열린옷장은 집에서 입지 않는 정장을 개인으로부터 기증받거나 전문 의류기업들로부터 사회공헌의 일환으로 후원받아 취업준비생에게 저렴한 비용으로 대여해주는 서비스이다. 후원형 모델은 이윤형 모델과 달리 자원 소유자에게는 이익이 돌아가지 않는 구조이다. 열린옷장은 직접 방문 또는 온라인을 통해 대여 서비스를 받을 수 있으며 대여기간은 4박 5일 정도이다.

지금까지 해외 및 국내의 대표적인 공유경제 서비스 모델에 대해 간략히 살펴보았다. 앞에서도 보았듯이, 공유경제는 금융위기와 경제불황, 그리고 소셜네트워크 등 새로운 IT의 등장과 함께 나타난 새로운 경제활동 방식으로 현재 다양한 아이디어를 기반으로 여러 가지 모델이 서비스되고 있다. 그러나 아직까지 공유경제 기업은 초기 발생단계에 있으며, 일부 기업은 제대로 활성화되지 못한 채 문을 닫는 사례도 나타나고 있다. 향후 공유경제 모델의 성공 여부는 여러 가지 경제적, 사회적, 기술적 조건에 달려 있다고 하겠다.

공유경제의 성패를 떠나 공유경제는 기존의 소유 중심 경제가 가지지 못한 다양한 장점을 가지고 있다. 무엇보다도 소비자들은 소유가 아닌 공유를 통한 자원 활용을 통해 경제적인 비용을 대폭 절감할 수 있으며, 공유경제를 제공하는 사회혁신적인 벤처기업이 많이 등장함으로써 경제 발전과 일자리 창출에 기여할 수 있을 것이다. 만약에 한 직장인이 하루 동안 생활하면서 공유경제 방식으로 활동한다면 기존 소유경제에서의 활동보다 그 비용을 3분의 1 정도까지 줄일 수 있을 것으로 예상되고 있다.

공유경제는 단순한 경제적인 면에서의 장점뿐만 아니라 자원의 효율적인 활용을 통해 자원 낭비를 줄이고 환경을 보존하는 효과도 크다고 한다. 또한 무엇보다 공유경제는 신뢰라는 사회적 자본을 바탕으로 하기 때문에 공유문화가 확산되면 사회구성원들이 서로 신뢰하고 도와가며 살아가는 사회통합의 공동체 복원도 가능하다고 공유경제 예찬론자들은 주장한다.

이런 공유경제의 장점을 활용하여 경제도 활성화하고 아름다운 공동체를 만들자는 의도에서 우리나라에서는 서울시에서 공유경제에 대해 가장 적극적인 지원을 해나가고 있다. 2012년 9월에 박원순 서울시장은 '공유도시 서울'을 선언하면서 '서울특별시 공유 촉진 조례'를 제정했으며, 민·관 거버넌스인 '서울특별시 공유촉진위원회'를 구성해 다양한 공유경제 기업들을 지원하고 있다. 서울시는 현재 공유단체 및 기업 27개를 지정하여 사업비를 지원하는 한편, 공유경제에 대한 정보를 제공하고 관련 단체나 기업, 공유활동 희망 시민들을 연계시켜주는 플랫폼 역할을 하

|그림 8-6| 서울시가 운영 중인 '공유허브' 홈페이지

는 '서울 공유 허브'(sharehub.kr)도 오픈하여 서비스하고 있다. 이외에 서울시는 공유경제 활성화를 위해 공공시설 유휴공간을 민간에 개방했고, 사회·경제적 가치가 높은 서울시의 공공 데이터를 개방할 예정이다.

그러나 아직 공유경제가 성공하기 위해서는 넘어야 할 장애 요인이 많다. 마지막으로 공유경제의 장애 요인과 향후 전망에 대해 간략히 살펴보겠다.

공유경제의 전망과 과제

공유경제는 세계 금융위기와 경제 양극화, 자원 낭비적인 산업에 대한 반성과 참여, 공유, 개방, 협력의 인터넷 3.0이라는 IT 혁신이 맞물리면서 최근 등장하고 있는 새로운 생산과 소비 패러다임이라고 할 수 있다. 소유보다는 공유와 경험을 강조하는 공유경제는 매우 빠른 속도로 성장하고 있다. 그러나 공유경제가 지속 가능한 발전을 하기 위해서는 아직도 넘어서야 할 장애물이 많다.

앞서 살펴보았듯이, 에어비앤비처럼 매우 성공적인 기업도 있지만 대다수의 공유경제 기업들은 아직도 비즈니스나 수익모델 측면에서 초보적이고 실험적인 수준에 머물고 있는 경우가 많은 것도 부정할 수 없는 현실이다. 더구나 공유경제가 기존의 일반 상식을 뛰어넘는 새로운 경제활동 패러다임이기 때문에 지금까지의 자본주의 원칙이나 법제도와 상충하는 경우가 다수 존재한다. 공유경제가 발전하기 위해서는 공유경제 운영의 기반이 되는 IT 인프라만으로는 불충분하며 공유경제 패러다임에 상응하는 새로운 법제도와 사회문화 인프라가 함께 구축되어나가야 할 것이다.

공유경제 발전의 장애 요인과 추진 과제를 몇 가지 살펴보면 다음과 같다.

첫째, 무엇보다도 물건을 소유하고자 하는 인간의 기본적인 욕망이 강하기 때문에 유·무형의 자산을 나누고 공유하는 것에는 한계가 있다. 이런 맥락에서 공유경제는 경기 침체에 따른 제한적이고 일시적인 현상이라는 비판이 제기되기도 한다. 따라서 자원의 낭비를 막고 자원을 아껴 쓰고 나눠 쓰고 공유하는 사회 분위기를 지속적으로 조성해나가야 할 것이다.

둘째, 공유경제에 필수적인 참여자들 간의 신뢰자본이 아직 매우 불충분하다는 점이다. 즉 잘 알지도 못하는 사람에게 자신이 소유한 자원을 공유하는 것에 대한 거부감이 상당히 존재한다. 따라서 공유경제 참여자들 간에 확실하게 신뢰를 검증할 수 있는 방안이 지속적으로 보완되어야 하며 안심하고 거래에 참여할 수 있는 신뢰와 보상체계 등도 강화해나가야 할 것이다.

셋째, 공유되는 자원의 감가상각에 대한 명확한 합의나 분쟁 발생 시 이에 대한 정확한 기준 등이 마련되어 있지 못한 점을 들 수 있다. 이에 대한 기준 등이 불명확하거나 미비할 경우 공유경제에 대한 참여도가 낮을 것이다. 따라서 유·무형의 자산 공유에 따른 보다 명확한 감가상각에 대한 개념 정립 및 분쟁 해결에 대한 노력이 필요하다.

마지막으로 공유경제를 지원하는 법제도적인 기반이 아직 미흡한 점을 들 수 있다. 공유경제는 기존의 소유 중심 경제활동과는 매우 상이하기 때문에 기존의 주택, 부동산, 지적재산권, 세금 부과 등과 관련된 법률과 상충하거나 적용하지 못하는 경우가 많다. 따라서 새로운 경제 패러다임에 상응하는 법제도의 신설이나 보완이 이루어져야 할 것이다. 그리고 무엇보다 정부 차원에서 공유경제가 발전해나갈 수 있도록 관련 법제도의 신속한 마련과 세금 지원, 보조금 지급, 홍보 캠페인 추진 등 다각적인 지원이 절실하다.

공유경제의 발전을 통해 창조적인 기업이 다수 등장하여 창조경제를 지향하고 있는 우리나라의 경제발전과 일자리 창출에 기여할 수 있기를, 무엇보다 동반성장과 상생과 협력의 따뜻한 자본주의가 실현될 수 있기를 기대해본다.

주

1 크로스 플랫폼(cross platform)은 멀티스크린, N-스크린 등의 다양한 용어로 지칭되기도 한다. 이것은 단말기와 플랫폼이 시간·장소에 관계없이 네트워크에 연결되어 콘텐츠에 접근하고 소비할 수 있는 미디어 환경을 상징하는 개념으로, 지금까지 특정 콘텐츠를 소비하기 위해 특정 미디어(단말기)만을 이용해야 했던 전통적인 콘텐츠 비즈니스의 근본적인 변화를 유발하게 된다.

Smart

스마트미디어와 게임

CHAP 09

소셜네트워크게임은 소수의 게임 매니아를 위한 게임이라기보다는 SNS 사용자 대다수, 즉 게임 입문자들을 고려한 것이기 때문에 진입장벽을 최대한 낮춰놓았다. 그 때문에 난이도가 쉽고 플레이타임이 짧은 캐주얼 게임이 주로 만들어졌다. 현재 이 순간에도 거의 비슷비슷한 모양새를 한 소셜네트워크게임이 출시되고 잊히기를 반복하고 있다. 심지어 몇몇 게임들은 다른 게임을 모방했다는 소문에 휩싸이기도 한다. 이런 획일화된 틀 안에서 얼마나 참신한 아이디어로 게임의 독립성을 확보할 것인지가 향후 모바일게임 시장에서의 승부 관건이 되고 있다.

#1 올해 중학교에 입학한 하늘이는 학교에 가기 위해 버스를 타러 간다. 정류장에 도착하니 전광판에 타고 갈 버스가 '4분 후 도착'이라는 문구로 안내되어 있다. '4분이라~' 바로 스마트폰을 열고 '크리스탈 삼국'을 연다. 로딩 되는 시간도 길게 느껴진다.

'크리스탈 삼국'은 소설 『삼국지』를 바탕으로 한 게임으로 스마트폰의 대세 게임인 퍼즐게임의 하나이다. 게임 방법은 게임 속 보석을 원하는 위치로 이동하여 같은 색깔 3개 이상을 한 줄로 맞춰 없애는 방식이다. 보석을 연속으로 없애면 소위 자신의 힘이라 할 수 있는 콤보가 발생한다. 보석을 없앨수록 강해지므로 콤보를 이용하면 강력한 적도 쉽게 쓰러트릴 수 있다. 『삼국지』를 배경으로 하기 때문에 세력은 위, 촉, 오, 마, 신으로 구분된다. 여기에 세력마다 자신의 속성과 대표 색상이 있어 캐릭터를 구분한다.

#2 대학생인 호영은 지하철에서 늘 모바일 속 게임 캐릭터를 키우며 등하교를 한다. 40분여의 짧은 시간 동안 '배틀 아레나'에 빠져든

다. '허걱!' 문득 고개를 들고 지하철 창문 밖을 보니 이미 내릴 곳을 두 역이나 지나쳐 왔다.

'배틀 아레나'는 주사위를 굴려서 주사위에 나오는 숫자만큼 미리 짜여 있는 맵을 이동하면서 해당 위치의 이벤트를 경험하는 게임이다. 7종의 클래스와 16종의 직업으로 자신의 개성 있는 캐릭터로 플레이가 가능하다. 예를 들어 가장 첫 번째 미션을 소개하면 고요한 숲을 배경으로 하는데, 여기서 주사위를 굴려 나온 수만큼 미리 짜여 있는 맵을 걸어다니며 해당 상황마다 이벤트를 경험하게 된다. 대부분 몬스터와 대결, 힐링, 그리고 아이템 상자를 획득하는 방식으로 구성되어 있다.

#3 직장인 현진 씨는 점심시간이면 동료들과 늘 도시락을 함께 먹는다. 식후 산책 삼아 건물 밖으로 나가는 동료도 있지만, 대부분 커피를 책상에 두고 식사를 같이 한 동료들과 '모두의 마블' 게임을 네트워크로 진행한다. 어제 본 드라마를 안주 삼아 수다를 떨면서도 다 같이 연결된 게임에 연신 손가락을 대며 열중한다.

'모두의 마블'은 이전 PC 온라인게임에서 2013년 6월 카카오게임이라는 형태를 통해 모바일로 진출하여 큰 인기를 얻고 있다. 게임의 규칙은 매우 단순한데, 2개의 주사위를 던져 여러 관광지나 나라들을 구매한 후 빌라부터 빌딩, 호텔, 랜드마크 등을 짓고 통행료를 받아서 상대방을 파산시키면 승리하게 된다. '모두의 마블'은 국내 최초의 보드게임 '부루마블Blue Marble'을 모체로 하여 만들어졌다.

모바일게임이 도대체 뭐야?

모바일게임 이전에는 일정한 크기 이상의 모니터를 대면하는 PC나 노트북을 활용한 온라인게임이 대세였다. 1990년대 후반부터 PC방이 활황을 누렸던 이유 중 하나가 바로 이러한 도구의 문제였다. 집에는 컴퓨터가 없거나 있더라도 빠른 게임을 감당할 만한 사양이 안 됐기 때문이다.

이렇게 단순히 게임의 도구를 가지고 온라인게임을 구분하자면 '돌아온 액션퍼즐패밀리'는 모바일게임이고, '리그오브레전드'는 PC게임이다. 즉, PC에서 게임이 이루어지면 PC게임이고, 스마트폰에서 이루어지면 스마트폰게임이다. 지극히 단순한 도구적 분류이다. 이러한 도구적 분류에 따르면 게임을 작동시키는 '클라이언트의 플랫폼'에 따라 게임의 종류가 결정된다. 따라서 스마트폰게임은 일상적으로 게임보이, 닌텐도DS, PSP 등 손이나 몸을 이용해 실행하는 휴대용 게임기의 게임을 제외한, 휴대폰이나 태블릿PC 등에서 즐길 수 있는 게임을 칭한다.

하지만 이게 전부는 아니다. 블루스택스[1] 같은 가상화 솔루션을 사용하면 PC에서도 모바일게임을 할 수 있다. 그렇다면 이런 경우는 모바일게임이 되는 걸까? 아니면 PC게임일까? 분명 PC 플랫폼에서 게임을 하지만, 안드로이드 운영체제[2]를 구동한다고 생각해서인지 정부 당국은 이를 '모바일'로 분류하여 셧다운제를 적용하지 않고 있다.

셧다운제

자정을 알리는 종소리가 울리면 신데렐라의 마법이 풀리듯, 자정이 되면 자동으로 청소년의 게임 접속을 차단하는 내용을 담고 있어서 '신데렐라법'이라고도 불린다. 온라인게임 중독을 방지하기 위해 만 16세 미만 청소년은 밤 12시부터 다음 날 오전 6시까지 온라인게임에 접속할 수 없도록 하는 내용의 법안으로, 2011년 11월부터 시행되었다. 단, 스마트폰, 태블릿PC는 16세 미만 청소년에 대한 보급률이 낮아 심각한 중독의 우려가 없다는 판단 하에 셧다운제 적용을 2년간 유예하였다.

출처 : 네이버 지식백과, 시사상식사전, 박문각

그런데 우리나라에서 가장 적극적으로 클라우드 게이밍(박스 참조)을 도입하는 한 이동통신회사가 있다. [그림 9-1]에 보이는 것처럼 똑같은 게임이 스마트폰, 태블릿, TV에서 모두 돌아간다. 여기서 중요한 점은 똑같은 게임도 스마트폰과 태블릿으로 서비스 하면 셧다운제 면제이고, 콘솔, 노트북, 데스크탑으로 하면 셧

| 그림 9-1 | 클라우드 게이밍 시연 장면

출처 : http://sbscnbc.sbs.co.kr/read.jsp?pmArticleId=10000467179

클라우드 게이밍(Cloud Gaming)

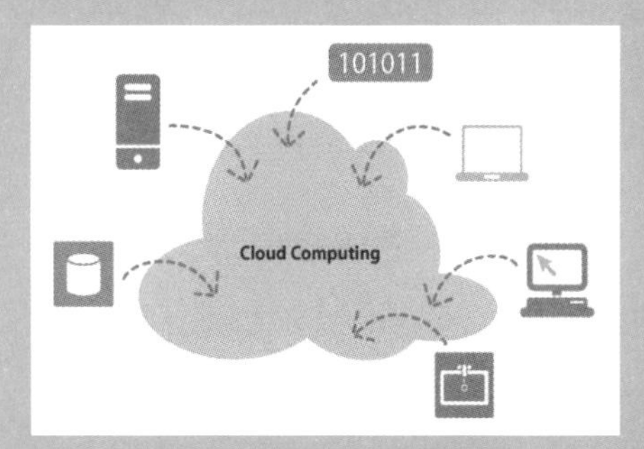

클라우드 컴퓨팅에 게임 서비스를 접목한 것이다. 간단히 말하자면, 네트워크 상의 서버(이를테면 중앙 컴퓨터)에 사용하려는 하드웨어나 소프트웨어를 갖춘 뒤, 이에 접속한 클라이언트(이를테면 개인용 컴퓨터, 스마트폰, 태블릿PC 등)에서 서버에 갖춰진 하드웨어나 소프트웨어의 힘을 빌려 원하는 게임을 하는 것이다.

이 경우, 각 클라이언트는 작업에 필요한 별도의 하드웨어나 소프트웨어를 설치할 필요가 없다. 기본적인 입출력 및 네트워크 기능만 있으면 해당 작업을 실행할 수 있다.

즉, 집에서 사용하는 개인용 PC, 회사에서 사용하는 업무용 PC나 스마트폰, 태블릿PC 등에 '디아블로3'를 설치하지 않아도 인터넷으로 클라우드 시스템에 연결해 원하는 게임을 즐길 수 있는 것이다. 실제로는 이와 조금 다르지만 일종의 원격제어 시스템을 사용하는 것과 비슷하다. 회사 PC에서 집에 있는 PC에 접속해 원하는 작업을 하는 것처럼, 클라우드 시스템에 접속해 원하는 작업을 하는 것이다.

그림 출처: http://it.donga.com/plan/8681

다운제 적용이라는 것이다.

더군다나 클라우드 컴퓨팅의 경우 실질적인 게임 플레이의 로직은 회사 측의 x86 기반 PC 서버에서 진행되고, 유저의 단말기는 단순 뷰어에 불과한데, 이를 스마트폰게임으로 해석할 것인가? 아니면 PC게임으로 해석할 것인가?

모바일게임이 언제부터 시작되었지?

최근 출시되는 스마트폰게임들을 살펴보면 그 게임들이 가진 게임성이나 퀄리티 면에서도 기존 비디오게임이나 온라인게임에 크게 뒤지지 않는 모습이다. 이미 웬만한 풀3D 그래픽으로 구성된 게임들도 스마트폰에서 쉽게 즐길 수 있는 상황이며, PC용 3D 게임엔진으로 유명한 엔진회사들까지 모바일기기 지원을 위해 앞 다투고 있는 모습에서 모바일게임의 높아진 위상을 확인할 수 있다.

10여 년 전만 하더라도 전화 통화라는 제 역할에 충실했던 휴대폰은 스마트폰의 등장과 함께 우리 삶의 많은 부분을 바꿔놓았다. 이런 형태는 모바일게임 시장에도 역동적인 변화를 일으켰다. 원거리의 상대와 이동 및 다른 작업 중에도 통화나 문자를 주고받기 위해 만들어진 휴대폰에서 게임을 즐길 수 있도록 하자는 발칙한(?) 상상은 어디에서 처음 나온 것일까?

세계 최초의 휴대폰을 이용한 게임은 덴마크에서 탄생했다. 정확히 표현하자면, '독일의 전자제품 제조사가 덴마크 연구소에서 휴대폰에 게임을 탑재한 제품을 개발했다'가 더 알맞은 표현이라 할 수 있다. 독일의 전자제품 제조사인 하게누크Hagenuk는 1990년대 중반 자사의 대표적 휴대폰 모델인 하게누크 MT-2000에 '테트리스' 게임을 탑재했는데, 이는 세계 최초로 이동통신에서 즐길 수 있는 게임, 즉 휴대폰게임이라는 새로운 형태의 시장을 열었다. 당시 휴대폰 화면의 크기와 버튼 입력방식 등을 고려해봤을 때 '테트리스'는 첫 휴대폰게임이 되기에 알맞고 흥미로운 게임으로 평가할 수 있다.

노키아의 '스네이크'가 처음 탑재된 제품은 노키아 6110으로 당시 노키아의 디자인 엔지니어였던 타넬리 아르만토Taneli Armanto가 게임 프로그래밍을 맡았다. '스네이크'는 이후에도 '스네이크2', '스네이크 EX', '스네이크3' 등의 작품이 지속적으로 선보였으며, '스네이크'가 탑재된 휴대폰은 전 세계적으로 3억 5천만 대 이상 팔려나갔다.

'스네이크'에 관한 몇 가지 더 재미있는 사실은 이 게임이 세계 최초로 멀티 대전[3]을 지원한 모바일게임이라는 것과 현재도 노키아에

세계 최초의 휴대폰게임

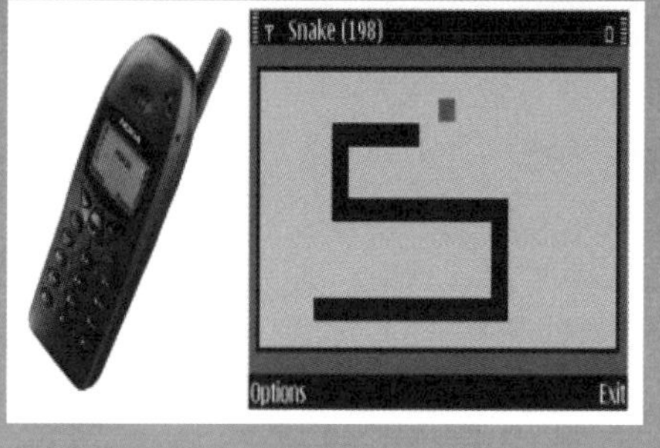

하게누크에 관한 몇 가지 재미있는 사실 중 하나는 하게누크가 독일에서 최초로 무선전화를 만든 회사이기도 하다는 것이다. 하게누크에서 첫 모바일게임이 등장했음에도 모바일게임 시장의 승자와 첫 모바일게임을 출시한 회사로 많은 사람들이 핀란드의 휴대폰 제조업체 노키아(Nokia)를 기억한다.

그 이유인즉 하게누크가 1995년 휴대폰 사업을 매각한 탓도 있겠으나 1997년부터 노키아의 휴대폰 일부 모델에 탑재된 '스네이크(Snake)'가 크게 한몫했다. '스네이크'는 화면에 나타나는 픽셀을 먹으면 먹을수록 길어지고 자신의 몸에 부딪히거나 화면 끝에 부딪히면 종료되는 게임으로, 국내에서도 PC나 휴대용 게임기 등을 통해 '뱀꼬리게임', '피자지렁이' 등의 이름으로 알려진 바 있다.

그림 출처: http://it.donga.com/plan/8681

서 출시되는 스마트폰을 통해 최신 버전을 즐길 수 있다는 것이다. 이를 영화산업에 비유하자면 흑백의 화면에서 시작된 모바일게임이 엄청난 성장 속도를 보여주고 있는 것이다.

하지만 이러한 피처폰[4] 시대에는 모바일게임 유저의 수가 비교적 적었다. 이때까지만 해도 많은 사람들이 휴대전화를 전화와 문자메시지를 주고받는 용도로만 쓰고 있었다. 기술이 발달하면서 음악 재생, 사진 기능 등이 하나하나 추가되었지만 기존의 MP3 플레이어와 디지털 카메라를 대체할 정도는 아니었다. 게임도 마찬가지였는데 휴대성이라는 큰 장점에도 불구하고 모바일게임을 즐기는 이들이 그리 많지는 않았다. 평소에 다른 플랫폼으로 게임을 즐기던 유저들이 그나마 휴대폰게임을 쉽게 받아들였지만 그 수는 지금과는 비교가 안 될 만큼 적었고, 조그마한 액정, 게임 몇 개 깔면 꽉 차버리는 용량, 질 낮은 그래픽 등에 한계를 느낀 마니아들은 PSP와 닌텐도DS 등 휴대용 게임기를 사용하였다. 때문에 지하철에서 다들 스마트폰을 붙잡고 게임을 하는, 지금은 굉장히 흔한 풍경도 이때까지는 볼 수 없었다.

이후 유료 게임 데이터 통화료 부과 및 유료 아이템이 등장하는 시대로 넘어간다. 이때는 모든 모바일게임이 유료였다. 게임의 가격, 즉 정보이용료가 대략 3천 원에서 5천 원 사이로 용량에 따라 다운로드하는 데 패킷당 데이터 통화료가 따로 부과되어 거의 게임 가격과 비슷한 값이 청구되고는 했다. 사실 게임의 질과 플레이 시간에 비해 결코 비싼 가격은 아니었지만, 콘텐츠에 돈을 쓰지 않는 것을 당연시하는 풍조가 있는 우리나라 사람들에겐 꽤나 구매를 망설이게 하는 가격이었다.

그래서인지 게임회사들은 게임을 구매하는 소수의 유저들에게서 최대한 많은 금액의 결제를 유도하려고 노력하였다. 결국 게임 내 유료 아이템이 생겨나고, 유료 아이템을 구매하지 않으면 게임 진행에 지장이 생기는 괴악한 게임도 등장하기 시작했다. 또 돈을 벌려는 의도로 집어넣는 DLC DownLoadable Contents가 심해지면서 추가 결제를 하지 않으면 스토리 진행이 불가능해지는 경우도 생겨났다.

사실 모바일게임은 당시 불법복제가 막혀 있는 거의 유일한 게임

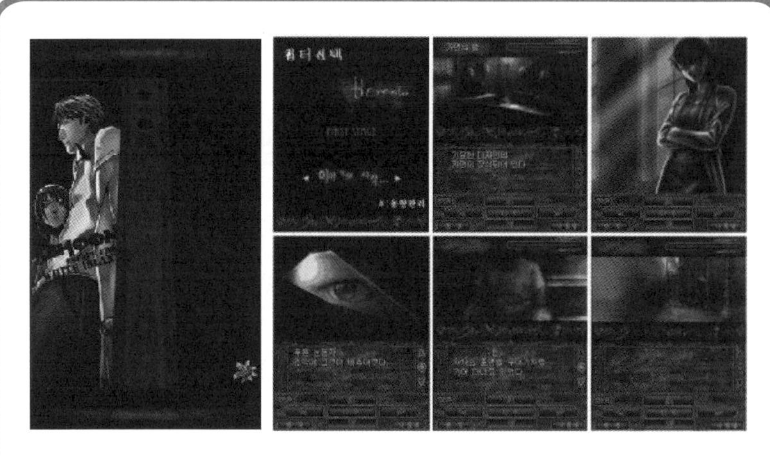

| 그림 9-2 | 왼쪽부터 〈하얀섬〉, 〈테레지아〉. 게임 스토리 진행을 위해 도중에 별도로 결제를 더 해야 하는 DLC 개념을 도입한 게임

출처 : http://www.visualshower.com

플랫폼이었기 때문에, 제작사가 꼼수를 부리거나 통신사가 폭리를 취해도 그나마 건강한 시장 형성과 유지가 가능했다. 비록 그 수는 많지 않았지만 모바일 게이머 대부분이 정품 패키지를 구매하여 회사에 이득을 가져다주고, 그 수익으로 더욱 질 좋은 다음 작품을 만들어내는 선순환 구조가 이루어지기도 했다.

이 당시에는 누구나 편하게 접할 수 있는 캐주얼게임도 있었지만 돈을 주고 구매할 정도의 퀄리티를 만들어내는 게 쉽지 않았다. 그래서 '미니게임천국'[5], '액션퍼즐패밀리'[6]처럼 여러 가지 게임을 하나로 묶거나 '놈'처럼 스테이지를 나눠 다양한 콘텐츠를 제공하는 경우가 대부분이었다.

이후 스마트폰의 시대가 되면서 획기적인 변화가 일어난다. 앞에서도 논의했듯이 스마트폰은 범용 모바일 운영체제가 탑재된 휴대전화를 뜻한다. 피처폰에도 OS는 깔려 있었지만 각 통신사 전용으로 만들어진 것이라 다른 통신사와 단절되어 있었고 안드로이드, iOS 등 범용 운영체제의 출범과 발맞춰 하드웨어의 성능이 월등히 향상되어 그 활용의 폭이 무궁무진해졌다. 스마트폰 하나로 대부분의 디지털기기가 대체 가능해지자 많은 휴대용 전자기기들은 역사의 뒤안길로 사라지게 되었다.

스마트폰이 보급되면서부터 모바일게임 유저의 수는 점점 늘어나기 시작한다. 범용 모바일 OS와 고성능의 CPU가 탑재된 스마트폰은 컴퓨터에 가까운 기능을 보여주어 세상을 놀라게 했고 게임 플랫폼으로서도 굉장한 발전을 이루어 기존 게이머들을 만족시켰다.

게다가 통신사 3사를 모두 통합하는 마켓(앱스토어, 안드로이드 마켓 등)의 등장은 모바일게임에 대한 유저들의 접근성을 높였다.

모바일 게이머층이 넓어진 가장 큰 이유는 더 이상 통신사 전용 모바일 무선인터넷WAP망을 통하지 않고도 게임을 다운로드할 수 있다는 점이었다. 즉 와이파이Wi-Fi의 국내 도입은 유저들의 모바일 콘텐츠 구매를 자유롭게 해주었고, 그동안 과도한 데이터 통화료 때문에 게임 구매를 망설였던 모바일 게이머들의 근심을 덜어주었다. 또한 무료 모바일 게임의 등장은 새로운 유저들을 대폭 유입시키는 데 큰 역할을 한다. 누구나 어플리케이션을 판매할 수 있는 앱스토어와 안드로이드 마켓이 열리면서 모바일 소프트웨어 시장은 변화를 맞게 되는데 대부분의 어플리케이션 앱이 무료로 올라오는 추세를 따라 게임 앱도 점차 무료화되는 추세를 보이기 시작했다. 특히 인디 게임들은 대부분 무료로 출시되는 경우가 많았는데 덕분에 스마트폰 이용자들이 모바일게임에 지속적인 관심을 가지게 되는 상황이 연출되었다.

이에 게임회사에서는 유료로 출시한 게임을 할인판매하거나, 출시한 유료 게임의 체험판을 무료로 풀어 유저들의 구매를 유도하는 전략을 펴기 시작한다. 피처폰에서 스마트폰으로 바뀐 뒤 생긴 가장 큰 변화 중 하나는 기기의 다양한 기능을 살린 스마트한 게임 플레이가 가능하다는 점이었다. 물리적 버튼에서 벗어나 정전식 터치를 이용하기 때문에 게임 진행방식이 보다 다양해졌고, 액정을 누르고 있다 떼거나 슬라이드하는 등 직관적인 조작이 가능해지면서 게임의 UIUser Interface도 그에 알맞게 최적화되었다.

또, 스마트폰의 중력센서를 이용한 게임들도 많이 개발되었다. 좌우로 기울여 캐릭터를 움직이거나 화면을 전환할 수 있게 되어 더욱 역동적으로 게임을 즐길 수 있었다.

요즘 모바일게임, 얼마나 해?

2010년경부터 시작된 모바일게임은 2012년 더 빠른 속도로 스마트폰이 확산되면서 이용이 큰 폭으로 증가하였다. 또한 최근에는 여성(36.2%)이 남성(15.9%)에 비해 모바일게임의 이용 비율이 상대적으로 높게 나타나는 색다른 결과를 보여주고 있다.

'모바일과 소비자'라는 DMC 미디어 리포트(2013. 5)에 따르면 게임 이용자가 주로 이용하는 게임 플랫폼을 조사해본 결과, 응답자의 43.9%가 '온라인게임'이라고 답했고, 다음으로 '모바일게임'(25.9%), 'PC용 패키지게임'(19.8%) 등의 순으로 나타났다. 주목할 만한 점은 모바일 게임 이용이 2011년(15.3%)에 비해 큰 폭으로 증가했다는 것이다.

모바일게임 이용자들의 최근 모바일게임 이용 개수는 평균 4.6개로 나타났는데 남자가 평균 4.9개로 여자(4.2개)보다 다소 많이 이용하고 있었다. 하지만 여성의 경우 '모바일게임'의 비율이 36.2%로 남성 이용자(15.9%)보다 상대적으로 높게 나타났다.

연령대로 구분하면 모바일게임의 경우 만25~29세 연령층에서 31.5%로 가장 높게 나타났다. 만15~19세(6.3개)와 만25~29세(6.0개) 연령대에서 모바일게임 평균 이용 개수가 상대적으로 많은 것으로 나타났고, 이에 비해 만30세 이상 연령대에서의 이용 개수는 공히 4개 미만으로 나타났다. 게임을 이용할 만한 시간이나 관심이 연령에 따라 다른 것이다.

모바일게임을 게임의 형태에 따라 분석해보면 단순한 아케이드게임보다는 소셜네트워크게임SNG의 형태가 늘어나고 있다. 스마트폰 이용자의 67.8%는 SNG에 대해 인지하고 있는 것으로 나타났으며, 하루에 54.5분 정도를 모바일을 통한 SNG에 사용하고 있었다. 스마트폰 이용자의 67.8%가 SNG를 알고(알고 있음 47.6%, 매우 잘 알고 있음 20.2%) 있었고 일평균 스마트폰을 통한 SNG 이용시간은 약 54.5분

| 표 9-1 | 국내 게임시장 전망(단위: 억원)

구분	2010	2011		2012(E)		2013(E)		2014(E)	
	매출액	매출액	성장률	매출액	성장률	매출액	성장률	매출액	성장률
온라인게임	47,673	62,369	30.8%	78,762	26.3%	97,076	23.3%	117,986	21.5%
모바일게임	3,167	4,236	33.8%	6,328	49.4%	9,180	45.1%	12,580	37.0%
비디오게임	4,268	2,684	-37.1%	2,084	-22.4%	2,019	-3.1%	1,974	-2.2%
PC게임	120	96	-20.0%	76	-21.3%	61	-19.6%	53	-13.2%
아케이드게임	715	736	2.9%	765	4.0%	791	3.3%	810	2.4%
PC방	17,601	17,163	-2.5%	16,562	-3.5%	15,590	-5.9%	14,395	-7.7%
아케이드게임장	768	763	-0.7%	757	-0.8%	756	-0.1%	760	0.6%
합계	74,312	88,047	18.5%	105,333	19.6%	125,472	19.1%	148,558	18.4%

출처 : 『대한민국 게임백서』(2012)

인 것으로 나타났으며, SNG를 하루에 2시간 이상 이용하는 경우도 15.2%인 것으로 나타났다. 스마트폰을 통한 SNG 경험자의 68.7%가 하루에 1회 이상(하루에도 여러 회 48.9%, 하루 1회 정도 19.8%) 스마트폰을 통해 SNG를 이용하는 것으로 나타났다.

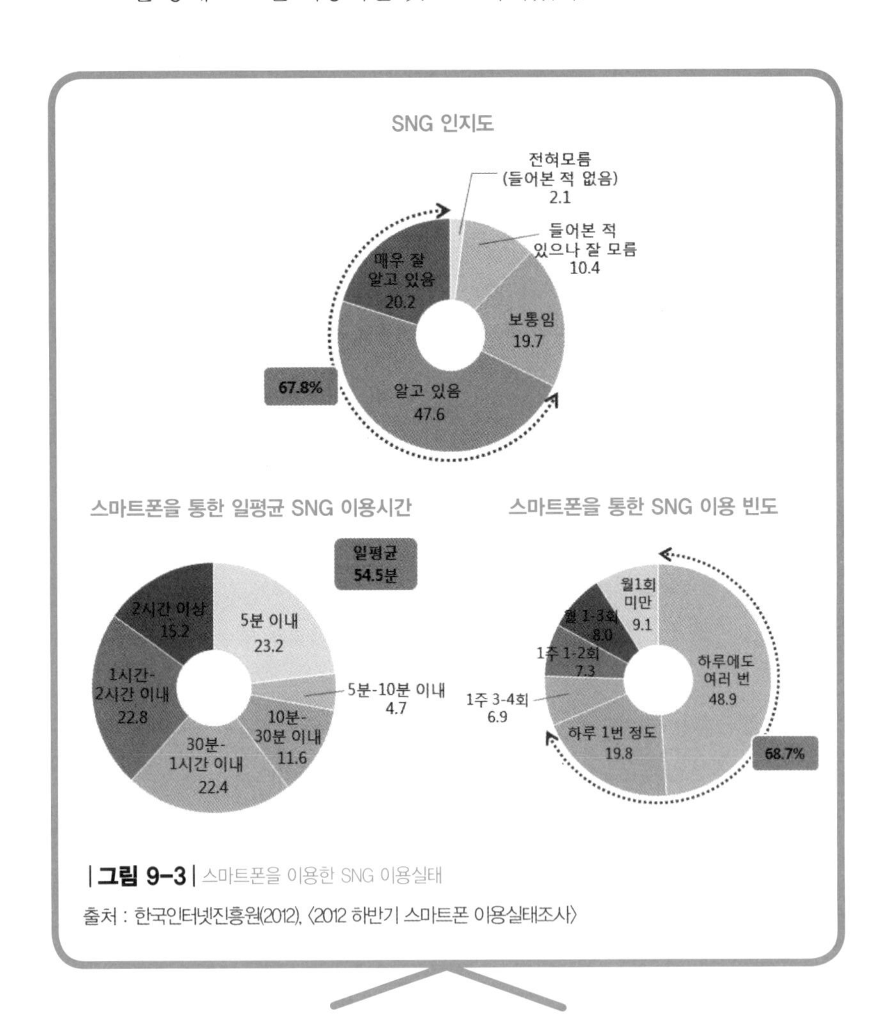

| 그림 9-3 | 스마트폰을 이용한 SNG 이용실태

출처 : 한국인터넷진흥원(2012), 〈2012 하반기 스마트폰 이용실태조사〉

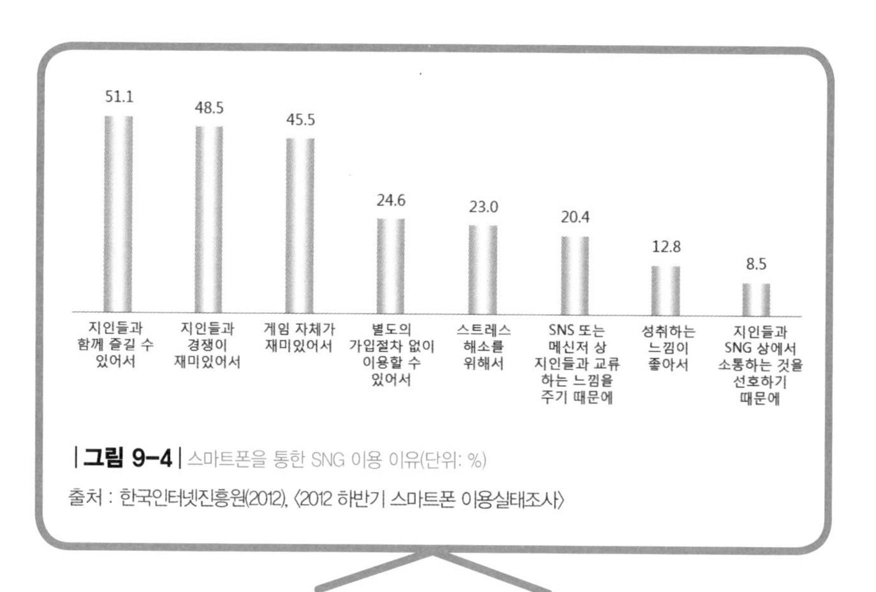

| 그림 9-4 | 스마트폰을 통한 SNG 이용 이유(단위: %)

출처 : 한국인터넷진흥원(2012), 〈2012 하반기 스마트폰 이용실태조사〉

스마트폰 이용자의 79.7%는 스마트폰을 통한 SNG 경험자이며, '지인들과 함께 즐길 수 있어서'(51.1%), '지인들과의 경쟁이 재미있어서'(48.5%) 등의 이유로 이용하고 있었고, SNG 장르별로 살펴보면 '웹/보드/아케이드 등의 캐주얼게임'이 69.8%로 가장 많은 것으로 나타났다.

스마트폰을 통한 SNG 이용자의 51.1%가 '지인들과 함께 즐길 수 있어서' 스마트폰을 통해 SNG를 이용한다고 응답하였고, 그 외에 '지인들과 경쟁이 재미있어서'(48.5%), '게임 자체가 재미있어서'(45.5%) 등의 순으로 나타났다.

모바일게임은 앞으로 어떻게 될까?

근 1년간의 한국 모바일게임 시장은 '소셜네트워크게임 시대'라는 단어로 설명할 수 있다. 스마트폰의 보급으로 SNS를 일상에서 떼어놓을 수 없게 된 지금, 소셜네트워크게임 역시 피할 수 없을 정도로 밀접하게 우리 생활 속에 자리 잡았다. 페이스북 게임이나 웹 게임들은 이전부터 존재했고 나름대로 인기도 있었지만 지금의 모바일 SNG처럼 많은 이용자들을 끌어 모으지는 못했다. 그중에서도 모바일 메신저인 카카오톡 연동 게임은 모바일게임의 새 시대를 열었다고 평가할 만큼 혁신적인 변화를 가져왔다.

2012년 여름, 모바일 메신저 카카오톡에서 게임 연동 서비스를 시작했는데 그 출발을 알린 것이 바로 '애니팡'이었다. 누적 다운로드 2,600만 건에 달하는 기록을 세우며 국민 게임으로 자리 잡았고 청소년층, 청년층에 국한되어 있었던 모바일 게이머의 연령층이 카카오톡 게임 연동 이후로는 전 연령층으로 확대되었다. 교수, 부장님, 심지어 할아버지 할머니까지 모두 휴대폰 게임에 열중하는 모습은 진풍경이었다. 이후로도 '드래곤 플라이트', '내가그린 기린그림', '아이러브커피', '다함께 차차차', '윈드러너' 등이 이름을 알리며 잊을 만하면 SNG 시장을 달구었다.

초기의 열기는 많이 수그러들었지만, 한번 스마트폰 게임 맛을 본 사람들은 재미있는 콘텐츠만 나오면 다시 참여할 준비가 되어 있는 잠정적인 모바일 게이머이다. 게임에 대한 한국 사회의 부정적 인식에도 불구하고 전 국민의 생활습관을 바꿔버린, 콘텐츠로서의 게임의 힘을 직접 경험해본 이들이기 때문이다. 실제로 평소에 거의 게임에 손대지 않던 사람들이 모바일게임을 처음으로 접하면서 재미를 붙이게 된 경우가 많았다.

결과적으로 스마트폰을 사용하고 카카오톡을 쓰는 한국인 대다수가 모바일게임 유저라고 생각할 수 있는데, 실제로 게임회사들은 비교적 소수인 기존 게이머들뿐만 아니라 새로 유입될 게임 인구를 타깃으로 SNG를 만들었다. SNG는 원칙이라고 해도 좋을 만큼 전부 다 무료다. 몇몇 게임회사와 해외 제작사의 게임들은 여전히 유료로 출시되어 마켓의 자리를 차지하고 있지만, 적어도 한국에서는 '모바일게임=무료'라는 인식이 박힐 정도로 무료 SNG가 대세가 되었다.

모바일게임 속 광고는 관례화되었다. 광고가 없는 게임을 찾아보기가 힘들 지경에 이르렀다. 과도한 광고창의 도배는 점차 사라져가는 추세지만 이제는 유저들도 광고에 적응해서 큰 거부감을 보이지는 않는다. 모바일게임 시장의 확대와 대기업들의 자본 투입으로 게임 속에서 광고 수익을 얻는 게 아니라 다른 매체에 돈을 내고 게임 광고를 거는 경쟁이 오히려 치열해지고 있다. 이젠 지하철에서도 모바일게임 광고를 찾아볼 수 있을 정도가 되었고 카카오톡 친구들끼리 게임 점수로 순위를 매기는 랭킹 시스템은 희대의 발명품으로 여겨진다. 한 번 하고 질려버릴 수 있는 게임을 계속 하도록 하는 훌륭한 동기부여 요소이기 때문이다. 게다가 캐주얼게임이 대부분이며 점수 산정에 실력보다 운이 더 핵심적인 요소로 작용한다는 점은 경쟁의식을 더욱 부추기게 되었다.

카카오톡 친구들에게 게임 초대 메시지를 보낼 수 있도록 한 점, 게임 진행에 필요한 아이템을 카카오톡을 통해 서로 주고받을 수 있도록 한 점 역시 마케팅과 고객 유치에 탁월한 효과를 발휘한다. 게이머들이 스스로 지인에게 홍보를 하고, 잊을 만하면 아이템을 보내 일깨워주며, 순위 자랑하는 메시지를 보내 동기부여를 해주니 이보다 더 좋을 수는 없다. 물론 이 시스템에도 단점이 존재한다. 게임의 독립적인 콘텐츠로서의 매력이 가려질 수 있다는 것인데, 게임의 유행이 지나 함께 경쟁하던 친구들이 더 이상 접속을 하지 않는다면 재미있는 게임이라도 하기 싫어지는 현상이 일어난다. 회사 입장에서는 손익분기점을 넘기면 성공으로 치지만 장기적인 관점에서 이와 같은 경험의 누적은 게이머들이 등을 돌리는 결과로 돌아올 수 있는 것이다.

애니팡의 성공 이후로 많은 모바일게임 회사들이 카카오톡 연동 게임에 도전하고 있고, 컴투스나 게임빌 등의 기존 기업 이외에도 다양한 모바일게임 회사들이 성장하고 있다. 출시하자마자 다수의 유저를 끌어 모을 수 있다는 점에서 카카오톡 연동은 일단 성공으로 가는 보증수표로 여겨지고 있다.

소셜네트워크게임은 소수의 게임 매니아를 위한 게임이라기보다는 SNS 사용자 대다수, 즉 게임 입문자들을 고려한 것이기 때문에 진입장벽을 최대한 낮춰놓았다. 그 때문에 난이도가 쉽고 플레이타임

| 그림 9-5 | '애니팡'의 성공 이후 쏟아져나온 유사한 팡 게임들

이 짧은 캐주얼 게임이 주로 만들어졌고 게임 내부의 콘텐츠는 단순하면서 중독성을 가진 것들로 이루어졌다. 또한 탄탄한 스토리텔링으로 흡입력을 주기보다는 그저 심심풀이용으로 켜게 되는 그런 게임들이 많이 만들어져 손익분기점을 쉽게 넘기며 성공할 수 있었다.

현재 이 순간에도 거의 비슷비슷한 모양새를 한 소셜네트워크게임이 출시되고 잊히기를 반복하고 있다. 심지어 몇몇 게임들은 다른 게임을 모방했다는 소문에 휩싸이기도 한다. 이런 획일화된 틀 안에서 얼마나 참신한 아이디어로 게임의 독립성을 확보할 것인지가 향후 모바일게임 시장에서의 승부 관건이 되고 있다.

주

1 블루스택스(BlueStacks)는 안드로이드 계열 스마트폰 애플리케이션을 PC 상에서 구동할 수 있게 하는 에뮬레이터이다. 각종 컴퓨터 기기 사이의 여러 제약을 극복하고 호환성을 실현하는 방법의 하나로 사용된다.

2 휴대폰용 운영체제, 응용프로그램을 한데 묶은 소프트웨어 플랫폼으로서 2007년 11월에 공개되었다. 원래 세계 각국의 이동통신 관련 회사 연합체인 오픈 핸드셋 얼라이언스(OHA;Open Handset Alliance)가 공개한 것으로, 실질적으로는 세계적 검색엔진 업체인 구글이 작은 회사인 안드로이드 사를 인수하여 개발하였으며, 따라서 '구글 안드로이드'라고도 한다. 컴퓨터에서 소프트웨어와 하드웨어를 제어하는 운영체제인 '윈도'에 비유할 수 있는데, 휴대폰에 안드로이드를 탑재하여 인터넷과 메신저 등을 이용할 수 있으며, 휴대폰뿐 아니라 다양한 정보가전기기에 적용할 수 있는 연동성도 갖추고 있다. 안드로이드가 기존의 휴대폰 운영체제인 마이크로소프트의 '윈도 모바일'이나 노키아의 '심비안'과 차별화되는 것은 완전 개방형 플랫폼이라는 점이다.

3 해당 플랫폼에서 온라인게임과 같은 이용자 간 네트워크가 가능한 대결을 의미한다.

4 피처폰(feature phone)은 스마트폰(smartphone)보다 낮은 연산능력을 가진 저성능 휴대폰을 설명하기 위한 용어이다. 한국에서는 주로 스마트폰이 아닌 휴대폰을 피처폰이라고 한다.

5 미니 게임의 반복적인 플레이를 통해 높은 점수를 얻고 일정 조건을 충족하면 아이템과 캐릭터를 얻을 수 있는 게임이다. 사이버머니의 일종인 별이 있으며 처음엔 아무 게임도 할 수 없지만 별을 모아 게임을 열면 플레이할 수 있다. 또한 캐릭터의 능력을 높이기 위해 아이템을 착용할 수 있다.

6 슈퍼 액션 히어로 시리즈의 성공 이후 컴투스에서 새롭게 내놓은 퍼즐게임 모음집이다. 컴투스의 대표적 상징인 '뽑기'가 처음으로 등장한 게임이기도 하다. 다른 컴투스 게임들과 달리 '콤보'를 통해서 별을 쌓아가는 식이라 별을 버는 난이도가 모든 컴투스 게임 중 악랄하기로 유명하다. 물론 게임 자체의 재미는 보장할 만한 편이라 팬이 많다.

스마트미디어의 교육적 활용 가능성

CHAP 10

앞으로 새로운 기술들이 지속적으로 나올 것이며, 이러한 기술들은 교육 분야에 많은 영향을 미치게 될 것이다. 하지만 명심해야 할 것이 하나 있다. 이러한 기술에 교육이 종속되어서는 안 된다는 것이다. 교육의 본질이 인간의 행복한 삶을 살아갈 수 있도록 돕는 것임을 상기한다면, 기술은 인간의 행복한 삶을 살아갈 수 있도록 도와주는 방향으로 나아가야 할 것이다.

오늘날 우리 사회의 특징을 규정짓는 기준 중 하나는 새로운 최첨단 매체의 등장이라 할 수 있을 것이다. 과거 컴퓨터가 등장하면서 우리 사회를 지식정보화사회로 규정지었다면, 최근 스마트미디어 기술의 등장은 우리 사회를 스마트사회로 규정짓고 있다. 특히, 최근 스마트미디어의 등장은 지금까지 상상의 세계에서만 가능하였던 일들을 실제 세계에서 가능하게 함으로써 기존의 사회, 정치, 경제, 문화 전반에 큰 영향을 미치기 때문에 하나의 사회현상으로 규정짓는 것이라 할 수 있다. 예를 들어 페이스북, 트위터, 카카오톡 등과 같은 소셜네트워크서비스SNS는 개인과 개인, 개인과 집단의 양방향 의사소통뿐만 아니라 사회적 관계 맺기 등의 방식에 있어 새로운 변화를 이끌어내고 있다(성은모, 2013). 이러한 SNS의 의사소통방식은 정치권에서도 중요한 전략으로 활용되었는데, 2012년 미국 대통령 선거에서 재선된 오바마 대통령의 선거 승리 요인 중 하나가 SNS의 효과적인 활용이었다. 오바마 대통령은 2008년 첫 대선 도전

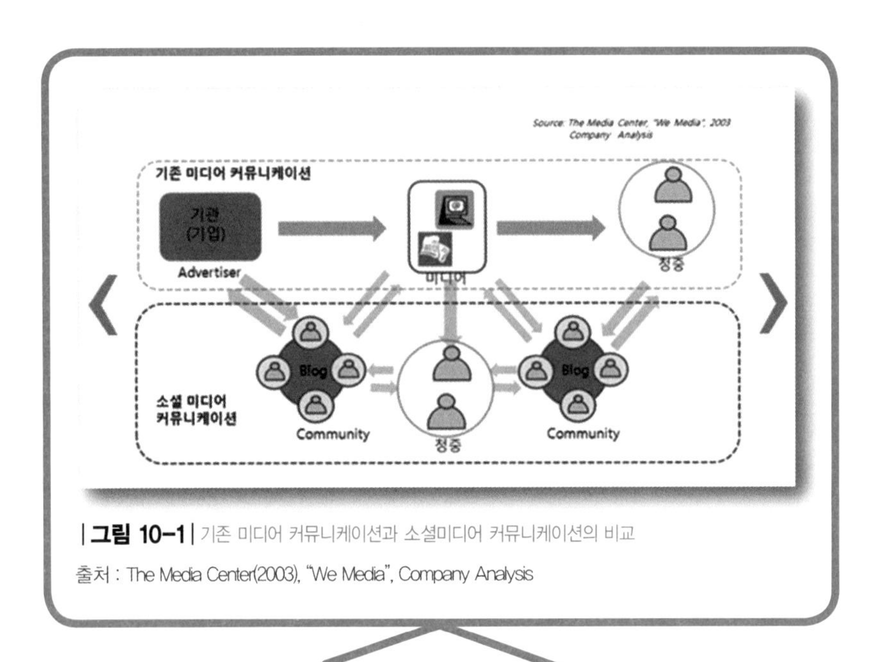

|그림 10-1| 기존 미디어 커뮤니케이션과 소셜미디어 커뮤니케이션의 비교
출처 : The Media Center(2003), "We Media", Company Analysis

에서부터 SNS를 통한 선거운동에 공을 들여온 것으로 유명하다. 이와 유사하게 우리나라의 18대 대통령 선거 역시 역대 어느 선거보다 SNS를 통해 유권자와 직접 소통하는 전략이 성공의 주요 요인이었음을 밝히고 있다(조성훈 · 이하늘, 2012).

교육 분야도 이러한 매체의 영향에서 제외될 수 없다. 오히려 교육 분야에서는 새로운 최첨단 매체가 등장할 때마다 이를 교육적으로 활용하려는 노력이 다른 어느 분야보다도 활발하게 전개되고 있다 할 수 있겠다.

교육에서 최신 교수매체 활용의 중요성을 강조하는 기본적인 아이디어는 새로운 매체를 활용하면 그 이전보다 교육적 효과가 더 있을 것이라는 가능성과 호기심 때문이다. 이러한 새로운 매체의 교육적 관심은 현대의 발달된 매체가 등장하기 이전에도 항시 존재해 왔고 새로운 매체를 활용하여 교육적 효과를 높이려는 노력은 지금까지도 끊임없이 이어져오고 있다(나일주, 1995).

최근 스마트미디어가 등장하면서 이러한 질문이 똑같이 제기되고 있다. 스마트미디어의 고유한 특성이 기존의 다른 매체의 고유 특성과 다르기 때문에 새로운 교육방법으로서의 교육적 효과성을 찾으려는 노력이 이것이다. 새로운 매체의 교육적 효과성에 있어서는 두 가지 관점이 대립하게 되는데, 하나는 매체는 단순히 학습 내용을 전달하는 도구일 뿐 학습에 영향을 미치지 않으며, 학습에 영향을 미치는 것은 매체가 아니라 교수방법의 차이 때문이라는 관점(Clark, 1983)과 매체가 가지고 있는 고유한 특성이 학습 효과에 영향을 미친다는 관점(Kulik, Bangert, & Williams, 1983; Kozma, 1994)이다.

개인의 주관과 신념에 따라서 바라보는 관점에 차이가 있을 수 있지만, 실제 교육현장에서 매체의 효과성인지 교수방법의 효과성인지를 명확하게 구분지어 분석하기가 쉽지 않을뿐더러 매체와 교수방법을 분리한다는 것이 현실적으로 불가능하다. 더욱이 최근 새로운 매체는 기존 매체들처럼 단순히 수업을 위한 보조도구로 활용되는 차원을 넘어서서 매체 그 자체가 학습자원이 되어 학습 내용을 전달하거나 학습을 촉진시키는 교육방식으로 전환되고 있는 만큼 매체의 속성과 매체를 활용한 교수방법의 효과성 모두를 고려하는 입장이 바람직하다 할 수 있겠다. 이는 새로운 매체의 활용이 반드시 학습의 효과성을 보장하는 것이 아니라, 새로운 매체를 어떻게 설계하여 활용하는가에 따라 학습 효과성을 담보할 수 있다는 것을 의미하며, 이때 새로운 매체의 고유한 특성을 고려하지 않은 교수방법 또한 진정한 의미 있는 학습의 효과성을 보장할 수 없다는 것을 의미한다.

스마트미디어는 이러한 관점에서 기존의 매체와 사뭇 다른 고유한 매체의 특성과 속성을 가지고 있으며, 이러한 매체의 고유한 특성과 속성은 기존에는 제한적이고 불가능하였던 교수학습방법을 보다 가능하게 할 수 있을 뿐만 아니라 새로운 방식의 교수학습방법을 가능하게 함으로써 다양한 학습의 효과성을 높일 수 있는 잠재적 가능성 또한 매우 높다 하겠다.

스마트미디어의 특성과 교육적 가능성

그렇다면 스마트미디어가 가지고 있는 매체의 고유한 특성은 무엇이고 이러한 매체의 고유한 특성은 어떠한 방식으로 교육적 가능성을 가지고 있는 것일까?

스마트미디어의 특성 스마트미디어가 가지고 있는 매체의 고유한 특성에 대해 살펴보면 다음과 같다. 임정훈(2008)은 스마트미디어와 같은 최첨단 매체가 갖는 주요 특성에 대해서 6가지로 설명하고 있는데, 이동성과 편재성, 감성의 호소성, 개별화 및 맞춤형, 매체간 융합형, 네트워크형, 사용자의 능동적 참여 및 커뮤니티 활동을 강조하는 형태가 그것이다.

첫째, 스마트미디어는 이동성과 편재성을 강조하는 매체의 특성을 가지고 있다. 얼마 전까지만 하더라도 유선 인터넷 기술에 기반을 둔 매체들이 주류를 이루었으나, 스마트미디어는 모바일 기술과 무선인터넷 기술이 급속하게 발전하면서 이동성과 편재성이라는 속성을 가지게 되었다는 것이다. 이동성이란 학습자가 자신이 어느 곳에 있든지 휴대하고 있는 스마트기기를 활용하여 이곳저곳을 옮겨 다니면서 각종 서비스 지원을 받게 된다는 뜻이며, 편재성이란 이동성이 보장된 다양한 종류의 스마트미디어가 사람, 사물, 환경 속으로 스며들고 연결되어 마치 물이나 공기처럼 도처에 존재하게 된다는 것을 의미한다. 스마트폰과 스마트패드, 태블릿PC, PDA 등과 같은 스마트미디어들은 이동성을 기반으로 언제 어디서든 무선인터넷에 연결되어 자신이 원하는 정보를 탐색하거나 활동을 수행할 수 있는 기능을 갖추고 있다.

둘째, 스마트미디어는 감성에 호소하는 정서적 매체의 특성을 가지고 있다. 스마트미디어에서 제공하는 다양한 기능과 콘텐츠는 기본적으로 고화질, 고선명성, 고음질을 지향하고 있으며, 최근에는 3D 기술을 활용하여 실제 세계와 유사한 영상과 음성을 재생해냄으로써 복잡한 실제 세계의 상황을 반영한 생생한 경험을 제공하고 있다. 또한 단순히 보고 듣는 것을 넘어서는 미디어와 실제적으로 상호작용하여 만지고, 느끼는 경험까지 가능하게 함으로써 인간의 중다-감각 자극을 자극하여 인지적 측면뿐만 아니라 감성적 측면까지 영향력을 미치고 있다. 이와 같이 실제 세계와 같은 상황을 재현하고 경험하게 하는 스마트미디어의 특성은 사람들에게 정보 전달을 넘어서서 감화와 감동까지 제공함으로써 매체에 보다 몰입하게 만드는 특성을 가지게 된다.

셋째, 스마트미디어는 개별화 및 맞춤화를 지향하는 매체의 특성을 가지고 있다. 주문형 비디오, 주문형 TV, 주문형 오디오는 물론 맞춤형 이러닝 시스템e-Learning system, 정보의 커스터마이징 서비스customizing service, 데이터 마이닝data mining 기술 등을 통한 고객의 요구 파악과 맞춤형 서비스 제공은 최근 정치, 경제, 사회, 문화 및 교육 전 영역에서 나타나고 있는 일반적인 현상이다. 소비자나 수요자의 요구는 날로 세분화되고 다양화되고 있으며, 이러한 요구사항을 만족시키기 위해 다양한 매체들이 수요자 각자에게 맞추어진 개별화된 서비스를 제공하고 있다. 즉, 다양한 고객들의 입맛에 맞는 서비스를 제공하기 위한 노력이 보다 강조되고 있으며 이러한 노력이 매체의 주요 특성으로 나타나고 있는 것이다.

넷째, 스마트미디어 간 융합 현상이 증가되는 특성이 있다. 첨단 정보통신공학 기술의 발달로 미디어 장비가 갈수록 소형화되고 저장과 전송을 위한 디지털 비트의 데이터 압축 기술이 고도화되면서 매체와 매체가 통합되어 복합적 기능을 가능하게 하는 융합형 매체가 등장하고 있다. 매체와 매체 간의 고유 경계선이 무너지고 개별

매체의 독자성과 독립성이 약화됨에 따라, 수요자의 요구에 부응하고, 수요자들이 상상할 수 없었던 기대 이상의 스마트미디어가 전면에 등장하고 있다. 예컨대 스마트폰과 스마트패드는 기존 매체가 가지고 있는 특성을 모두 가지고 있다. 전화 기능을 비롯하여, 화상통화, 카메라, 캠코더, MP3플레이어, 비디오 기능, TV 시청, 프레젠테이션 도구, 문서 작업도구, 텍스트와 이미지 편집도구, 전자사전, 전자책, 게임, 내비게이션, 팩스 등 다양한 매체의 기능이 통합되어 활용되고 있으며, 지금도 새로운 기술들이 스마트미디어 속으로 들어와 통합되고 있다. 앞으로 어떠한 기술이 스마트미디어로 통합될지는 아무도 모를 일이 되어버렸다.

다섯째, 스마트미디어 간 연결하는 네트워크 기능이 강조되는 특성이 있다. 기존의 아날로그 자료들이 디지털 자료로 변화되고, 정보와 정보를 주고받는 일이 표준화되면서 매체와 매체 사이에 정보를 주고받는 일이 훨씬 수월하게 되었다. 따라서 각각의 매체

|그림 10-2| 스마트패드를 이용한 수업 현장(한솔초등학교)
출처 : 세종시교육청

가 독자적인 매체의 속성을 기반으로 정보를 보유하고 처리하기보다는 서로의 정보를 주고받으면서 다양한 매체의 고유한 특성을 기반으로 정보를 처리하고 공유하는 방식으로 변화되어가고 있다. 앞서 언급한 무선네트워크 기술의 발달은 제한된 장소에서뿐만 아니라 언제, 어디에서나 정보를 가공 및 생성하여 다른 매체로의 전송과 저장을 가능하게 함으로써 순식간에 세계 어느 곳에서도 자료를 활용할 수 있게 된 것이다. 이러한 기능을 가능하게 한 것이 소셜네트워크서비스라 할 수 있다. 예를 들어 세계적으로 K팝 한류 열풍을 몰고 온 싸이의 노래 〈강남스타일〉은 2012년 7월 내놓은 여섯 번째 정규앨범 〈싸이6甲 Part 1〉의 타이틀곡으로, 2개월 만에 유튜브 조회 수 2억 7천만 건을 기록하고 2014년 3월 약 20억 건을 돌파하였으며 유튜브의 모든 카테고리를 통틀어 '가장 많이 본 동영상' 순위에서 1위를 하는 대기록을 세웠다. 이러한 세계적 기록을 가능하게 한 주요 요인 중 하나가 바로 스마트미디어 간 소셜네트워크서비스가 연결되어 있었기 때문이라는 것이다. 이와 같이 세계 어느 곳에 있든지 온라인으로 연결되어 있다면 쉽게 정보를 교류하고 의사소통하는 것이 가능하게 되었다.

마지막으로 스마트미디어는 사용자의 능동적 참여 및 커뮤니티 활동을 강조하는 특성을 띠고 있다. 독자들이 특정 문학작품의 줄거리를 자기 임의대로 만들어가며 읽을 수 있는 하이퍼텍스트hypertext 문학, 전문가나 콘텐츠 개발업체가 아닌 사용자가 직접 이미지 자료나 동영상 자료의 제작에 참여하는 UCCUser-Created

Contents, 인터넷 상에서 누구나 자유롭게 글을 작성할 수 있는 참여형 온라인 백과사전 위키피디아Wikipedia 등은 디지털 미디어의 발달로 인해 수요자가 디지털 자료의 공급자 또는 제작자로서 직접 참여하는 새로운 형태의 미디어 문화를 형성하고 있다.

스마트미디어의 교육적 가능성 스마트미디어의 교육적 활용은 결국, 스마트미디어가 가지고 있는 매체의 속성에 기반하여 이루어질 수밖에 없다. 스마트미디어가 갖는 6가지 매체의 주요 특성을 기반으로 실제 교육현장에서 가능하게 하는 교육적 특성을 살펴보면 '스마트SMART교육'이라 지칭할 수 있다.

스마트교육은 자기주도적으로Self-directed, 흥미롭게Motivated, 학습자의 수준과 적성에 맞는Adaptive, 풍부한 자료Resource enriched와 정보기술을 활용Technology embedded하여 이루어지는 교육이라 할 수 있다(교육과학기술부, 2011).

자기주도적Self-directed으로 이루어지는 교육은 언제 어디서나 학습자가 스스로 필요한 학습이 적시에 이루어질 수 있도록 지원하는 학습체제를 의미한다. 학습자는 지식정보를 소비하는 수용자에서 지식정보를 적극적으로 생성하는 생산자의 역할, 교수자는 지식전달자에서 학습자의 학습을 촉진, 안내, 조력하는 역할을 해야 한다는 것이다.

흥미롭게Motivated 이루어지는 교육은 교사 주도의 강의식 교수학습방법에서 탈피하여 모바일 무선인터넷 학습환경에서 학습자와 교수자가 다양한 방식으로 소통하고 협력하여 지식을 구성하고 체험과 경험을 바탕으로 문제를 해결할 수 있는 학습체제를 의미한다. 이는 다양한 교수학습방법의 구현이라 할 수 있으며, 학습내용에 따라 온라인 학습전략과 오프라인 학습전략을 적절하게 활용할 뿐만 아니라 교실 안과 밖의 다양한 학습환경, 다양한 매체를 통합적으로 활용함으로써 학습자의 학습을 보다 다양하고 흥미롭게 이끌 수 있도록 하는 것을 의미한다.

학습자의 수준과 적성에 맞는Adaptive 교육은 학습자의 선호도와 인지적 또는 정의적 수준에 따라 개별화되고 맞춤화되는 학습체제를 의미한다. 스마트미디어는 학습자의 수준과 적성에 부합하는 다양한 유형의 콘텐츠를 제공할 수 있을 뿐만 아니라 학습자가 원하는 다양한 장소에서 학습자의 상황맥락에 부합하는 학습이 이루어짐으로써 교육역량을 극대화할 수 있다는 것을 의미한다.

풍부한 자료Resource enriched를 활용한 교육은 클라우드 교육 서비스를 기반으로 공공기관, 민간 및 개인이 개발한 풍부한 콘텐츠를 자유롭게 활용할 수 있는 학습제체를 의미한다. 집단지성과 소셜러닝 등을 활용한 국내외 학습자원의 공동 활용과 협력학습 기반이 확대된 교육을 의미하며, 보고 듣는 수준의 콘텐츠를 넘어서서 만지고, 느끼고 체험함으로써 보다 의미 있는 학습이 이루어질 수 있도록 하는 환경이라 할 수 있다.

정보기술을 활용Technology embedded하여 이루어지는 교육은 교실이라는 물리적 공간을 넘어서 학교 밖, 예를 들어 박물관, 일터, 지역

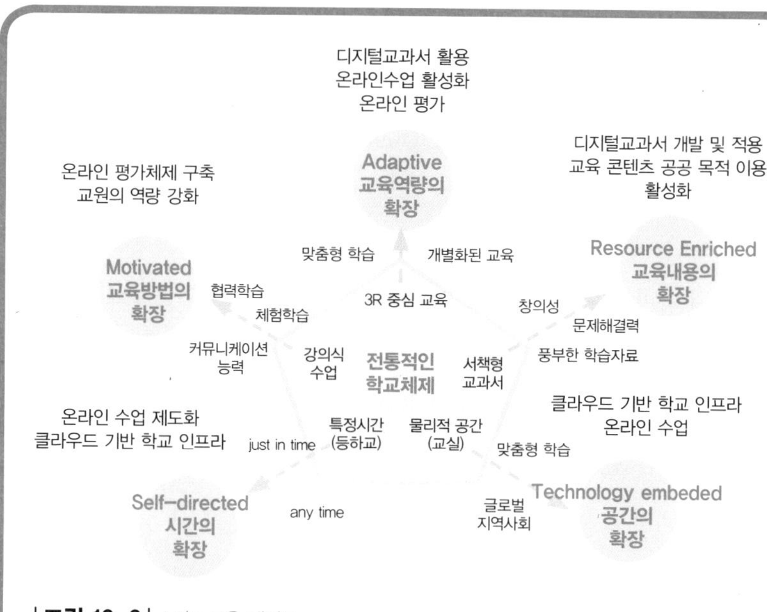

| 그림 10-3 | 스마트교육 개념도

출처 : 교육과학기술부(2011), 〈스마트교육 추진 전략 실행계획〉

사회, 이동하는 공간 등 어디서나 배움이 이루어지는 공간으로 확대된 학습체제를 의미한다. 정보기술은 언제 어디서나 학습이 이루어질 수 있고 학습 선택권이 최대한 보장되는 교육환경의 제공을 의미하는 것이라 할 수 있다.

스마트미디어를 활용한 스마트교육의 특성: 스마트교육의 정의를 중심으로

그렇다면 스마트교육은 스마트기기와 기술을 활용하는 교수학습인가? 교육계에서 스마트교육에 대한 해석은 학자들마다의 관점에 따라 다양하게 논의되고 있지만, 스마트교육이 단순히 스마트기기와 기술을 활용하는 교수학습방법이 아니라 교육 혁신을 위한 새로운 교육 패러다임이라는 것에는 어느 정도 공통된 견해를 보이고 있다. 스마트교육이 실질적으로 이루어지기 위해서는 스마트교육의 개념적 본질을 한 번쯤은 되짚고 넘어갈 필요가 있다. 스마트교육에 대한 개념의 혼란과 부재는 스마트교육에 대한 잘못된 이해와 편견을 낳게 할 수 있으며, 향후 관련 연구나 교육의 발전에 부정적 영향을 미칠 우려가 있기 때문이다(임병노 · 임정훈 · 성은모, 2013). 이에 스마트교육에 대한 다양한 개념을 살펴보면 다음과 같다.

국내에서 스마트교육이라는 용어가 본격적으로 사용되기 전에 유사한 개념으로 스마트러닝Smart Learning이라는 용어가 2010년부터 학자들 사이에 사용되기 시작하였다. 스마트러닝이나 스마트교육은 모바일 인터넷의 광범위한 보급과 스마트기기의 확산과 함께 최근에 등장한 용어이다. 스마트러닝 또는 스마트교육의 '스마트'라는 용어는 어떤 관점으로 보느냐에 따라 그 의미가 달라질 수밖에 없다. 곽덕훈(2010)은 스마트러닝에 관한 논의가 시작되던 초창기 때 "학습자들의 다양한 학습형태와 능력을 고려하고 사고력, 소통능력, 문제해결능력을 높이며, 협력학습과 개별학습을 위한 기회를 창출하여 학습을 보다 즐겁게 만드는 학습으로서 사람과 콘텐츠에 기반을 둔 ICT 기반의 효과적인 학습자 중심의 지능형 맞춤학습"으로 스마트러닝을 정의하였다. 이수희(2010)는 기술적 측면을 강조하면서 스마트러닝이란 "스마트 기술을 학습에 이용하는 차별화된 학습 서비스로 스마트폰 및 스마트미디어에 내장된 센서와 애플리케이션을 이용하여 학습자의 현실감과 몰입감을 증대시키며 놀이와 학습의 경계를 무의미하게 함으로써 학습자의 인지능력과 창조적 사고를 증대시키는 학습형태"라고 하였다.

2011년 이후부터는 스마트러닝의 개념을 규정하는 데 있어서 교육적 관점이 많이 반영되는 경향이 나타나고 있다. 특히, 2011년 당시 교육과학기술부에서는 스마트러닝보다 스마트교육이라는 용어를 사용하면서 스마트교육 추진전략을 발표하였는데, 여기서 스마트교육을 "정보통신기술과 이를 기반으로 한 네트워크 자원을 학교교육에 효과적으로 활용하여 교육내용, 교육방법, 교육평가, 교육환경 등 교육체제를 혁신함으로써 모든 학생이 글로벌 리더가 될 수 있도록 재능을 발굴, 육성하는 21세기 교육 패러다임"이라고 정의하였다. 또한 한국교육학술정보원에서는 스마트교육의 개념을 "21세기 지식정보화 사회에서 요구되는 새로운 교육방법Pedagogy, 교육과정Curriculum, 평가Assesement, 교사Teachers 등 교육체제 전반의 변화를 이끌기 위한 지능형 맞춤 교수-학습 지원체제, 최상의 통신 환경을 기반으로 인간을 중심으로 한 소셜러닝social learning과 맞춤형 학습adaptive learning을 접목한 학습형태"로 규정하였다. 이러한 교육과 학습의 특성을 보다 강조하면서 임정훈(2011)은 스마트러닝의 개념을 규정하는 데 있어서 지능적, 적응적 스마트기기를 활용하면서도 "학습자 개개인이 수준별, 맞춤형 개별 학습과 소셜네트워크에 기반한 협력학습을 통해 이론적, 체계적인 형식학습과 실천적, 맥락적인 비형식 학습을 수행함으로써 학습 성과를 최적화하기 위한 학습체제"라고 하여 학습의 측면을 강조하는 개념을 제안하였다. 그 이후의 스마트러닝 혹은 스마트교육의 개념 정의에서도 "수직적이고 일방적인 전통적인 교수, 학습방식을 수평적, 쌍방향적, 참여적, 지능적, 그리고 상호작용적인 방식으로 전환하여 학습의 효과를 높이고자 하는 총체적인 접근"(임희석, 2011) 등 자기주도적인 학습환경, 교수학습에서의 상호작용 같은 교육적 측면을 강조하는 경향이 강하게 나타나고 있다. 강인애 · 임병노 · 박정영(2012)의 경우에는 "스마트기기 및 소셜미디어를 활용하여 학습에서의 상호작용을 극대화한 학습으로서 형식학습과 비형식학습의 융합, 강화된 실재감, 학습의 외연적 확대, 앱 기반의 다양한 학습활동이 이루어지는 학습환경"으로 정의함으로써 테크놀로지의 측면과 교육적 측면을 함께 강조하는 모습을 보이고 있기도 하다. 최근 기존의 스마트러닝 또는 스마트교육의 개념을 종합 정리하고 스마트미디어가 갖는 핵심적 속성에 기반을 둔 스마트교육의 개념을 제시한 임병노 · 임정훈 · 성은모(2013)의 경우에는 "적절한 스마트기기와 정보통신기술을 활용하여 지식과 정보, 각종 네트워크에의 상시적 접근을 통하여 협력적 상호

|표 10-1| 스마트러닝, 스마트교육에 대한 다양한 개념 정의

연구자	개념 정의
강인애, 임병노, 박정영 (2012)	스마트기기 및 소셜미디어를 활용하여 학습에서의 상호작용을 극대화한 학습으로서 형식학습과 비형식학습의 융합, 강화된 실재감, 학습의 외연적 확대, 앱 기반의 다양한 학습활동이 이루어지는 학습환경.
곽덕훈 (2010)	학습자들의 다양한 학습형태와 능력을 고려하고 학습자의 사고력 소통능력, 문제해결능력 등의 개발을 높이며 협력학습과 개별학습을 위한 기회를 창출하여 학습을 보다 즐겁게 만드는 학습으로서 장치보다 사람과 콘텐츠에 기반을 둔 발전된 ICT 기반의 효과적인 학습자 중심의 지능형 맞춤학습.
교육과학기술부 (2011)	정보통신기술과 이를 기반으로 한 네트워크 자원을 학교교육에 효과적으로 활용하여 교육내용, 교육방법, 교육평가, 교육환경 등 교육체제를 혁신함으로써 모든 학생이 글로벌 리더가 될 수 있도록 재능을 발굴, 육성하는 21세기 교육 패러다임.
이수희 (2010)	스마트 기술을 학습에 이용하는 차별화된 학습 서비스로 스마트폰 및 스마트 미디어에 내장된 센서와 애플리케이션을 이용하여 학습자의 현실감과 몰입감을 증대시키며 놀이와 학습의 경계를 무의미하게 함으로써 학습자의 인지능력과 창조적 사고를 증대시키는 학습형태.
임병노, 임정훈, 성은모 (2013)	적절한 스마트기기와 정보통신기술을 활용하여 지식과 정보, 각종 네트워크에의 상시적 접근을 통하여 협력적 상호작용, 지능적 맞춤화, 자기주도적 지식구성이 가능한 교수학습체제.
임정훈 (2011)	지능적, 적응적 스마트 기능을 갖춘 집단 첨단 정보통신 기술 기반의 모바일 기기를 활용하여 학습자 개개인이 수준별, 맞춤형 개별 학습과 소셜네트워크에 기반한 협력학습을 통해 이론적, 체계적인 형식학습과 실천적, 맥락적인 비형식 학습을 수행함으로써 학습 성과를 최적화하기 위한 학습체제.
임희석 (2011)	학습자-학습자, 학습자-교수자, 학습자-콘텐츠 간의 소통(communication), 협력(collaboration), 참여(participation), 개방, 공유 기능이 가능하도록 하는 ICT 기술을 활용하여 수직적이고 일방적인 전통적인 교수, 학습방식을 수평적, 쌍방향적, 참여적, 지능적, 그리고 상호작용적인 방식으로 전환하여 학습의 효과를 높이고자 하는 총체적인 접근.
한국교육학술정보원 (2011)	21세기 지식정보화 사회에서 요구되는 새로운 교육방법(Pedagogy), 교육과정(Curriculum), 평가(Assesment), 교사(Teachers) 등 교육체제 전반의 변화를 이끌기 위한 지능형 맞춤 교수-학습 지원체제. 최상의 통신 환경을 기반으로 인간을 중심으로 한 소셜러닝(social learning)과 맞춤형 학습(adaptive learning)을 접목한 학습형태.
종합	스마트미디어가 가지고 있는 매체의 속성 및 기술적 특성을 활용하여 학습자의 상황맥락에 부합하는 맞춤형 학습이 언제, 어디서나 적시에 이루어질 수 있도록 계획적으로 지원하는 교육지원체제.

작용, 지능적 맞춤화, 자기주도적 지식구성이 가능한 교수학습체제"로 정의함으로써 스마트기기와 정보통신기술이 제공하는 교육적 가능성을 지원하는 하나의 학습체제를 개념화하는 모습을 보이고 있다.

지금까지 연구자들에 의해 제시된 스마트러닝 및 스마트교육의 개념들을 바탕으로 스마트교육을 정의해보면 "스마트교육이란 스마트미디어가 가지고 있는 매체의 속성 및 기술적 특성을 활용하여 학습자의 상황맥락에 부합하는 맞춤형 학습이 언제, 어디서나 적시에 이루어질 수 있도록 계획적으로 지원하는 교육지원체제"라 할 수 있다. 이를 종합하여 정리하면 [표 10-1]과 같이 나타낼 수 있다.

이와 같은 스마트교육은 결국 단순히 스마트미디어를 활용한 교육이 아니라 오히려 더 넓은 개념으로 스마트미디어가 가지고 있는 매체의 속성과 특성을 기반으로 교수학습내용, 교수학습자료, 교수학습방법, 그리고 교수학습환경 등을 보다 다양하게 구축하여 학습자의 수준과 맥락에 부합하는 개별화 또는 맞춤형 교육을 가능하게 하는 교육지원체제라 할 수 있을 것이다.

스마트미디어를 활용한 교육 사례

스마트미디어를 활용한 교육은 지금까지는 제한적이었거나 불가능하였던 교수학습방법을 가능하게 하였으며, 앞으로 나올 새로운 기술은 현재까지 제한적이거나 불가능한 교수학습방법을 가능하게 할 것이다.

이 장에서는 스마트미디어 기술을 활용한 몇 가지 교육 사례를 살펴봄으로써 스마트미디어 기술이 교육적으로 어떻게 활용 가능할 것인가를 살펴보도록 하겠다.

사회, 지리, 역사 교과에서의 활용 스마트기기에 통합되어 있는 기술, 즉 GPS, 카메라, 음성녹음 기능 등을 활용하여 지역사회의 현황, 자신의 위치 및 수집하고자 하는 정보의 지리적 위치, 그리고 역사 등에 대한 정보를 실제 현장에서 학습자가 수집할 수 있다. 또한 수집된 정보를 텍스트, 사진, 동영상, 음성 등의 정보로 재구성하여 스마트기기를 가지고 있는 다른 장소에 있는 학습자들에게 재전송하여 즉각 공유할 수 있다. 또한 학습자가 휴대용 기기를 지니고 지역에 설정된 학습경로learning trail를 따라 이동하면 GPS의 위치정보를 통해 해당 건축물, 유물, 지역에 대한 학습정보를 휴대용 기기를 통해 재생할 수 있을 뿐만 아니라 이를 다른 학습자들에게 실시간으로 전송하여 공유할 수 있다.

따라서 학습자들 간에 다른 시간과 다른 장소에서 스마트기기의 기술을 통하여 수집하고 재가공한 자료를 공유함으로써 협력적으로 지식의 폭을 확장시킬 수 있다.

| 그림 10-4 | GPS 기술로 현재의 위치정보 확인(위), 증강현실 기술을 활용한 문화재 정보 확인(아래)

[그림 10-4]를 보면 GPS를 활용하여 현재의 지리적 위치정보를 확인할 수 있으며, 역사 속에 사라진 문화재를 스마트기기의 증강현실 기술을 통해 보면 실물과 똑같은 문화재의 모습과 이에 대한

역사적 정보를 실시간으로 탐색할 수 있게 된다.

감성과 체험을 극대화할 수 있는 스마트미디어 기술의 활용 스마트미디어 기술의 교육적 속성을 가장 확실하게 활용할 수 있는 기능 중 하나가 감성과 체험을 극대화하는 기술의 활용이다. 기존에는 제한적이거나 불가능하였던 교육이 최신 기술을 통해 실제적으로 가능하게 되었다. 이러한 기능 중에서 가상공간과 실제 공간을 혼합하여 활용하는 증강현실 또는 혼합현실 기술을 활용한 사례를 살펴보고자 한다.

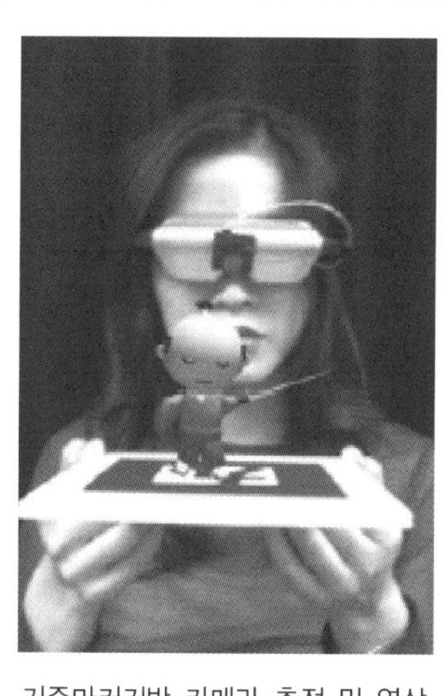

기준마커기반 카메라 추적 및 영상 정합

자연스러운 마커기반 카메라 추적 및 영상 정합

마커 없는 카메라 추적 및 영상 정합

| 그림 10-5 | 증강현실 기술의 정합방식

기존의 IT 기술들은 정보 공간과 실제 공간이 분리되어서 정보에 접근하기 위해서는 데스크탑 컴퓨터 환경과 같은 것을 통해야 했다. 그런데 실제 공간과 관련된 정보는 현실과 혼합하여 보여주는 방식이 더 유용하며 이렇게 하고자 하는 것이 혼합현실이다. 혼합현실 분야는 2007년에 《MIT 테크놀로지 리뷰》가 10대 미래 기술로 선정할 정도로 근래에 들어 각광받는 분야이다(김소미 외, 2008).

증강현실 기술은 컴퓨터 그래픽스, 상호작용 기술 등 많은 분야의 세부 기술들이 합쳐져서 이루어지며, 기준마커, 자연스러운 마커 그리고 마커 없는 카메라 추적 및 영상 정합방식으로 이루어진다고 한다.

이와 같은 증강현실 기술은 다양한 교육 분야에서 응용하여 활용할 수 있는 교육적 가능성이 매우 다양하다. 특히 시각적 체험이나 경험적 체험이 중요한 교육 분야에서 활용될 가능성이 매우 높다.

| 역사와 관련된 분야에서의 활용 | 역사는 과거의 이야기이기 때문에 과거의 실제적인 상황을 재현하여 보기란 제한적일 수밖에 없었다. 하지만 [그림 10-6]처럼 폼페이의 생활상을 가상 캐릭터와 가상 물체들로 복원하여 실제 폼페이 유적에서 스마트기기를 활용해 볼 수 있도록 한다면, 역사적 유적 현장에서 단순히 남아 있는 유적을 보는 것이 아니라 이전의 생활상과 관련된 유물이나 문화재의 역사적 정보를 동시에 확인함으로써 역사에 대한 이해를 보다 높일 수 있을 것이다.

| 그림 10-6 | 고대 폼페이 유적에서 실제 생활상을 증강현실을 통해 재현한 사례

출처 : MITALab-University of Geneva. 김소미 외(2008)에서 재인용

| 과학 분야에서의 활용 | 우리의 눈으로 볼 수 없는 미시적인 세계나 거시적인 세계를 입체적으로 제공함으로써 이해의 폭을 향상시킬 수 있다. 예를 들어 [그림 10-7]처럼 풍향의 변화에 있어서 다양한 조건으로 풍향의 변화를 살펴볼 수 있으며, 지구의 내부구조를 3차

| 그림 10-7 | 증강현실 기술을 활용한 과학 교육 사례

원의 입체로 보면서 실재감을 높임으로써 보다 쉽게 이해를 촉진시킬 수 있다.

| 의료 분야에서의 교육적 활용 | 병원에서 이루어지는 수술이나 진료의 경우는 의사의 경험의 양이 의료 서비스의 질로 이어진다. 의사의 경험치를 높이기 위해서 수술이나 진료를 증강현실을 사용해 교육하거나 시뮬레이션 하는 것에 대한 연구는 오랫동안 있어왔다. 미국 노스캐롤라이나 대학에서는 수술 시에 절개 부위를 최소화하기 위해 증강현실을 사용해 시뮬레이션 교육을 실시하였다. [그림 10-8]과 같은 연습을 통해 시행착오를 줄이고 보다 정확한 수술을 할 수 있는 교육이 가능하다.

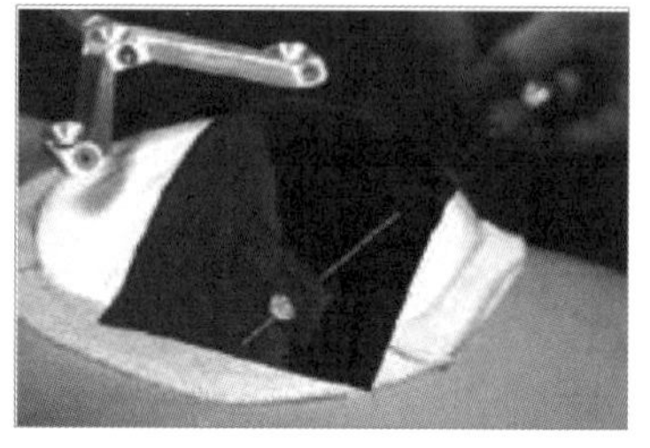

| 그림 10-8 | 증강현실을 사용한 외과 수술 시뮬레이션 교육 사례(미국 노스캐롤라이나 대학)

| 산업 교육 분야에서의 활용 | 경제적 비용 측면에서 매우 유용한 교육 방법이 될 수 있다. 예를 들어 [그림 10-9]와 같이 공장 설계 및 디

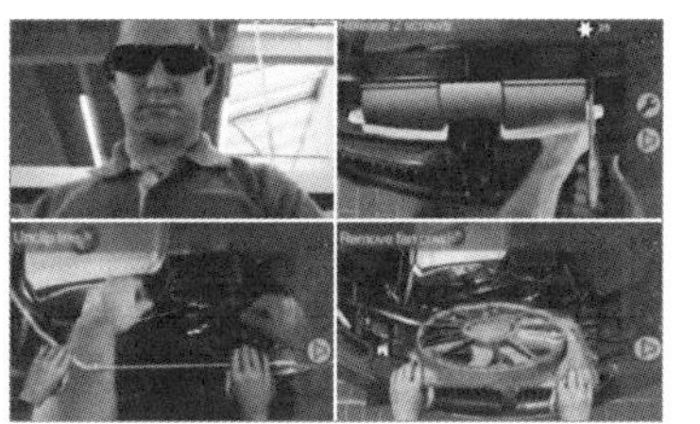

| 그림 10-9 | 다임러크라이슬러(왼쪽)와 BMW(오른쪽)의 증강현실 적용 사례

자인 과정에서 혼합현실을 적용하면 모형을 만들지 않고도 빠른 시간에 새로운 디자인을 확인할 수 있다. 미국 다임러크라이슬러나 독일의 BMW 같은 회사에서도 증강현실 기술을 이용하여 제품 설계, 교육 등에 소요되는 비용과 시간을 줄이려 시도하고 있다.

스마트미디어를 활용한 교육혁명을 기대하며

스마트미디어를 활용한 교육 패러다임의 새로운 변화는 다양한 교육 분야에서 새로운 교수학습방법의 변화를 이끌 것이다. 스마트미디어를 활용한 교육이 아닌, 보다 넓은 개념에서의 똑똑한 교육이 이루어져야 할 것이다. 이를 위해서는 스마트미디어가 가지고 있는 매체의 속성과 기술적 특성을 최대한 활용하여 다양한 교육 분야에 최적화될 수 있는 교수학습방법이 개발되어야 함을 다시 한 번 강조하지 않을 수 없다.

앞으로 새로운 기술들이 지속적으로 나올 것이며, 이러한 기술들은 교육 분야에 많은 영향을 미치게 될 것이다. 하지만 명심해야 할 것이 하나 있다. 이러한 기술에 교육이 종속되어서는 안 된다는 것이다. 교육의 본질이 인간의 행복한 삶을 살아갈 수 있도록 돕는 것임을 상기한다면, 기술은 인간의 행복한 삶을 살아갈 수 있도록 도와주는 방향으로 나아가야 할 것이다. 매체 자체가 교육의 효과성을 보장하지는 않지만, 매체가 가지고 있는 속성을 잘 활용한다면 교육의 효과성을 최적화시킬 수 있을 것이다. 스마트미디어를 활용한 교육혁명은 어쩌면 이를 활용하는 우리들의 마음속에 이미 있는 것일지도 모를 일이다.

스마트미디어와 정보격차

CHAP 11

스마트폰의 보급은 한편으로 정치적 표현의 확대와 디지털 사회참여의 일상화를 가능하게 하지만, 다른 한편으로 적극적·자발적 참여자와 소극적·비자발적 참여자 간의 사회적 불평등 구조를 재생산해낼 수도 있다. 따라서 최근 스마트 모바일 환경에서 더욱 복잡하고 다양한 형태로 나타나고 있는 정보격차 문제를 해결하는 것은 이용자 개인 차원의 욕구충족과 자아실현은 물론, 계층 간 갈등과 불평등 해소를 통한 사회통합 및 국민들의 삶의 질 향상과 같은 사회복지의 실현 등 국가적 차원에서도 대단히 중요하고 시급한 정책과제라고 할 수 있다.

2009년 11월 아이폰이 국내에 소개된 이후 우리 사회 각 분야의 패러다임 변화를 선도하는 키워드로 '스마트'를 꼽는 데 주저할 사람은 많지 않을 것이다. 혹자는 우리 사회가 정보화사회를 넘어서 스마트서비스, 스마트워크, 스마트라이프의 확산이 가시화되는 스마트사회로의 진입이 시작되었다고 말한다(김성태, 2013).

정부 또한 "스마트 기술·플랫폼이 방송통신 영역뿐만 아니라 의료·자동차 등 전 산업으로 확장되면서 지식과 서비스 중심의 소프트 경제사회로 전환"되고, "항상 연결된 네트워크를 통해 교육·여행·쇼핑 등 모든 일상을 손안의 스마트서비스로 시작해 스마트서비스로 완결하는 풍요로운 스마트라이프가 확산"될 것이라는 낙관적 전망을 제시한 바 있다(방송통신위원회, 2011). 여기서 스마트라이프란 "Always connected와 모바일, 그리고 스마트 단말기 등의 보급으로 이루어진 새로운 형태의 라이프스타일로서 경험, 연결, 교감을 통해 자신과 관계를 맺고 있는 수많은 것들을 모두 보듬어 안는 라이프스타일"을 의미한다(방송통신위원회, 2012, 13쪽).

이러한 설명에서 알 수 있듯이 '스마트혁명'으로 인해 도래된 스마트사회의 핵심은 스마트폰을 중심으로 한 '스마트 모바일' 이용환경의 구축이라고 할 수 있다. 위키피디아에 따르면 스마트폰은 PC와 같은 기능과 더불어 다양한 애플리케이션, 이메일, 지도 검색, 증강현실 등 고급 기능을 제공하는 휴대전화 혹은 휴대전화 기능을 갖춘 소형 컴퓨터로 정의할 수 있다. 스마트폰을 비롯한 스마트 모바일 디바이스는 일반 PC에 준하는 업무처리능력을 보유하고 있고, 모바일 인터넷을 이용하여 실시간 정보 검색 및 획득이 가능하며, 일반 PC에 비해 상대적으로 디바이스의 크기가 작아 언제, 어디서나 이용 가능하기 때문에 이용자들의 선호가 급증하고 있다(이준호, 2010).[1] 미국의 시장조사기관인 스트래티지 애널리스틱스SA가 최근 발표한 보고서를 보면, 2012년 한국의 스마트폰 보급률은 67.6%로 세계에서 가장 높은 것으로 조사되었다. 즉 인구 100명당 67대의 스마트폰이 보급되었다는 것으로 2008년 0.9%에서 74배나 급성장한 것이다. 한국의 스마트폰 보급률은 세계 평균인 14.8%보다 4.6배 높으며 2위를 차지한 노르웨이(55%)나 일본(39.9%), 그리고 미국(39.8%)보다도 앞선다(전병역, 2013. 6. 25).

앞서 언급했듯이 많은 전문가들은 스마트폰의 급속한 확산에 따라 스마트 기술을 기반으로 콘텐츠 및 소프트웨어와 서비스 산업과 같은 고부가가치 산업이 주도하는 스마트경제로의 전환, 정치·경제·사회·문화적으로 언제, 어디서나 다양한 소통과 참여가 가능한 '스마트 모바일 사회'의 도래를 전망하고 있다. 그러나 문제는 이러한 스마트경제 혹은 스마트 모바일 사회가 제공하는 기회와 혜택이 모든 이용자들에게 공평하게 배분되지 않는다는 것이다. 최근 진행된 미디어 이용과 관련된 다양한 실태조사와 연구결과 등을 보면, 각종 스마트미디어와 서비스에 대한 접근과 이용, 그리고 사회적 활용에 있어서 성별, 학력, 소득, 직업, 거주지역 등 소위 사회경제적 계층요인SES에 따른 이용자 간 정보격차digital divide 현상이 여전히 존재하는 것으로 나타났다(고삼석, 2011; 박종현, 2011; 이원태·김춘식·고삼석·신호철, 2012; 한국정보화진흥원, 2012).

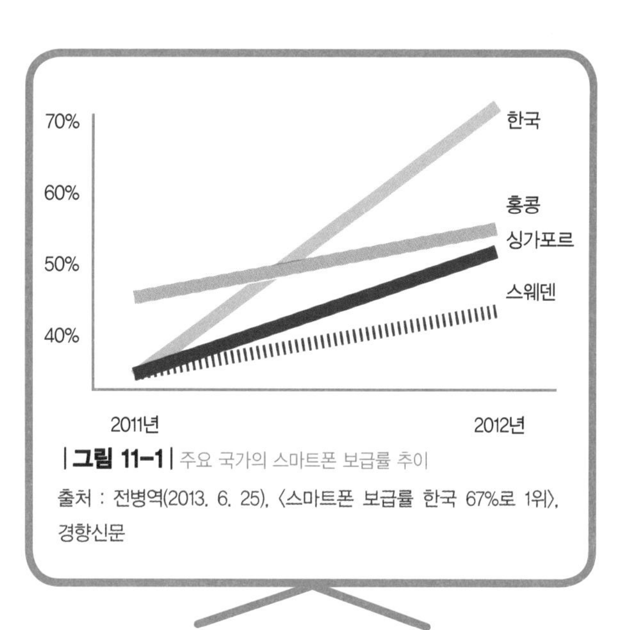

| 그림 11-1 | 주요 국가의 스마트폰 보급률 추이

출처 : 전병역(2013. 6. 25). 〈스마트폰 보급률 한국 67%로 1위〉. 경향신문

정보격차가 장기적으로 확대될 것이라고 보는 계층화 모델stratification model을 제시한 노리스(Norris, 2001/2007)에 따르면 초기 디지털 신기술을 이용하는 집단은 이를 이용하여 자신의 경제적 이익을 보다 강화함으로써 부유층은 더욱 부유하게 되고, 그렇지 못한 빈곤 계층은 더욱 소외되고 낙후됨으로써 장기적으로 사회계층 간

정보격차가 더욱 확대된다고 설명하였다. 특히 최근 스마트폰 확산에 따른 이용자들의 사회정치적 참여 양태를 보면, 이러한 현상은 더욱 두드러진다. 스마트폰의 보급은 한편으로 정치적 표현의 확대와 디지털 사회참여의 일상화를 가능하게 하지만, 다른 한편으로 적극적·자발적 참여자와 소극적·비자발적 참여자 간의 사회적 불평등 구조를 재생산해낼 수도 있다. 다시 말해 스마트폰의 사회적 확산에 따라 나타나고 있는 모바일 격차가 이용자와 비이용자 간, 혹은 이용자 집단 내에서 접근 및 활용격차뿐만 아니라 사회정치적 참여의 질 자체에도 영향을 미쳐 이용자들 간의 정치적·사회적 혜택구조를 불균등하게 만들 수 있다(이원태 외, 2012). 따라서 최근 스마트 모바일 환경에서 더욱 복잡하고 다양한 형태로 나타나고 있는 정보격차 문제를 해결하는 것은 이용자 개인 차원의 욕구충족과 자아실현은 물론, 계층 간 갈등과 불평등 해소를 통한 사회통합 및 국민들의 삶의 질 향상과 같은 사회복지의 실현 등 국가적 차원에서도 대단히 중요하고 시급한 정책과제라고 할 수 있다.

정보격차 개념과 유형[2]

언론학의 관점에서 보면 최근 논의되고 있는 PC와 인터넷 확산에 따른 정보격차, 스마트폰 등 스마트 모바일 디바이스의 등장에 따른 모바일 격차mobile divide에 관한 논의는 1970년대 미디어 효과

연구의 연장선상에서 등장한 지식격차 확대 가설에 그 뿌리를 두고 있다고 할 수 있다. 즉, 매스미디어의 차별적인 영향에 대해 논리적인 설명을 시도한 연구에서 지식격차knowledge gap라는 개념이 도입된 이후 이 가설에 바탕을 둔 관련 연구는 지식의 불평등knowledge inequality 혹은 정보 불평등information inequity, 정보격차 등 여러 가지 개념들이 제시되면서 진행되었다. 개념의 다양성에도 불구하고 이러한 연구들은 근본적으로 동일한 현상에 대한 문제의식에서 시작되었다고 볼 수 있다. 그것은 한 사회의 정보 내지 커뮤니케이션의 유용성은 이를 많이 가진 집단과 적게 가진 집단으로 구별되며, 특히 보다 많은 정보를 가지고 있거나 커뮤니케이션이 가능할 경우 정보의 부익부 빈익빈 현상이 초래된다는 것이었다(고삼석, 2011; Hwang & Jeong, 2009; Tichenor, Donohue, & Olien, 1970).

정보격차란 사회경제적 요인에 의해 발생하는 정보의 불평등한

'정보격차' 용어의 유래

정보격차를 의미하는 용어로 'digital divide'가 최초로 사용된 것은 1995년 《뉴욕타임스》의 저널리스트인 폴(G. A. Pole)이 쓴 Schoolnet Programs 관련 기사에서였다. 1996년 《LA타임스》에서도 〈일상생활에서의 정보격차: 새로운 기술을 사용하는 사람과 그렇지 않은 사람의 사회적 차이〉라는 칼럼을 통해 'digital divide'를 언급한 바 있다. 'digital divide'라는 용어가 정책적 용어로 보편화된 것은 1995년 7월 미국 상무성 산하 NTIA(National Telecommunications and Information Administration)에 의해 작성된 〈Falling through the net: A survey of the have nots in rural and urban America〉에서 사용되면서부터이다.

접근이나 이용으로 규정할 수 있는데, 경제적·문화적·기능적 조건의 차이에 따라 정보매체 및 정보 서비스에 대한 접근과 이용에 있어서 나타나는 집단(계층) 간의 불평등한 사회적 관계라고 정의내릴 수 있다(Compaine, 2001). 다른 차원에서 보면 정보의 소유 유무에 따른 분류, 즉 정보격차를 말 그대로 정보를 가진 자haves와 정보를 가지지 못한 자have-nots 사이에 벌어지는 격차로 정의하는 사례도 연구자들 사이에서 흔히 발견하게 된다. 종합해보면, 정보격차란 지식정보사회 혹은 디지털 컨버전스 사회에서 경쟁력의 원천인 정보와 관련하여 한 사회 내에서 가치 있는 정보에 접근할 수 있고, 이를 더 많이 보유하고 있을 뿐만 아니라, 정보의 활용능력도 뛰어난 집단과 그렇지 못한 집단 사이에서 발생하는 다양한 격차 현상이라고 정의할 수 있을 것이다(고삼석, 2011).

일반적으로 정보격차에 관한 연구들은 미디어 이용자들의 성, 연령, 소득 및 교육수준과 같은 사회경제적 계층요인을 정보격차를 유발시키는 핵심적인 요인으로 보고 있다. 여성에 비해 남성이, 노년층에 비해 젊은 층이, 그리고 소득 및 교육수준이 높을수록, 농어촌보다는 도시지역 거주민이 정보의 인식, 정보의 접근, 정보의 활용 및 그에 따른 만족 또한 높게 나타난다는 것이 주된 연구결과이다. 이러한 연구결과는 정보격차가 사회계층의 문제, 즉 사회구조적 차원의 격차 내지 불평등 문제와 밀접하게 연관되어 있다는 것을 의미한다(양승목·송호근·조권중, 2002). 여기서 주목해야 할 부분은 사회구조적 요인에 의해 발생되는 정보격차가 다시 불평등한 사회구조를

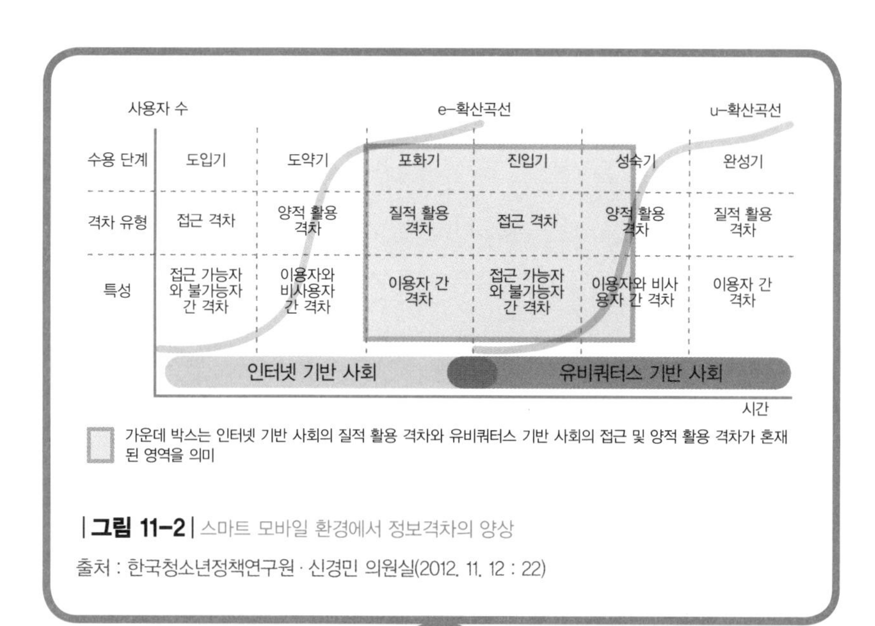

| 그림 11-2 | 스마트 모바일 환경에서 정보격차의 양상

출처 : 한국청소년정책연구원 · 신경민 의원실(2012. 11. 12 : 22)

확대 재생산한다는 점이다. 정보격차로부터 비롯되는 정보불평등은 한 사회 내에서 지위와 권력, 소득과 같은 사회적 가치와 자원의 배분에 있어서 편향을 초래하고 궁극적으로 불평등한 사회구조를 고착화 또는 더욱 심화시키기 때문이다.

정보격차를 유발하는 변인의 다양성과 더불어, 그것의 양상 또한 매우 '복잡하면서도 역동적인 현상'(van Dijk & Hacker, 2003)으로 전개된다고 할 수 있다. 몰라(Molnar, 2003)는 정보격차의 문제의식이 기술적으로 인터넷에 '접속할 수 있는가/없는가'에 대한 질문으로부터 시작하여 '인터넷을 이용하는가/하지 않는가'로, 더 나아가 온라인에서 '무엇을 하는가'라는 질문으로 옮겨가고 있다고 주장하였다.

[그림 11-2]의 e-확산곡선에서 보듯이 그는 ICT의 확산시기에 따른 정보격차의 양상과 관련하여 초기 도입기에는 접속할 수 있는 사람과 그렇지 않은 사람 간의 접근격차access divide가, 도약기에는 사용자와 비사용자 간의 이용격차usage divide가, 그리고 마지막으로 포화기에는 사용자 간 이용의 질적 차이에 의한 격차divide stemming from the quality of use가 존재한다고 보았다.

그러나 스마트 모바일 현상이 거대한 트렌드를 형성한 현대사회에서 기술혁신의 폭과 속도를 고려한다면 새로운 테크놀러지가 등장함에 따라 정보격차가 반복, 누적되는 현상이 발견되면서 훨씬 복잡한 양상을 보여주고 있다. 단적인 사례로 스마트폰의 급속한 보급, 확산에 따라 기존 유선 인터넷 기반의 정보격차가 모바일 인터넷 환경에서의 정보격차, 즉 모바일 격차로 확대되고 있는 상황을 들 수 있다. 유선 인터넷 기반 사회에서의 e-기술 확산곡선 상 포화기에 나타나는 질적 활용 격차와 모바일 혹은 유비쿼터스 인터넷 기반 사회에서의 u-기술 확산곡선 상 진입기·성숙기에 나타나는 접근 및 양적 활용 격차가 중첩되어 나타나고 있는 것이다(한국정보화진흥원, 2009). 이러한 양상은 정보화 단계와는 달리 스마트 모바일 환경에서의 정보격차 현상이 단선적·평면적으로 전개되는 것이 아니라, 다양한 층위에서 복합적으로 나타난다는 것을 의미한다.

최근 모바일 격차 문제가 특별히 주목받고 있는 이유 가운데 하나는 스마트폰과 SNS의 확산에 따라 이들 기기와 서비스가 사회정치적 참여 및 영향력 행사의 중요한 수단이자 통로로 활용되고 있기 때문이다. 즉 스마트폰이 모바일 인터넷을 기반으로 하는 트위터, 페이스북 등 SNS와 결합되면서 온-오프라인에서 다른 이용자들과 관계를 맺고 실시간으로 대화하는 쌍방향 커뮤니케이션의 대표적인 매체로 위상을 확립하였다고 볼 수 있다. 이러한 매체적 특징은 미디어에 대한 이용자의 통제성을 보다 증대시키고, 모바일 미디어를 이용한 사회적·정치적 참여행위를 더욱 용이하게 만들어주었다. 특히 정치적 측면에서 보면, 미디어 간 경계와 시공간의 제약이 사라짐에 따라 정치정보의 습득과 공유, 정치적 의견 표출 등 그 방식이 훨씬 자유로워지고 궁극적으로 온-오프라인 상의 정치참여가 더욱 활성화될 것으로 기대되고 있다.

그러나 스마트폰과 모바일 SNS를 활용한 새로운 형태의 참여일수록 스마트폰과 SNS를 활발하게 사용하는 계층과 그렇지 못한 계층 간의 모바일 격차 혹은 참여격차participation divide가 확대될 가능성이 크다고 할 수 있다. 앞서 살펴보았듯이 스마트폰 이용에 있어서 격차 문제는 PC와 인터넷 부문의 정보격차 양상과 달리, 스마트폰 이용자와 비이용자 간 접근격차에 대한 논의보다는 스마트폰 이용자 간의 활용에 따른 격차가 크게 부각되고 있다. 스마트폰이 정치참여를 촉진하는 긍정적 역할을 한다고 하더라도, 그것의 채택과 이용 과정에서 이용자들의 모바일 미디어 및 각종 서비스 활용능력, 이용동기, 사회경제적 지위에 따른 격차가 발생한다면, 특정 계층과 이용자의 정치적 참여와 정치적 영향력만을 극대화시키는 결과를 초래하게 될 것이다(금희조·조재호, 2011).

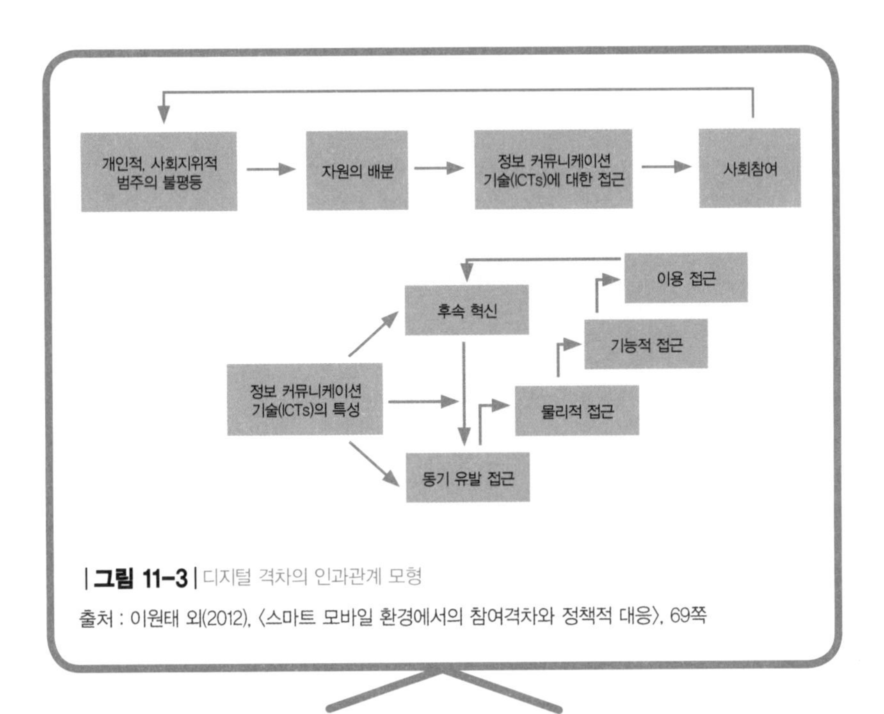

| 그림 11-3 | 디지털 격차의 인과관계 모형

출처 : 이원태 외(2012), 〈스마트 모바일 환경에서의 참여격차와 정책적 대응〉, 69쪽

정치적 참여 기회와 영향력에 있어서의 불균형 문제는 사회정치적 불평등 논란으로 전이될 수 있으며, '참여하는 자'와 '배제되는 자' 간의 불신과 갈등은 사회정치적 양극화를 확대시키고, 궁극적으로 사회통합과 민주주의 발전을 저해하는 요인으로 작용할 가능성이 매우 크다고 하겠다. 이러한 측면에 주목한 이원태 등(2012)은 정보불평등의 인과관계(그림 11-3)에서는 참여격차가 정보격차의 최종적 심급에 해당하는 격차라고 지적하면서, 이러한 참여격차는 권력구조의 변화와도 직결될 수 있기 때문에 정보불평등 문제에 대한 제도적 해결까지 포괄하는 매우 중요한 이슈라고 주장하였다.

스마트폰 이용과 정보격차 현황

스마트폰 도입을 시작으로 각종 스마트 모바일 기기의 급속한 보급에 따라 우리 사회의 풍속도가 급격하게 변화하고 있다. 스마트폰 이용자들은 음성통화와 문자전송, 이메일은 물론, 뉴스와 동영상의 이용, 게임, 모바일뱅킹, 예약 및 발권 등 일반 휴대폰에 비해 훨씬 다양한 각종 정보와 서비스 이용행태를 보여주고 있다. 그러나 문제는 아래 박스에 소개된 신문기사에서 보듯이 스마트폰의 경우 단순한 접근(소유 여부)뿐만 아니라, 스마트폰의 기능을 얼마나 '스마트하게' 이용하느냐에 따라 활용에 있어서의 격차가 나타날 수 있다는 것이다.

정부가 매년 실시하고 있는 PC와 인터넷 부문의 정보격차 실태조사 결과에 따르면 일반 국민과 장애인·노령자·저소득층·농어민 등 사회적 취약계층의 정보화 수준을 비교했을 때, 하드웨어에 대한 접근의 격차는 현저하게 감소되고 있으나 정보기기의 사용능력, 양

스마트폰이나 인터넷의 편리함이 일상생활 곳곳에 녹아들었지만 IT의 혜택이 오히려 불편한 노인들도 생겨나고 있다. (중략) 좌석은 한정돼 있는데 젊은이들이 스마트폰을 이용해 기차표를 쉽게 예매하다 보니 노인들이 표를 사기 어려워진 것이다. 예매한 젊은이들이 탑승장으로 빠져나가는 동안 (노인들은) 하염없이 시계만 쳐다봤다.

—이용상, 〈노인을 위한 정보화 사회는 없다〉, 국민일보 인터넷판, 2013. 6. 24

적 활용 및 일상생활 도움 정도로 측정된 질적 활용에 있어서는 정보격차가 여전히 큰 것으로 나타났다(한국정보화진흥원, 2012; 2013).

2011년 조사부터는 스마트폰의 급격한 확산으로 인한 모바일 환경의 본격적인 도래에 맞춰 '모바일 격차지수'를 시범적으로 산출하고 있다. 가장 최근에 발표된 2012년 정보격차 실태조사 결과를 보면(그림 11-4), 일반 국민 대비 4대 소외계층의 모바일 정보화 수준은 일반 국민의 27.8%로 PC 기반 유선 인터넷의 기본적 이용을 중심으로 조사된 기존 정보화 수준(74.0%)에 비해 크게 저조한 것으로 나타났다.[3] 특히 일반 국민 대비 소외계층의 모바일 정보화 수준은 접근 · 역량 · 활용 등 모든 부문에서 PC 기반 기존 정보화 수준을 크게 밑도는 것으로 나타났다. 소외계층별 일반 국민 대비 모바일 정보화 수준은 저소득층 46.1%, 장애인 30.2%, 농어민 25.3%, 장노년층 22%로 저연령 및 학생들이 상대적으로 많은 저소득층이 가장 높게 나타났다.

소외계층별로 스마트폰을 이용하지 않는 이유를 분석한 결과, 장애인 · 저소득층 · 장노년층에서는 '구입비 및 이용비용의 부담'이, 농어민에서는 '스마트폰으로 무엇을 할 수 있는지 모름'이 주된 이유로 조사되었다. 집단 특성상, '신체적 제약으로 인한 이용 어려움'을 스마트폰 비이용의 주된 이유로 꼽는 비율은 장애인 계층에서 가장 높게 나타났다(한국정보화진흥원, 2013).[4]

김호기(2011)에 따르면 스마트폰이 빠르게 확산되고 대중화되면서 스마트폰에 대한 접근격차는 많은 부분 해소될 수 있지만, 활용 및

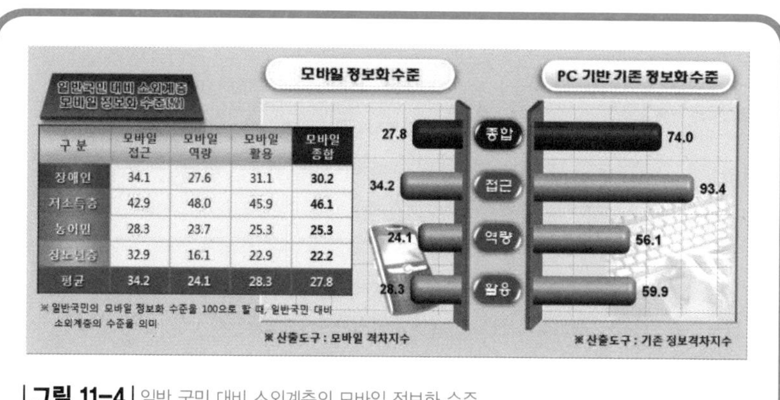
일반국민 대비 소외계층 모바일 정보화 수준(%)

구 분	모바일 접근	모바일 역량	모바일 활용	모바일 종합
장애인	34.1	27.6	31.1	30.2
저소득층	42.9	48.0	45.9	46.1
농어민	28.3	23.7	25.3	25.3
장노년층	32.9	16.1	22.9	22.2
평균	34.2	24.1	28.3	27.8

※ 일반국민의 모바일 정보화 수준을 100으로 할 때, 일반국민 대비 소외계층의 수준을 의미

| 그림 11-4 | 일반 국민 대비 소외계층의 모바일 정보화 수준

출처 : 한국정보화진흥원(2013), 〈2012 신 디지털격차 현황 분석 및 제언〉, 22쪽

의식 격차는 상당 시간 지속될 가능성이 있기 때문에 스마트폰의 적극적 사용자와 소극적 사용자 사이의 '집단 내intra-group 분할'에 보다 주목해야 한다. 스마트폰 이용에 있어서 나타나는 모바일 격차는 보유 여부로 결정되는 단순한 과정이 아니라, '어떻게 이용하는가'와 결부되어 있는 복잡한 현상이라고 할 수 있다. 특히 스마트폰이 개인에게 최적화된 미디어personal media라는 점에서 동일한 스마트폰 이용자라 할지라도 이용자 개개인이 사용하는 애플리케이션이나 사회적 네트워크 방식에 따라 격차가 발생하게 된다. 때문에 스마트폰의 이용행태 및 이용의 성과는 개인별, 집단별로 많은 차이를 보여주고 있다. [그림 11-5]를 보면, 트위터 이용자의 각종 온라인 사회활동이 일반 인터넷 이용자의 경우보다 2~3배 이상 더 활발한

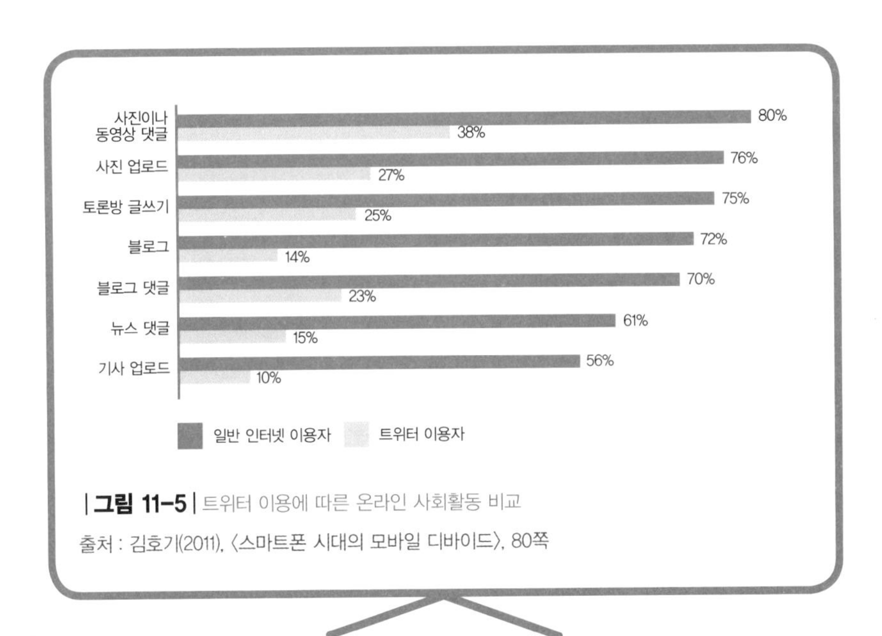

| 그림 11-5 | 트위터 이용에 따른 온라인 사회활동 비교

출처 : 김호기(2011), 〈스마트폰 시대의 모바일 디바이드〉, 80쪽

것을 알 수 있다. 특히 기사 업로드, 뉴스 댓글, 블로그 운영, 블로그 댓글 등 참여적 활동에 있어서 일반 인터넷 이용자와 트위터 이용자 간에 큰 격차가 발견된다.

정보격차의 연구 초점을 접근격차에서 참여격차로 전환하는 데 결정적 역할을 한 젠킨스H. Jenkins는 기술에 대한 접근성 여부가 잠재적 정보불평등을 전적으로 결정하는 것은 아니기 때문에 디지털 참여문화를 경험하는 사람과 경험하지 못한 사람 간의 참여격차가 중요한 사회문제가 될 수 있다고 보았다(이원태 외, 2012). 실제로 스마트폰 이용과 커뮤니케이션 및 정치참여 격차를 연구한 금희조·조재호(2010)에 따르면 기존에 사회정치적 관심이 많고 소셜미디어를 이용할 줄 아는 사람들의 경우 스마트폰을 이용해 정치적 커뮤니케이션을 할 가능성이 더 높은 것으로 나타났다. 반대로 스마트폰을 보유하더라도 일반 폰과 같이 음성통화와 문자메시지 위주로 이용하는 사람들의 경우 정치적 영향력이 미미한 것으로 조사되었다. 또한 스마트폰을 고려하지 않더라도 소셜미디어는 기존의 전통 미디어 혹은 정보적 인터넷 채널보다 참여의 속도와 규모를 증진시키는 데 영향이 있는 것으로 나타났다.

이원태 등(2012)도 스마트폰 이용자들 사이에서 스마트미디어 이용 및 정치참여와 관련된 격차가 어떻게 나타나는가를 실증적으로 분석하였다.[5] 연구결과를 보면, 스마트폰에 탑재된 애플리케이션 가운데 뉴스·정보 관련 애플리케이션을 애용하는 스마트폰 이용자들은 정치 관련 정보나 담론에 더 많은 관심을 갖고 있는 것으로 나타났다. 또한 정치식견[6]과 관련해서 주로 뉴스·정보 애플리케이션을 이용한다고 응답한 이들은 스스로를 정치적 식견을 갖춘 존재로 인식하는 수준이 다른 집단보다 더 높았다. 주목되는 결과는 전체적으로 스마트폰 고이용자의 정치지식 수준이 저이용자의 정치지식 수준보다 낮았다는 점이다. 뿐만 아니라 뉴스·정보 애플리케이션을 주로 이용하는 집단은 생활·오락 애플리케이션을 주로 이용하는 집단에 비해 정치정보 탐색, 정치적 의견 표명, 행동 차원의 정치참여 세 가지 유형 모두에서 적극적 참여를 하고 있는 것으로 나타났다. 이러한 연구결과는 스마트폰 보유 여부나 이용시간보다는 이용자들이 어떤 장르의 애플리케이션(생활·오락 vs. 뉴스·정보)을 더 활용하느냐, 즉 스마트폰을 어떻게 활용하느냐에 따라 이용자 간 정치적 식견, 정치 참여에 있어서 격차가 발생할 수 있다는 점을 보여주고 있다.

스마트 모바일 환경에서 정보격차 해소와 정보사회통합 정책

정보화사회를 넘어 스마트 모바일 사회로 전환되고 있는 환경 속에서 나타나고 있는 다양한 정보격차 현상은 사회적·경제적·정치적 불평등구조를 확대 재생산함으로써 사회통합의 저해는 물론, 민주주의 발전에도 부정적 영향을 미치는 장애물로 작용할 가능성이 농후하다. 이에 따라 협소한 의미의 정보격차 해소 정책을 뛰어넘어 디지털 사회통합digital inclusion 혹은 e-inclusion 차원에서 각종 스마트 모바일 기술과 서비스에 대한 이용자들의 이용능력을 향상시키고, 디지털 시민으로서의 건강하고 바람직한 삶을 살아갈 수 있도록 지원하는 종합적인 디지털 정보복지 정책을 수립, 추진할 필요가 있다(이윤희·전미영·강재혁, 2010).

원래 '정보복지' 개념은 덴마크의 정보화 비전인 정보복지국가 개념이나 일본의 통신복지 개념에서 비롯되었는데, 정보통신 소외계층, 무관심 또는 소극적인 계층의 요구에 부응하는 네트워크 및 응용 서비스 등 정보통신서비스를 개발하여 그들을 참여시키는 것이 필요하다는 측면에서 제시되었다(서이종, 1998). 이에 따르면 정보복지는 정보의 복지화welfare of information를 의미하는 것으로서 정보사회에서 부와 권력의 원천이 되는 정보와 관련된 욕구충족과 문제해결을 통해 국민의 복지 수준과 사회적 서비스의 질을 제고시키는 데에 초점을 맞추고 있다. 따라서 일차적으로 정보화의 진행과 더불어 주요한 사회문제로 등장한 정보격차의 해소 차원에서 정보에 대한 보편적 접근과 활용을 보장하려는 일련의 노력들과 연결되어 있다. 이것은 정부가 사회복지의 영역을 확대하려는 정책의 일환으로 주거 및 의료, 문화복지와 마찬가지로 정보통신 분야에서 나타나는 불평등을 완화하거나 해소하려는 것과 동일한 맥락으로 해석할 수 있다(김지훈, 2010).

이를 토대로 스마트 모바일 환경에서 적용될 수 있는 정보복지 개념을 새롭게 정립할 필요가 있고, 이와 관련해서는 다음과 같은 몇 가지 요소를 추가로 고려해야 한다. 첫째, 스마트 모바일 시대 정보복지는 정보민주주의 차원에서 일반 국민들에게 반드시 보장되어야 할 기본권이라는 사회적 합의가 전제되어야 한다. 정보화시대의 정보복지가 신체적·경제적 취약계층과 같은 특정계층을 주된 대상으로 '시혜적' 차원에서 접근했다면, 스마트 모바일 환경에서의 정보복지는 이들을 포함한 모든 국민들이 민주시민으로서 정당하게 누려야 할 권리가 있고, 정부는 이를 보장해야 할 의무가 있다는 사회적 공감대 속에서 접근해야 할 것이다. 둘째, 정보복지가 정보에 대한 접근과 이용에 있어서 기본적인 욕구충족과 자아실현이라는 측면에서 협소하게 정의되었다면, 스마트 모바일 환경에서 정보복지는 정보에 대한 접근과 이용의 보장을 전제로 각종 스마트미디어,

SNS를 비롯한 디지털 컨버전스 기술과 서비스의 사회적·정치적·경제적 활용에 초점을 맞춤으로써 궁극적으로 국민들의 참여 보장과 사회적 불균형 해소를 통해 사회통합을 지향하는 쪽으로 확대 해석되어야 할 것이다. 이를 종합해보면, 정보복지란 스마트 모바일 환경 속에서 생활하는 국민들의 기본적인 권리로서 정보에 대한 접근 및 이용에 대한 기본 욕구를 충족시킬 수 있도록 하고, ICT 활용 역량 증진을 통해 민주시민으로서의 사회적·정치적·경제적 참여를 활성화시킴으로써 궁극적으로 개인들의 자아실현은 물론, 사회적 불균형 해소를 통한 사회통합을 구현할 수 있도록 지원하는 조직화된 사회적 활동의 총체라고 정리할 수 있겠다(고삼석, 2012).

디지털 컨버전스를 넘어 스마트 모바일화의 확산에 대응하여 범국가적 차원에서 체계적인 디지털 사회통합 정책을 수립, 추진하고 있는 모범적 사례로 자주 소개되는 나라가 바로 영국이다. 2009년 6월 영국 정부는 컨버전스 산업의 활성화를 통해 경제성장 및 모든 국민들이 디지털 기술을 비롯한 디지털 경제의 혜택을 누릴 수 있도록 하는 것을 주된 정책목표로 설정한 〈디지털 브리튼-최종보고서 Digital Britain-Final Report〉를 발표하였다(DBIS & DCMS, 2009). 영국 정부는 이 보고서를 통해 디지털 컨버전스 환경에 부합하는 기본 인프라를 재정비하고, 양적으로나 질적으로 디지털 시대에 걸맞은 세계적 수준의 디지털 콘텐츠를 다 플랫폼, 다 채널을 통해 영국 국민들에게 제공함으로써 정보격차를 해소하고, 궁극적으로 모든 국민들이 배제되거나 소외되지 않고 디지털 사회에 통합되도록 하겠다는 정책 의지를 분명하게 밝혔다.

| 그림 11-6 | 영국 통상부 장관 스티븐 카터가 〈디지털 브리튼-최종 보고서〉를 발표하고 있다(2009. 6).

정보화시대의 정보격차가 PC 기반 유선인터넷 격차라는 '단일 정보격차uni-digital divide'였다면, 최근 스마트 모바일 환경에서의 정보격차는 PC 기반의 유선인터넷 격차와 다양한 스마트기기 기반 모바일 격차가 중첩되어 나타나는 '다중 정보격차multi-digital divide'라는 특성을 보여주고 있다. 특히 모바일 기반 스마트 정보화 환경에서 나타나는 정보격차는 기존 정보격차와 달리 관계, 참여, 라이프스타일, 문화, 소통 등 국민들의 모든 생활영역에 전방위적으로 영향을 미치고 있다(최두진, 2013). 따라서 정보격차 해소를 위한 정부의 정책 또한 다중격차에 효율적으로 대응할 수 있는 방향으로 선제적이고 종합적인 정보격차 해소 정책이 마련되어야 한다. 이를 통해 계층 간 정보화 수준의 간극 축소를 넘어 스마트 모바일화를 통한 전국민의 사회·경제·문화·정치 등 각 부문별로 포괄적 디지털 참여digital engagement가 활성화되도록 정책을 추진해야 할 것이다. 다시 말해 스마트 모바일 환경에서는 이용자인 국민들의 '디지털 시민화'를 통해 ICT가 생활 전반에 스며들도록 하는 정책이 필요하다고 하겠다(이원태 외, 2012).

디지털 시민으로서 디지털 참여 등 바람직한 삶을 영위하기 위해 꼭 필요한 역량 가운데 하나가 바로 디지털 미디어 리터러시digital media literacy이다. 앞서 언급했던 디지털 사회통합은 기본적으로 디지털 혹은 스마트 모바일 사회에서 시민들이 배제되는 것을 방지하는 것이 목적이며, 그에 따라 정보에 대한 접근권 보장과 더불어 시민들의 디지털 미디어 리터러시가 반드시 전제되어야 한다. 여기에서 디지털 미디어 리터러시 개념은 미디어에 대한 이해와 활용 역량을 넘어서, 스마트 모바일 환경에 부응하여 스마트기기나 SNS를 통해 타인과 공공의 의제를 공유하는 의지와 상호작용(협업), 그리고 사회의 공적 영역에 참여할 수 있는 능력까지도 포함된다. 이러한 관점에서 보면 디지털 미디어 리터러시의 최종 목표는 디지털 컨버전스 사회에 참여하여 바람직한 삶을 살아갈 수 있는 책임 있는 민주시민을 양성하는 것이 되어야 한다(고삼석, 2012; 이원태 외, 2012).

영국 정부는 커뮤니케이션법에 근거하여 디지털 미디어 리터러시의 실태 분석 및 증진을 방송통신 규제기관인 오프콤Ofcom의 의무로 규정하고 있다. 영국 정부가 디지털 미디어 리터러시 증진에 각별한 관심을 갖고 있는 것은 그것이 디지털 참여와 통합은 물론, 국가적 차원의 디지털 경제 활성화에 영향을 끼치는 중요한 변수라고 판단하고 있기 때문이다. 이와 대조적으로 국내에서는 미디어 리터러시 촉진에 필요한 미디어 교육 관련 법적 위상이 취약하고, 공적 지원제도 또한 체계적으로 운영되지 못하고 있다. 디지털 미디어 리터러시의 증진과 관련된 정책을 효율적으로 추진하기 위해서는 영국의 사례처럼 일차적으로 디지털 미디어 리터러시 증진에 필요한 법적 근거를 명확히 함으로써 주무기관을 지정하고, 관련 기관의 역할과 업무에 대해서도 구체적으로 명문화시킬 필요가 있다.

스마트 모바일 사회는 기본적으로 '네트워크 중심 사회'이다. 스마트 모바일 기기와 서비스 이용자들은 스마트기기를 소유하면서 유무선 네트워크에 접속하여 사회적 관계를 형성·유지하는 것은 물론, 정보의 생산·공유·확산을 통해 경제적 활동에 참여하게 된다. 다시 말해 물리적 네트워크에 접속함으로써 이용자들은 사회적·정치적·경제적 참여가 가능할 뿐만 아니라, 접속을 통해서 스마트 모바일 사회가 제공하는 다양한 기회와 혜택을 누릴 수 있게 되는 것이다. 때문에 네트워크에 대한 접속으로부터 배제된다는 것은 개인적 혹은 특정 계층 차원에서 보면 사회적 단절과 고립을 의미하며, 그것은 개개인의 욕구충족과 삶의 질 측면에서 격차와 불균형을 초래한다. 따라서 정보격차에서 비롯되는 문제가 개인적 차원의 자아실현과 사회적 차원의 통합과 발전에 장애가 되지 않도록 하기 위해서는 정부나 사회 차원의 조직적이고 체계적인 정책 대응이 필수적이라고 하겠다. 특히, 새 정부가 출범한 현재 상황에서 보면, 국제적인 정보격차 해소 정책 및 스마트 모바일 정보사회통합 정책의 패러다임 변화를 반영하여 국가 정보화의 비전과 기본 전략을 근본적으로 재검토하여 새롭게 정립할 필요가 있다.

주

1 시장조사기관인 가트너(Gartner)가 분석한 2013년도 전 세계 스마트기기 출하량을 보면, 전통적 PC 시장이 7.3% 감소되는 것에 비해 태블릿PC 출하량은 2012년 대비 69.8%가 증가한 1억 9,700만 대가 예상되고, 2013년 판매될 모바일폰 18억 7,500만 대 가운데 10억 대가 스마트폰이 될 것으로 예측된다(Lomas, 2013. 4. 4). 또한 가트너는 모바일기기 비중이 급증하면서 2017년까지 전 세계 기업의 50%가 '스마트워크'를 의미하는 BYOD(Bring Your Own Device) 환경을 갖추게 될 것으로 전망하였다. BYOD는 직원이 개인적으로 소유하고 있는 스마트폰, 태블릿PC 등 모바일기기로 회사 업무를 보는 것을 말한다(Kar, 2013. 5. 12).

2 이 부분은 필자가 2012년 발표한 〈디지털 컨버전스 시대 정보격차와 디지털 정보복지 정책: 디지털 통합 정책을 중심으로〉의 내용 일부를 바탕으로 보완, 발전시켰다.

3 일반 국민의 모바일 정보화 수준을 100으로 할 때, 소외계층의 모바일 정보화 수준을 의미한다. 따라서 소외계층의 정보화 수준이 100에 가까울수록 일반 국민과의 정보격차는 작다.

4 2012년 조사 당시(2012년 8~11월) 스마트폰 보급률은 일반 국민 61.5%, 저소득층 31.8%, 장애인 23.1%, 농어민 19.2%, 장노년층 18.8%였다.

5 이 조사에서는 정치참여를 온라인 상에서의 '정치정보탐색', '정치적 의견표명', 자원봉사활동이나 정치후원금 제공과 같은 '행동적 참여' 등 세 가지로 유형화하였다.

6 '국회의원의 임기는 몇 년입니까?', '현 국무총리의 이름을 말씀해주세요.' 등 정치 관련 11가지의 사실적 정보를 묻는 질문을 이용하여 유권자의 정치지식 수준이 어떠한지를 측정하였다.

스마트한 사람들, 스마트폰중독에 빠져들다

CHAP 12

인간이 원하는 모든 것을 기술을 통해 구현한다는 건 애초부터 잘못된 것이다. 기술만능주의는 이단 종교보다도 더 위험하다. 이 장에서는 인간이 삶의 진실성을 외면하고 기술에만 의존할 때 나타나는 문제를 논하고자 한다. 인간과 기술의 잘못된 만남, 뒤틀린 궁합의 결과라고 할 수 있는 스마트미디어중독을 이야기해보고자 한다. 먼저 스마트미디어중독이 무엇인지, 그리고 스마트미디어중독으로 인해 나타나는 나쁜 사례와 실태 등이 무엇인지부터 살펴보자. 단 중독을 논할 때 현재로서는 스마트미디어 중에서 스마트폰만이 논의할 만하기에 이것만을 다루도록 하겠다.

한 TV 광고가 눈길을 사로잡은 적이 있다. "넌 모르G, 처음이G, 이 얼마나 놀라운G, 더 환상인G…… 더 행복한G, 세상을 다~ 가진 G, 세상을 다~ 얻은G." 이 회사의 또 다른 광고는 스마트폰에 의해 완전히 새로운 세계로 나아가는 것을 매혹적으로 표현한 애니메이션이었는데, 끝부분의 자막은 이렇다. "새로운 나를 만나다."

정말이지 스마트폰은 광고 카피처럼, 우리 사회에 놀라운 변화를 주고 있다. 스마트폰이 우리 사회에 도입된 것이 2009년 11월이니, 이렇게 짧은 기간에 스마트폰만큼 우리의 정치·경제·사회 전 부문에 걸쳐 변화의 동인이 되었던 것은 없었다.

물론 우리는 그 이전에 도입되었던 휴대전화에 의해서도 커뮤니케이션의 자유 혹은 충격을 느끼고는 있었다. 휴대전화의 충격을 진단하면서, 어떤 이는 전화하는 인간을 지칭하는 용어로 '호모 텔레포니쿠스Homo telephonicus'가 출현했다고 했으며, 또 어떤 이는 '엄지족'이 출현했다고 했다. 그리고 디지털기기로 소통하지 않으면 생활 자체가 불가능해지는 현대인을 가리켜 '호모 디지토 로쿠엔스Homo digito loquens'라고 칭한 이도 있다(고영삼, 2004). 필자는 인터넷보다도 더 현대의 메타포가 되어버린 '이동전화'를 계속 '전화'로 명명할지는 몰라도, 인류가 가장 애용하는 기기가 될 것이라고 주장한 적도 있다(고영삼, 2008).

아니나 다를까, 지금 보니, 휴대전화의 충격은 스마트폰 충격의 서곡에 불과했다. 스마트폰은 휴대전화보다 훨씬 더 심도 깊은 변화를 주고 있다. 아마도 인간의 역사는 스마트폰 기기가 도입되기 이전과 이후로 구분될 수도 있을 것 같다. 그러니까, 광고 속의 "무엇보다 놀라운G"라거

그림 12-1 LG전자의 휴대전화 광고

나, "새로운 나를 만나다"의 문구는 광고 카피치곤 겸손하기까지 하다.

문제는 모든 새로운 것들이 다 그런 것처럼, 스마트미디어가 반드시 우리가 생각하는 바람직한 면만을 보여주지 않는다는 사실이다. 다시 광고 카피로 이야기를 해보자. 어떤 광고 카피는 "사람은 꿈꾸고 기술은 이룹니다"라고 한다. 모든 기술공학도들의 비전일 것 같은 카피다. 그러한 면이 없는 것은 아니다. 그러나 정말 정색하고 말하건대, 인간이 원하는 모든 것을 기술을 통해 구현한다는 건 애초부터 잘못된 것이다. 기술만능주의는 이단 종교보다도 더 위험하다.

이 장에서는 인간이 삶의 진실성을 외면하고 기술에만 의존할 때 나타나는 문제를 논하고자 한다. 인간과 기술의 잘못된 만남, 뒤틀린 궁합의 결과라고 할 수 있는 스마트미디어중독을 이야기해보고자 한다. 먼저 스마트미디어중독이 무엇인지, 그리고 스마트미디어중독으로 인해 나타나는 나쁜 사례와 실태 등이 무엇인지부터 살펴보자. 단 중독을 논할 때 현재로서는 스마트미디어 중에서 스마트폰만이 논의할 만하기에 이것만을 다루도록 하겠다.

스마트폰중독, 과연 있기나 한 것인가?

중독에 관한 이야기들 사실 스마트폰중독은 존재하기도 하고 존재하지 않기도 하는 현상이다. 존재한다는 말의 뜻은 알코올중독,

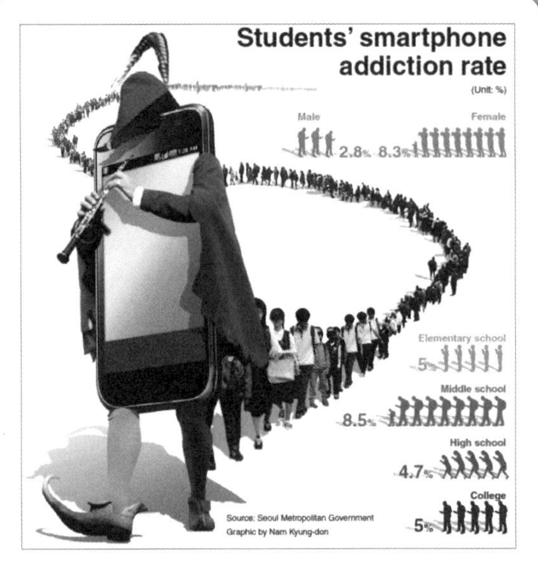

| 그림 12-2 | 청소년들의 스마트폰중독 실태를 형상화한 그래픽

출처 : 코리아헤럴드(2013. 3. 26)

마약중독처럼 엄연한 정신질환으로서 실재한다는 의미이다. 한편 존재하지 않는다는 말은 단지 어떤 현상을 설명하기 위해 편의적으로 사용할 뿐이라는 것이다. 도대체 세상에 존재하면 존재하는 것이지 존재하기도 하고 존재하지 않기도 하는 것이 있을 수 있는가? 이에 대해 알아보자.

세계보건기구WHO에서는 중독을 "자연 혹은 인공적인 약물의 반복적인 사용에 의해 일시적 혹은 만성적으로 취한 상태intoxication"로 규정하고 있다(Corsini, 1994). 이것은 약물 등 물질에 중독된 상태에 대해 정의한 것이었다. 요즘에는 물질중독뿐만 아니라 행위중독도 있지만, 그 당시에는 중독은 단지 물질에 대해서만 적용되는 것이었기 때문이다.

그런데 정신장애에 대해서는 미국정신의학회APA:American Psychiatric

Association가 편찬한 『정신장애의 진단 및 통계 편람DSM』이 중요한 기준이 된다. 여기서는 중독을 '물질관련장애substance-related disorders'라고 지칭하고 있다. 물질이라고 하는 것은 알코올, 니코틴, 카페인, 코카인, 아편, 대마, 암페타민, 환각제, 흡입제, 펜사이클리딘, 치료제(진정제, 수면제, 항불안제 등), 그리고 복합약물 등 12가지를 말한다. 이러한 물질들과 관련된 장애의 개념에는 물질의 독성이 인체에 섭취되어 중추신경계에 작용하여 생기는 물질중독substance intoxication, 물질들을 지나치게 사용함으로써 생기는 의존dependence, 그리고 신체적·심리적·사회적·법적 문제에도 불구하고 계속 물질을 사용하는 남용abuse이 포함된다. 세 가지 중 가장 보편적으로 사용되는 개념인 중독은 이 세 가지의 핵심 증상으로 설명되기도 한다(고영삼, 2012).

문제는 21세기 들어 대중들이 물질에 의한 중독이라고 부를 만한 정신적 장애 현상을 '행위'에 의해서도 경험한다는 사실이다. 즉 쇼핑, 일, 운동, 마라톤, 섹스 등 특정 행위에 대해 과도한 열망을 보이면서 이런 행위를 하는 시간을 점점 늘려야 하고, 하지 못하는 상황에서는 극단적 불안과 초조함을 느끼면서 본연의 일을 하지 못하는 사례가 나타나고 있는 것이다.

일반적으로 물질중독을 판별하는 데는 3개의 키워드가 있다. 그것은 어떤 화학물질을 점점 더 많이 섭취해야 하는 내성, 섭취하지 못할 경우 극도로 불안하고 초조해지는 금단, 그리고 이로 인해 나타나는 일상생활 장애가 그것이다. 21세기 들어 중독을 연구하는 사람들에게 나타난 놀라운 사실은, 사람들이 '화학물질'이 아니라

'행위'에 있어서도 이와 같은 3가지 증상을 경험하고 있다는 것이다. 도대체 쇼핑이나 마라톤 등의 행위에 대해서도 금단과 내성을 느낀다는 것이 가능한 것인가? 이 부분은 향후 현대사회와 현대인의 속성을 통찰하는 데 있어서 핵심이 될 게 분명하다. 이제까지 밝혀진 행위중독의 대표적인 것은 도박중독이다. 가지고 있는 현금뿐만 아니라, 가족 모르게 부동산을 팔아서라도 도박을 계속할 수밖에 없게 되는 도박중독은 선진국 사회에서도 편재되어 있다.

인터넷중독의 특성 그러면 사람들은 스마트폰의 사용에 있어서도 금단, 내성, 일상생활 장애라는 행위중독의 증상을 경험하는 것일까? 과연 스마트폰을 점점 더 많은 시간 사용하며, 집에 두고 등교나 출근했을 때 극도의 불안에 휩싸여 아무 일도 못하고 괴로워하게 되는 것일까? 사람들과 어울려 이야기하고 놀이하는 것에 흥미를 잃고, 스마트폰을 가지고 놀 때만 존재감을 충만하게 느끼게 되는 것일까? 계속 하고 싶은 충동과 열망을 돌이킬 수 없게 되는 것일까? 그리고 그렇다면 도대체 얼마나 많은 시간 동안 사용하면 이와 같은 중독addiction 상태에 도달하는 것일까? 중독은 우리가 흔히 경험하는 몰입과는 어떻게 다른가?

현재 스마트폰중독에 대한 연구는 매우 부족하다. 인터넷중독의 개념이 물질중독의 개념에서 영감을 받았다면, 스마트폰중독은 인터넷중독에서 힌트를 얻은 정도이다. 그런데 사실 인터넷중독의 개념조차도 전문가 사회 내에서조차 최근에 인정되고 있는 용어일 뿐

중독과 몰입

두 행위 모두 다른 생각을 할 수 없을 정도로 완전히 빠져든다는 점은 동일하다. 그러나 몰입(flow)은 완전히 집중하는 중에 성취감을 느끼고 즐거움을 느끼는 상태임에 반해, 중독(addiction)은 행위에 대한 통제력을 상실하고 반복하여 빠져드는 중에 금단, 내성, 그리고 일상생활 장애를 경험하게 되고, 종국에는 불안, 우울 등의 정신건강 문제를 수반한다.

이다. 스마트폰중독의 설명을 위해 인터넷중독에 대해 먼저 설명해야겠다.

현재 우리나라에서 인터넷중독의 개념은 매우 익숙한 용어이다. 인터넷중독이나 게임중독 등 비슷한 용어에 의한 뉴스가 늘 심심치 않게 보도되어왔고, 정부에서도 이에 대응하기 위해 정책을 계속 시행해왔기 때문이다. 그런데 이렇게 언론과 정책 분야에서 사용하던 인터넷중독의 개념은 사실 학문적으로는 인정받지 못하고 있다. 우리나라에서는 적지 않은 사회문제가 되었기에 한국정보화진흥원에서는 물질중독, 도박중독에서 나타나는 금단, 내성, 일상생활 장애를 인터넷중독에서도 그대로 인정하면서, 이 용어를 사용해왔을 뿐이다.

사실 지난 DSM-4 때까지 도박중독조차 독자적 정신질병으로 분류되지 못하고 있었다. 단지 충동 조절에 나타나는 장애의 일종으로 규정되고 있었을 뿐이다. 하지만 2013년 DSM-5에서야 비로

소 도박중독은 물질중독의 요인을 준거로 하여 공인되었다. 그러면 인터넷중독은 어떻게 되었을까? 위원회는 더 많은 연구가 필요하지만, 우리가 인터넷중독의 하위 유형으로 간주하는 것들, 즉 인터넷게임, 인터넷채팅, 인터넷음란물, 인터넷검색 중에서 게임만을 떼어내어, 이것에 병적으로 빠져든 행위를 인터넷게이밍장애Internet Gaming Disorder라고 지칭하기로 합의했다. 이로써 도박과 인터넷게임 행위를 (행위)중독의 증상으로 지칭할 수 있게 되었다.

그러면 동일한 행위중독으로서 인터넷(게임)중독은 도박중독과 어떻게 다를까? 일단 두 행위 모두 충동을 조절하는 데 있어서 문제가 있다. 그러나 가상세계에 대한 지향성, 관계를 지향하는 상호작용성 등은 인터넷중독에서만 나타난다. 오프라인 공간이 아닌 가상공간에서 만나는 사람과 사건들에 대해 조건 없는 긍정적 환상을 가지고서 상호작용한다는 점은 인터넷중독에서만 나타나는 현상이다.

스마트폰중독의 특성 그러면 인터넷(게임)중독과 스마트폰중독은 어떻게 다르고 같은가? 심각한 스마트폰중독은 인터넷중독과 같이 금단, 내성, 그리고 일상생활 장애와 같은 전형적인 중독 현상을 가질 것으로 보인다. 그러나 스마트폰중독은 다음과 같은 점에서 인터넷중독과는 다르다. 예를 들어 이제까지 인터넷중독은 주로 남학생, 청소년의 인터넷게임에 의해 나타났지만, 스마트폰중독은 모든 연령대에 걸쳐 나타나고 있으며, 특히 여성의 문자 주고받기와 채팅에 의해 나타나는 것으로 확인되고 있다. 그리고 인터넷중독자들은

| 표 12-1 | 인터넷중독과 스마트폰중독의 차이

	인터넷중독	스마트폰중독
주 중독층	청소년, 남성	전 연령, 여성
콘텐츠	온라인게임	문자, 채팅
사용동기	특정 콘텐츠의 재미의 유혹	충동적 사용
인지	쉽게 관찰자 인지, 본인 부인	관찰자 인지 곤란, 본인 부인
접근성	시공간 제약에 의해 어려움	언제 어디서나 가능
즉시반응성		
장애문제	폭력성	불안, 주의산만

특정한 시간과 장소에서 특정 게임을 하고자 하는 분명한 동기를 가지고 있으며, 대부분 본인은 중독을 부인하지만 비정상적 행위가 타인에 의해 쉽게 인지된다.

그러나 스마트폰중독자들은 스마트폰을언제 어디서나 손에 쥐고 무의식적 혹은 충동적으로 사용하지만 타인에 의해 몇 시간 동안 어떤 용도로 사용되는지 인지되지 않는다. 장애 문제도 인터넷중독자들은 오랫동안 (일인칭 슈팅게임이나 MMORPG와 같은) 폭력게임을 하면서 스스로 폭력적으로 되어가지만, 스마트폰중독자들은 그렇게 병적일 정도로 폭력적 성향을 보이지는 않는다. 단지 강박적으로 연결되어 있기를 원하여 불안해하며 오프라인 상의 본연의 일에 몰입하지 못하는 경향이 있다.

그런데 전문가들 중에도 스마트폰중독의 존재 여부에 대해 회의적인 이들이 있다. 이들은 인터넷중독은 최근 미국정신의학회에서

DSM-5의 제3부에 인터넷게이밍장애라고 명명함으로써 온라인게임 행동에 한해서는 문제행동으로 간주될지라도 큰 무리가 없게 되었지만, 스마트폰중독은 과장된 용어로 간주한다. 사실 스마트폰중독에 대한 연구는 너무 부족하다. 단, 최근의 한 연구는 일정한 시사점을 준다. 한국형 인터넷/스마트폰중독 진단척도인 K-척도/S척도를 가지고 중독으로 나타난 청소년과 성인을 대상으로 우울, 충동, 공격 등 정신건강의 상관성을 분석해본 결과 청소년의 인터넷중독만이 상관있는 것으로 나타났다고 한다(김동일 외, 2012: 71~88). 이러한 결과를 종합해볼 때, 스마트폰을 과도하게 사용하는 이들을 '스마트폰중독자'라고 하기보다는 '스마트폰중독 경향성이 있다'고 언급하는 것이 정확할 것 같다.

스마트폰중독 경향성, 왜 나쁜가?

인터넷중독의 폐해에 대해 공감하는 이들도 스마트폰중독의 심각성에 대해서는 아직 모르는 것 같다. 그러나 다른 중독 현상이 그러하듯이, 스마트폰중독 경향성을 가진 사람들에게도 심각한 문제가 나타날 수 있다.

첫째, 건강 악화가 심각해진다. 예를 들어 안구질환이 가장 먼저 나타날 수 있다. 안구질환은 조그마한 화면을 오랫동안 바라보면 나타날 수밖에 없다. 특히 흔들리는 지하철과 버스 등에서 스마트

팝콘 브레인(popcorn brain)

미국의 온라인 학술지 《PloS One》에서 스마트폰 등에 중독된 사람들의 행위를 설명하기 위해 사용한 용어. 현대인들이 작은 자극에는 무감각해지는 대신 팝콘처럼 튀어 오르는 강한 자극에만 반응하는 현상을 말한다. 스마트폰의 과다 사용으로 인해 내성에 빠져들면 자극적인 디지털 정보에는 즉각 반응을 나타내지만 현실의 약한 자극에는 반응을 하지 않게 된다.

폰을 오래 하면 안구가 쉬이 건조해지고 피로해진다. 이러한 안구장애는 곧 두통으로 이어지며, 피로 회복을 담당하는 간 기능에도 무리를 주게 된다. 그뿐 아니다. 스마트폰을 오래 하면 경추에도 무리가 발생한다. 지나치게 목을 숙이고 있다 보면 목뼈와 목 근육에도 좋지 않은 것이다.

둘째, 스마트폰중독은 약물중독이나 인터넷중독 등과 같은 정신병리적 증상을 동반할 수 있다. 대개 중독자들은 금단과 내성 등을 통하여 일상생활을 하는 데 있어 장애를 경험한다. 스마트폰 중독자도 동일할 것으로 가정된다. 즉, 스마트폰을 가지고 있지 않을 때, 병적일 정도의 불안과 초조감을 느껴 다른 일에 몰두하지 못한다거나(금단), 예전보다도 더욱 많은 시간, 그리고 더 큰 자극을 느껴야 만족감을 느낄 수 있기에 점점 더 많은 시간 동안, 그리고 더 자극적으로 사용하게 되는 것(내성)이다. 이렇게 금단과 내성의 병리적 상황에 빠져들면 스스로 건강하고 정리된 일상을 영위하기 힘들게 되며

3월 자립형사립고에 진학할 중학교 3학년 딸아이는 겨울방학 시작 이후 공부는 뒷전인 채 종일 스마트폰을 끼고 살았다. 취침시간 이불 속에서조차 스마트폰을 놓는 법이 없었다. 곧 중학교 2학년이 될 아들도 틈만 나면 스마트폰을 만지작거렸다. 평소 온라인게임을 즐기는 아들에게서는 최근 두 달 새 스마트폰 게임인 '스페셜포스 넷' 초대장과 '터치파이터'의 도전장까지 카카오톡 단체문자로 날아든 터였다.

가뜩이나 아이들의 행동을 마뜩찮게 여기며 벼려오던 K씨. 그는 이날 격분한 파이터로 변했다. 충격과 공포에 질린 아이들 역시 스마트폰이 자신의 심장이라도 되는 양 절대 빼앗기지 않으려 필사적으로 저항했고, 이내 파이터의 상대는 아내로까지 확대됐다.

—주간동아(2013. 2. 4), 874호, pp38-41

학업과 업무를 점점 더 소홀히 하여 제대로 된 사회생활을 못하게 된다.

셋째, 스마트폰에 중독적으로 빠져드는 것은 가족을 포함한 인간관계에도 좋지 않다. 한 언론에서 초등학생들에게 1주일간 스마트폰을 사용하지 못하도록 하는 실험을 해보았는데 두 가지가 확인되었다고 한다. 하나는 이들 중 많은 수에게 중독적 사용 증상이 나타난 것이다. 어떤 아이는 불편·답답·불안한 금단 증상이 나타나서, 급기야 "계속 스마트폰을 갖지 못하면, 죽을지도 모른다는 생각이 들었다"고 한다. 또 다른 결과는 스마트폰을 사용하지 않으니 주변 친구들과 대화하고 어울려 노는 시간이 많아져 관계 개선에 도움이 되었다고 한다(조호연, 2012). 요즘 대학가 커피숍을 가보면, 대학생들이 테이블을 두고 마주보고 있으면서도 제각각 스마트폰만 만지작

거리는 것을 볼 수 있다. 스마트폰은 주변 사람들과의 대화를 단절시키면서 먼 곳의 사람들과 대화하게 하는 물건이다. 그 결과 지인 네트워크는 확산될지라도, 깊이 있는 인간관계에는 도움이 되지 못한다.

넷째, 스마트폰에 과도하게 빠져든 사람들은 현재 오프라인에서 하는 일에 대한 집중력이 약해진다. 스마트폰중독 진단척도에 의해 중독위험자로 나타난 사람의 인터뷰를 인용해본다(김동일 · 전종수 · 고영삼 외, 2012: 79).

> "근데 제가 그렇게 1, 2분 안에 답을 했다가 상대방이 다음 답을 30분 뒤에 하면 전 30분 동안 아무것도 못 하는 거예요. '어? 얘가 바로 답을 안 주네? 안 주? 안 주? 안 주? 어 안 주네?' 계속 '그럼 어 이제 나도 딴 일 해야지.' 하다가도 이렇게 계속 보고, 이렇게 하고 일을 하는 거죠. 이렇게 하고, 그런 안 좋은, 그런 점에서."

이렇게 일에 집중하지 못하는 상황에서 이른바 '디지털 치매'를 우려하는 사람들의 목소리가 높아지고 있다. 사실 아직까지 디지털 치매는 학술적으로 정립된 개념이 아니다. 그러나 일본 고노 임상의학연구소에서는 '디지털 치매 진단법'을 개발하였으며(세계일보, 2013. 7. 13), 독일에서 가장 유명한 뇌 연구가이자 『디지털 치매』의 저자 만프레드 슈피처Manfred Spitzer는 디지털 치매를 기억력 감퇴 이상의 문제라고 하면서, 이것을 디지털 기기에의 무조건적 의존에 의해 나타날 수 있는 정신적 추락 현상이라고 규정한다. 슈피처는 디지털 기기에 의한 역기능은 인간의 발달 주기상 연령별로 나타난다고도 언급한다. 예를 들어 아주 어릴 적에는 언어발달장애, 아동기 때에는 주의력결핍 과잉행동장애, 청소년 시기에는 학교 문제와 잘못된 식습관, 그리고 더 성장해서는 중독과 수면 부족과 과체중, 실업과 질병, 우울증과 치매 등으로 나타난다고 한다(Spitzer, 2013).

스마트폰중독의 실태

그러면 이러한 스마트폰중독 장애를 경험하고 있는 이는 얼마나 될까? 한국정보화진흥원의 2012년 조사에 따르면 스마트폰 사용자의 11.1%가 스마트폰중독 문제에 시달리고 있는 것으로 나타났다. 이 비율은 우리 사회에 도입된 지 훨씬 더 오래된 인터넷의 중독율 7.2%보다 높을 뿐만 아니라, 한 해 전의 중독율 8.4%보다도 더 증가한 수치이다.

그런데 스마트폰중독율은 연령별로 볼 때 유의성이 더 있다. [그림 12-3]에서 보듯이 30대, 40대의 중독율이 8.1%, 4.2%인 데 비해, 10대, 20대는 각각 18.4%, 13.6%이다. 세대 간 중독률이 이렇게 다르게 나타나는 원인은 무엇인가? 그 원인을 정확히 단정하기는 어렵다. 다만 유관변인을 거론해볼 수는 있다. 예를 들어 10~20대의

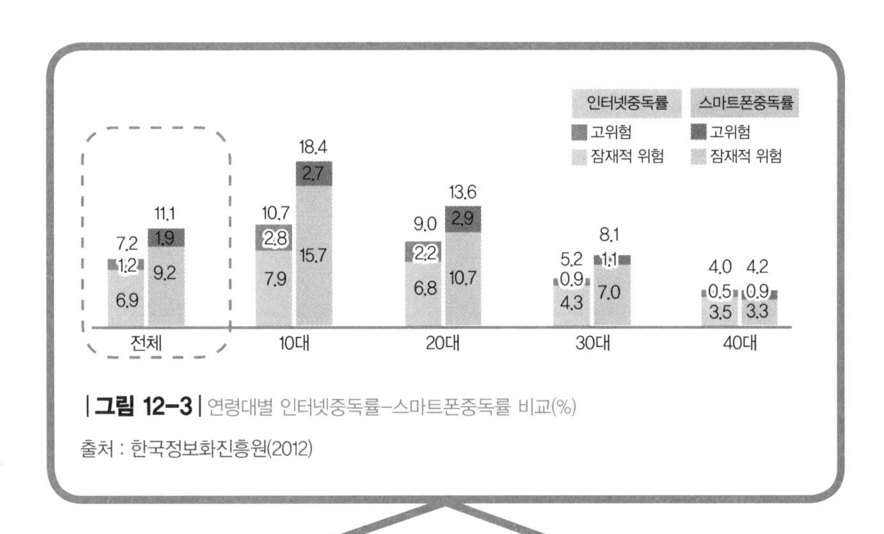

| 그림 12-3 | 연령대별 인터넷중독률-스마트폰중독률 비교(%)

출처 : 한국정보화진흥원(2012)

스마트폰 보유율이 타 연령층에 비해 압도적으로 높은 것은 유관변인인 것 같다. 우리 사회의 경제활동의 핵심인 40대, 50대의 스마트폰 보유율은 각각 72.3%, 46.8% 수준이다. 그러나 30대는 87.5%이며, 특히 20대는 90%를 초과한다. 확실히 젊은 세대에게 있어서 스마트폰은 특별한 어떤 것이 아니다. 그리고 이들은 디지털기기의 사용에 있어서 중장년층보다 더 충동적이다. 그냥 당연히 더불어 함께 하는 도구인 것이다. 젊은 세대에게서 스마트폰이 일상의 당연한 도구가 되었다는 것을 확인할 수 있는 다른 자료로 다음과 같은 것이 있다.

[표 12-2]에서 보듯이 성인들은 스마트폰을 한 번 사용할 때 10.7분을 사용하며, 하루 22.5회를 사용하는 데 비해, 청소년의 경우 하루 평균 11.9분, 24회를 사용하여 양적인 면에서 더 많이 사용

|표 12-2| 세대별 스마트폰 사용시간

	1일 평균사용횟수	1일 1회 평균사용시간(분)	1일 총 사용시간(분)
청소년	24.0	11.9	285.6
성인	22.5	10.7	240.75
중독자	23.6	18.6	438.96

출처 : 한국정보화진흥원(2012)

하고 있다. 이러한 차이가 1일 사용 총량의 차이와 연관되는 것은 당연하다.

그러나 스마트폰중독을 이용시간의 총량만으로 평가하는 것은 잘못된 것이기에 사용목적 혹은 용도를 더 분석해보았다. 스마트폰 중독자는 스마트폰을 주로 메신저 이용(72.5%), 온라인게임(44.6%) 목적으로 사용하지만, 일반 사용자는 메신저 이용(66.9%)이 1위이긴 하지만, 중독자보다 낮은 비율이었으며, 뉴스검색(47.9%)이 온라인게임(38.2%)보다 높게 나타났다.

스마트폰 중독자들이 이렇게 메신저를 이용하려는 목적으로 스마트폰을 사용하는 것은 인터넷중독자들과 달라서 흥미롭다. 즉 젊은 세대의 중독율이 높은 것은 인터넷이나 스마트폰이나 동일하다. 그러나 인터넷중독자들은 대개 인터넷게임을 하는 것이 제1 목적인 반면, 스마트폰중독자들은 게임보다는 메신저를 목적으로 하고 있는 것이다.

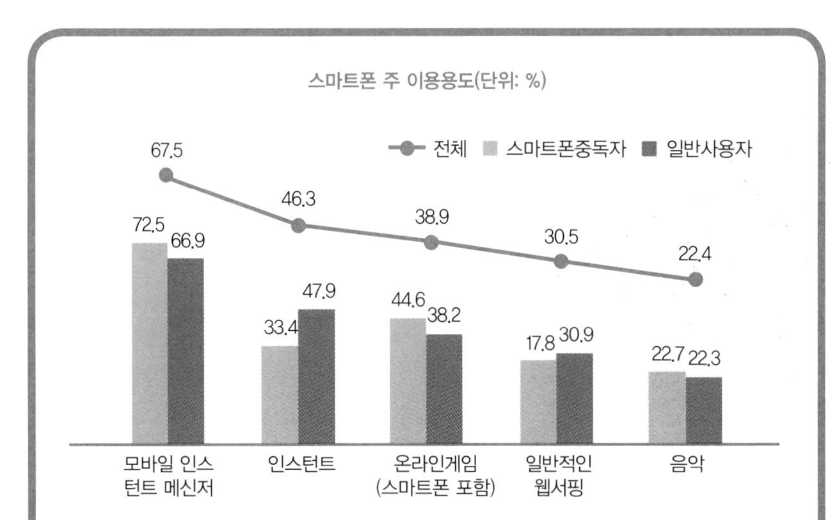

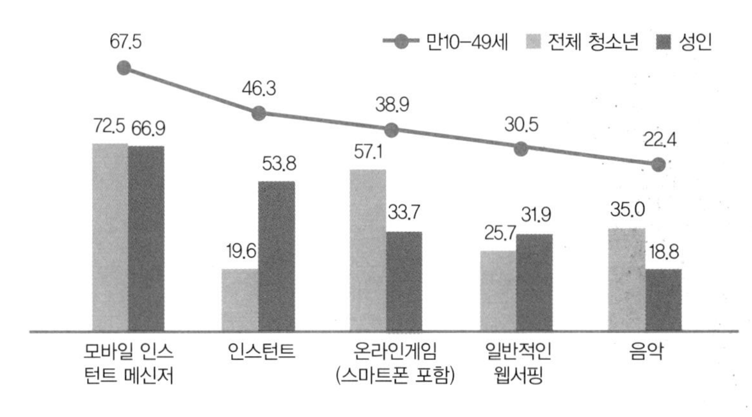

복수응답, 상위 5개 서비스만 제시

| 그림 12-4 | 스마트폰의 주된 이용용도(단위: %)

출처 : 미래창조과학부 보도자료(2013. 6. 14)

스마트폰중독자를 어떻게 판단하는가?

스마트폰중독 문제에 있어서 또 하나의 핵심은 중독자를 어떻게 평가할 것인가이다. 한국정보화진흥원에서는 스마트폰중독자를 판별하는 척도로서 한국형 스마트폰중독 평가척도인 'S-척도'를 개발하였다. 동 척도는 일상생활 장애disturbance of adaptive functions, 현실구분 장애disturbance of reality testing, 긍정적 기대addictive automatic thinking, 금단withdrawal, 가상적 대인관계 지향성virtual interpersonal relationship, 일탈행동deviant behavior, 내성tolerance 등 7개의 중독 하위요인으로 개발했던 인터넷중독 평가척도인 'K-척도'를 모델로 하여 만들어진 것이다.

동 척도는 [표 12-3]에서와 같이 총 15문항의 리커트 척도Likert scale로 만들어져 있다. 그리고 역채점의 문항방식을 구성하여 이용자가 응답할 때에 집중할 수 있도록 만들었다. 여기서 스마트폰중독자군이라 함은 고위험자군과 잠재위험자군을 합한 것이다. 고위험자군는 스마트폰 사용으로 인하여 학습 및 직업의 일상생활에서 심각한 장애를 보이면서 심각한 내성 및 금단 현상을 경험하는 사용자군을 말한다. 이들은 대인관계가 힘들며 심리적으로 불안정감 및 이로 인한 자기조절의 곤란, 우울한 기분 등을 많이 느끼는 사용자군이다. 그렇기 때문에 전문가의 치료적 지원이 필요한 사람들이다. 잠재적위험사용자군 이상의 점수를 받은 사용자는 전문기관을 방문하여 상담받는 것이 좋다.

| 표 12-3 | 스마트폰중독 평가척도

번호	항목	← 전혀 그렇지 않다 매우 그렇다 →			
		①	②	③	④
1	스마트폰의 지나친 사용으로 학교성적이 떨어졌다.				
2	가족이나 친구들과 함께 있는 것보다 스마트폰을 사용하고 있는 것이 더 즐겁다.				
3	스마트폰을 사용할 수 없게 된다면 견디기 힘들 것이다.				
4	스마트폰 사용시간을 줄이려고 해보았지만 실패한다.				
5	스마트폰 사용으로 계획한 일(공부, 숙제 또는 학원수강 등)을 하기 어렵다.				
6	스마트폰을 사용하지 못하면 온 세상을 잃은 것 같은 생각이 든다.				
7	스마트폰이 없으면 안절부절 못하고 초조해진다.				
8	스마트폰 사용시간을 스스로 조절할 수 있다.				
9	수시로 스마트폰을 사용하다가 지적을 받은 적이 있다.				
10	스마트폰이 없어도 불안하지 않다.				
11	스마트폰을 사용할 때 그만해야지 라고 생각은 하면서도 계속한다.				
12	스마트폰을 너무 자주 또는 오래한다고 가족이나 친구들로부터 불평을 들은 적이 있다.				
13	스마트폰 사용이 지금 하고 있는 공부에 방해가 되지 않는다.				
14	스마트폰을 사용할 수 없을 때 패닉상태에 빠진다.				
15	스마트폰 사용에 많은 시간을 보내는 것이 습관화되었다.				

채점 방법	[1단계] 문항별	전혀 그렇지 않다: 1점, 그렇지 않다: 2점, 그렇다: 3점, 매우 그렇다: 4점 ※ 단, 문항 8번, 10번, 13번은 역채점(즉, 전혀 그렇지 않다: 4점, 그렇지 않다: 3점, 그렇다: 2점, 매우 그렇다: 1점
	[2단계] 총점 및 요인별	총 점: ① 1~15번 합계 요인별: ② 일상생활장애요인(1,5,9,12,13번) 합계 ③ 금단요인(3,7,10,14번) 합계 ④ 내성요인(4,8,11,15번) 합계
고위험 사용자군	총 점: ① 45점 이상 요인별: ② 일상생활 요인 16점 이상 ③ 금단요인 13점 이상 ④ 내성요인 14점 이상	
	평가: ①에 해당하거나, ②~④ 모두 해당되는 경우	
잠재적 위험 사용자군	총 점: ① 42점 이상~44점 이하 요인별: ② 일상생활장애요인 14점 이상 ③ 금단요인 12점 이상 ④ 내성요인 13점 이상	
	평가: ①~④ 중 한 가지라도 해당되는 경우	

*한국정보화진흥원 홈페이지(www.iapc.or.kr)에서 온라인 진단 가능

스마트폰중독의 미래

"스마트폰중독이 그렇게 위험한가요?" 사람들에게 자주 듣는 질문이다. 스마트폰중독의 위험성은 인터넷중독과 같이 우울, 불안을 동반한 충동적 폭력성을 보이지 않는다는 점에서 위험하지 않다. 그러나 앞서 언급한 것과 같은 점에서 위험한데, 더 나아가 디지털 기기에 대한 의존성을 획기적으로 강화시키는 시발점이 된다는 점에서 더욱 위험하다. 이러한 점에서 이른바 스마트폰의 미래, 혹은 포스트 스마트폰을 중독의 관점에서 이야기해보고자 한다.

대중들이 스마트폰에 대해 한 가지 착각하는 것이 있다. 즉 대중들은 스마트폰을 휴대폰이 진화된 것으로 생각한다. 그러니까 스마트폰을 일종의 '전화'로 간주하는 것이다. 우리가 어느 시점에 휴대폰을 대체하여 스마트폰을 사용하고 있으니 당연한 생각일 수 있다. 그런데 이 생각은 스마트폰중독에 대한 올바른 이해를 방해한다. 왜냐하면 스마트폰에서 초점은 '스마트smart'이지 '폰phone'이 아니다. 스마트폰은 매우 많고 다양한 스마트 기능에 전화 기능도 보태놓은 것이다. 전화가 주체가 아니라 스마트가 주체인 것이다. 인식의 큰 변화다. 이렇게 이해하면 '스마트'에 지금과 같이 '전화' 기능이 부착될 수도 있고, '안경' 기능이 부착될 수도 있으며, '시계' 기능이나 '옷'의 기능이 부착될 수도 있다는 것을 예상할 수 있다. 이른바 스마트폰의 미래에 대한 이야기다.

빌 게이츠가 『빌게이츠 @ 생각의 속도』를 출간한 적이 있지만, 스마트폰의 미래 향방에 대한 생각 속도는 관련 기업들의 향후 생존 문제에 연관되어 있다. 구글은 스마트 기능을 안경에 보태어 구글글래스를 개발하였다. 이 안경에는 통화, 문자메시지, 이메일 등의 기능뿐 아니라, 사진·동영상을 음성터치 방식으로 촬영할 수 있는 기능, 위치정보와 인터넷, 내비게이션 기능까지 탑재되어 있다. 한편 리콘Recon Instruments에서도 스마트안경Recon Jet을 개발하고 있다고 한다. 이 안경은 구글글래스와 다르게 스키, 보드, 고공낙하 등 스포츠나 야외활동을 즐기는 사람들을 위한 것이라고 한다. 구글글래스의 기능에 고도계, 기압계, 습도계, 자이로 등 여러 개의 센서도 첨가된다고 한다.

그런데 현재 기업 동향을 분석해보니, 스마트안경이 포스트 스마트폰의 대세는 아닌 것 같다. 삼성전자, 애플, LG전자, 애플, 소니는 그 방향을 오히려 스마트손목시계로 확정하는 분위기다. 삼성은 스마트손목시계는 착용성, 접근성, 그리고 액세서리의 화려함을 살릴 수 있기에 더 전망이 밝다면서, 이미 '갤럭시기어'라는 이름의 스마트손목시계를 출시했다. 모든 전자기기는 암을 유발할지 모르는 전자파를 발산하는데, 스마트안경과 같은 전자기기를 매일 머리(뇌)에 부착하고 다니는 것은 매우 위험하고, 그렇기 때문에 대중들은 손목시계 형태를 선택할 것이란 판단이다. 이 스마트손목시계는 구글글래스의 기능에 건강관리의 기능까지 보태진다고 한다.

스마트안경이나 손목시계 다음에는 어떤 것이 확산될까? 매우 다양한 것의 각축전이 발생할 수 있다. 우리 사회에 스마트폰이 도입된 지 만 1년도 되지 않아 엄청난 반향을 불러일으킨 것을 감안해보라. 가까운 미래에 스마트 기술은 안경, 손목시계, 모자, 신발, 옷 등 다양한 유형으로 우리 일상의 동반자로 자리할 것이다.

이때 문제는 중독이다. 과연 대중들은 영화와 같이 매혹적인 스마트기기의 유혹을 이겨낼 수 있을까? 스마트폰의 매력에 빠져든 지난 4년여 기간을 생각해보라. 향후 스마트기기를 남용하는 사람들은 더욱 늘어나고, 일상에서의 의존도도 더욱 심각해질 것이다. 스마트미디어중독은 새로운 차원으로 접어들고 좋든 나쁘든 보편적 문화가 될 것이다.

어떻게 사용하면 중독을 예방할 수 있나?

이제까지 스마트폰중독의 위험성과 스마트폰중독의 미래를 알아보았지만 사실 스마트폰이 그렇게 나쁘기만 한 것은 아니다. 스마트폰은 실시간으로 다양한 형태의 정보를 주고받을 수 있게 하여 우리에게 이동성의 자유를 주었다. 세계 각국에 정치와 행정의 혁신을 일으키고도 있다. 그러면 어떻게 하면 스마트폰중독의 우려로부터 벗어나 긍정적으로 활용할 수 있을까(고영삼, 2013 참조).

첫째, 일상생활 중에 무의식적으로 스마트폰을 자주 사용한다면, 자신이 중독일 수 있다고 생각하고 전문가에게 진단을 받는 것이 좋다. 스마트폰중독은 충동적으로 사용하는 나쁜 습관에서 연유할

질문) 계속된 스마트폰 사용 때문에 잠을 잘 못 잘 때도 있고, 스마트폰이 곁에 없으면 불안하고 초조해집니다. 최근에는 일상생활이 산만해지고 집중력도 떨어집니다. 어떻게 하면 좋을까요?

답) 우선 한국정보화진흥원 인터넷중독상담센터(www.iapc.or.kr) 홈페이지를 방문하여 사이버로 진단을 받아보기를 권합니다. 그리고 전국 공통전화 1599-0075로 전화하여 거주지역의 가까운 상담센터 안내를 받아보세요. 또한 스마트폰, SNS 등을 건강하게 사용하는 생활습관 형성을 위해서는 『디지털 다이어트』(대니얼 시버그, 교보문고)를 읽어보기를 권합니다.

수 있기 때문에, 이러한 상태가 오래가면 치료가 매우 어려워질 수 있다는 것을 명심하는 것이 좋다.

둘째, 만약 전문가에게 진단받는 것이 어렵다면, 집에서 스스로 스마트폰 사용습관을 기록해보기를 권한다. 예를 들어 하루 몇 시간 사용하는지, 어떤 앱을 많이 사용하는지 등을 스스로 기록해보는 것이다. 그리고 스스로 스마트폰을 사용할 때, 분명한 사용목적을 가지고 필요할 때만 사용한다는 의식을 가져보면 어떨까? 이렇게 한다면 앱도 이것저것 수십 개를 어질러 깔아놓고 지내는 것보다 나을 것이다.

셋째, 스스로 스마트폰 금지smart-off 시간과 공간을 정하여 준수하는 것도 좋다. 먼저 시간의 경우, 수업시간, 회의시간, 식사시간, 가족 간의 대화시간, 잠자리 들기 전후에는 금지하는 것이다. 장소를 보면 차량 많은 곳, 건널목, 계단 등에서는 사용하지 않도록 스스로 약속하는 것이다. 혼자서 하기보다는 친구들끼리 혹은 한 학급이 약속을 하여 지켜가는 것이 재미있고 효율적이다.

넷째, 가능한 한 오프라인으로 일을 하는 것이 좋다. 물론 숙제나 학습을 할 때, 정보를 찾고 편집할 때 디지털 기술이 매우 좋은 도구임에 틀림없다. 그러나 친구들 간의 대화를 굳이 스마트폰으로 할 필요는 없다. 직접 만나서 대화하는 버릇을 갖는 것이 좋다. 많은 친구들이 카카오톡 등과 같은 SNS를 통해 친구를 사귀고 일을 한다. 그 유용성을 활용하지 말자는 것이 아니다. 그러나 오프라인 활동으로 할 수 있는 재미있는 취미를 만들어두는 것이 심신의 건강을 계속 유지하는 방법인 것은 사실이다.

다섯째, 누군가가 스마트폰 혹은 SNS를 통해 나에게 욕설을 하고 비난을 한다면, 그 글을 쓴 누군가에게 응대 혹은 복수하려고 또 다른 글을 올리거나 오프라인에서 만나지 말라. 현피(온라인 상의 문제로 오프라인에서 만나 따지거나 싸움을 하는 것)는 중독자들이 흔히 저지르는 실수다. 이렇게 하면 또 다른 사건에 연루되어 돌이킬 수 없는 생활을 보내게 된다. 차라리 증거를 꼼꼼히 수집하는 것이 좋다. 그리고 부모님, 친구, 선생님 등 누군가와 반드시 이야기를 나누면 문제해결의 도움을 받을 수 있을 것이다. 현대인에게 요술방망이와 같은 스마트폰, 건강한 사용습관이 더욱 절실하다(대니얼 시버그, 2013).

마지막으로, 우리는 새로운 기기의 수용에 있어서 성찰성을 회복할 필요가 있다. 스마트기기는 대중에게 생활의 편리함을 주는 방향으로 계속 진화한다. 그러나 충동적 사용을 부채질하여 기기 의존도를 심화시킬 것이다. 그 유혹에 대책 없이 말려들어서는 안 된다. 즉 '문제해결자이기도 하지만 문제유발자이기도 한 기술'(J. Ellul)에 대해 일종의 거리두기 전략이 필요하다. 존 나이스비트J. Naisbitts가 말했던 것처럼, 21세기 사회에서는 기술이 인간과 사회에 어떤 의미를 가지는지를 성찰하면서 수용하는 자세가 필요하다. 기기를 활용하되 강박적으로 의존하지 않는, 자연인으로서 인간의 주체성을 보유하면서, 얻는 것과 잃는 것을 재보면서 수용해야 할 것이다.

Smart

스마트미디어를 둘러싼 이슈

CHAP 13

법적, 제도적 쟁점

스마트미디어를 둘러싼 법적, 제도적 이슈를 정리하면서 PC/TV로 제공되는 스마트미디어와 스마트폰으로 제공되는 스마트미디어를 구분하여 산업 내 이슈를 요약하고, 법과 제도 관련 논의를 함께 정리하였다. 또한 스마트미디어의 특징을 정리하여 독자가 스마트미디어의 특징을 이해할 수 있도록 하였으며, 각 절에서 현재 이슈가 되는 제도적 논의점들을 정리하였다. 특히 2절에서는 인터넷과 TV 기반 스마트미디어의 쟁점 이슈를, 3절에서는 스마트폰 기반 스마트미디어의 쟁점 이슈를 정리하면서 스마트폰으로 제공되는 방송사업자의 모바일IPTV 서비스를 비교하였다.

스마트TV와 스마트폰이 방송과 통신의 새로운 이름이라고 할 정도로 익숙한 용어가 된 시대에 살고 있다. 스마트폰은 불과 3년 전만 해도 소수 혁신적인 사용자들이 즐기던 특별한 단말이었다. 스마트폰처럼 사용자가 앱을 자유자재로 다운로드해 설치할 수 있는 스마트TV는 이미 방송시장의 주류가 된 IPTV와 디지털케이블방송 등 디지털미디어서비스의 다음 주자로 거론될 만큼 큰 주목을 받고 있는 서비스이다. 수년 전 IPTV 법제화 논의 시기에 등장했던 진부한 방송통신 논란이 없는 것이 다행스럽지만 산업적 영향력이 커질수록 논쟁은 거세질 것이다. 스마트미디어를 위한 단말이 통신서비스 단말이라면, 그 단말에서 나오는 방송서비스는 방송인지, 부가통신서비스인지 아직 정의된 바 없다. 스마트미디어의 정의가 분명하지 않아 정책 수립에 어려움을 겪는 정부기관의 미발간 내부 보고서는 스마트미디어에 관한 다양한 개념을 정리하여 다음과 같이 정의하였다.

"디지털미디어와 인터넷 기술의 기반 위에 사용자 중심의 응용서비스 생태계가 조성된 서비스로 저장 및 전송의 제약이 없고, 다방향 커뮤니케이션이 가능한 유무선 단말과 서비스가 융합된 형태의 새로운 미디어."(미래창조과학부, 2013a; 이상호, 2013)

이때 디지털미디어라 함은 디지털지상파, DCATV, DBS, IPTV, M-IPTV, 스마트폰과 스마트TV 등을 포함하는 디지털 기술 기반의 방송통신 미디어를 의미한다. 또한 개인의 선호와 행태를 데이터화하여 최적의 맞춤형 서비스를 제공하는 개념과 앱 생태계, 클라우드 저장 기술과 초연결의 개념을 포함하여 정의한 것으로, 상기 정의가 현재까지 나온 정의 중에서 가장 현실적이면서도 미래지향적인 유연한 수준으로 평가될 것으로 판단된다.

스마트미디어 이슈에 관한 문제제기

아날로그미디어인 신문과 방송은 출판된 인쇄물을 펼쳐 읽어보거나 자연계에 존재하는 아날로그 전파를 전기통신설비와 TV 등의 단말로 수신하여 육안으로 시청하고 내용을 해석할 수 있는 매체이다. 또한 디지털미디어는 앞서 설명한 내용을 모두 0과 1의 조합인 디지털 신호로 바꿔서 압축하고, 각종 디지털 단말로 수신하여 시청하는 것이다. 따라서 디지털미디어는 콘텐츠 품질이 이전보다 향상되어, 영상 품질이 고화질로 선명해지고, 다채널 전송이 가능해지며,

송신자와 수신자 간에 양방향 서비스interactive service를 통한 소통이 가능한 특징이 있다. 이러한 기술적 특징은 디지털 기술을 기반으로 한 스마트미디어도 동일하다. 2014년 현재 스마트미디어의 대표적인 사례는 스마트폰과 스마트TV 등의 서비스다. 이때 스마트폰과 스마트TV를 통해 사용자가 얻는 즐거움은 기존의 미디어가 전혀 해소시킬 수 없었던 '(사용자를 위해 준비된) 똑똑함'과 '(잉여행위로부터의) 자유로움'이다.

그렇다면 스마트미디어는 앞서 설명한 디지털미디어의 한 종류로 설명이 가능하다. 결국 스마트미디어는 디지털미디어의 다른 이름에 불과할 수 있으며, 삼성과 애플 같은 가전사와 통신기업이 포장해놓은 브랜드일 수 있다. 그러나 우리가 이 책에서 스마트미디어를 중요하게 다루는 이유는 스마트미디어가 아직 명확하게 정의되지 못하였음에도 불구하고, 기존 디지털미디어와 다르고 매우 차별화된 특징이 있기 때문이다.

스마트미디어의 특징을 다음 몇 가지로 정의할 수 있는데, 첫째, 앱스토어의 존재, 둘째, 저장 및 전송의 제약이 없다는 점, 셋째, 점차 고도화된 개인화로 소비자 중심의 편익이 극대화된다는 점, 그리고 넷째, 네트워크로 초연결hyperconnectivity되는 서비스라는 점이다. 특히 초연결은 스마트미디어 전반에 걸친 공통의 특징이자 사회적 가치이며, 앞의 세 가지 특징을 모두 묶어 초연결과 비교해도 결코 무시할 수 없는 중요한 특징이라고 할 수 있다. 필자도 2011년 실시한 대학생들의 스마트폰 이용성향 조사를 통해 카카오톡과 같은 스마트폰 인스턴트메신저 앱이 스마트폰 지속 사용에 가장 중요한 요인이라는 점을 확인한 바 있다(이상호, 2011). 또한 상당수의 전문가들도 스마트TV, OTT, 스마트폰, M-IPTV 등의 서비스가 지속 가능한 성장을 하는 데 사용자 간의 연결과 소통, 피드백이 결정적인 역할을 할 것으로 예상하고 있다.

따라서 다음 절에서는 인터넷과 TV 기반 스마트미디어의 쟁점 이슈를 다루면서 PC/TV로 제공되는 스마트TV와 OTT를 IPTV와 구분하여 세밀하게 비교하였다. 아울러 IPTV와 스마트미디어가 점차 유사해질 것이므로 스마트시대의 방송법제 개편에 대한 필요성과 기대를 담았다. 그리고 스마트폰 기반 스마트미디어의 쟁점 이슈를 정리하면서 스마트폰으로 제공되는 방송사업자의 모바일IPTV(M-IPTV, 혹은 IPTV 3.0 서비스) 서비스를 비교하고 이슈를 논의하였다.

인터넷과 TV 기반 스마트미디어의 쟁점 이슈

과거와 다른 미디어산업 내부경쟁과 진입 트렌드 신생 미디어라고 할 수 있는 스마트미디어는 TV를 중심으로 제공되는 기존의 주류 방송미디어에 어떤 영향을 미칠 것인가? 이러한 질문에 업계나 학계에서 가까운 장래를 예측하는 것은 그리 어렵지 않다. 왜냐하면 아주 가까운 과거에 유사한 사례가 있었기 때문이다. '융합 이후의 시대'에 스마트폰이 무너뜨린 이동통신산업계의 구태의연한 질서 재편이 그것이다. 2000년대 중반 거의 모든 산업계 질서가 융합convergence이란 트렌드에 맞서 변화를 견뎌냈었다. 이 시기에 대부분의 통신기업들은 폭넓은 전장에 걸쳐 마지막에 살아남은 처절한 승자였음에도 불구하고, 2010년을 전후하여 도래한 스마트폰의 출현에 20여 년을 지켜온 자신들의 안방을 글로벌 플랫폼 기업(애플과 구글)과 가전단말사에 내주었다.

흥미로운 점은 당시 전 세계의 이동통신사업자들이 뭔가 대단히 실수한 것이 아니었다는 점이다. 첨단 기술의 발전과 오픈 플랫폼 생태계의 도래가 만든 수요자와 개발자 중심의 산업시스템 재편이라는 점, 결국 이러한 시스템의 변화를 소비자가 반겨주는 등 저변의 강력한 힘으로 거대한 물결이 밀고 가듯 '세勢의 변화'가 이뤄진 것이다.

다시 원점으로 돌아가 이동통신산업의 재편을 떠올려볼 때, 기존의 질서를 재편하고 새로운 생태계를 도래시킬 스마트미디어가 기존 방송미디어에 미칠 영향은 실로 엄청날 것이라고 예측된다. 전술한 통신산업의 경우 3개의 과점 사업자가 50조의 매출과 수조 원에 달하는 이익 규모로 생태계의 변화를 방어하면서 버티고 있다면, 방송산업은 400여 개 사업자가 12조 매출로 버티고 있는 산업인데, 그나마도 TV를 시청하는 젊은 층이 줄어들고 있으니 더욱 심각할 것임은 자명해 보인다.

지상파와 케이블TV사업자들이 후발주자의 진입을 막아내던 방식과 다를 것이라는 점이 업계의 조심스러운 예측이다. 즉, 케이블

TV가 위성방송의 안착을 2년가량 저지하고, 역시 케이블TV가 IPTV의 산업계 진입을 적어도 4년 이상(2004년부터 2008년 법제화까지) 늦추었던 게임의 논리와 스마트TV의 등장은 전혀 다른 방식의 전쟁이다. 전자가 '방송법'과 '인터넷멀티미디어방송사업법' 등의 기존 질서를 유지하는 규제체계의 논리로 후발주자의 성장을 묶었다면, 후자는 '무법'의 상태에서 시장에 등장하고 있으며, 마땅히 진입자를 제재할 만한 규제가 없는 것은 물론이고 소비자들이 이러한 서비스를 반기고 있다는 점에서 더욱 주목할 만하다.

지상파는 고품질 콘텐츠 생산이 가능하고, 황금주파수 대역을 보장받는 등 비교적 강점이 많은 플랫폼이다. 위성방송은 열위의 매체임에도 니치마켓niche market이 존재하며, 대주주는 IPTV 사업을 영위하고 있다. 한편 IPTV는 스마트TV와 가장 기술적으로 근접한 플랫폼이며, 재무적으로 양호한 모기업의 사업이 뒷받침되므로 스마트미디어와의 경쟁에서 다른 방송 플랫폼에 비해 비교적 우위를 점할 것이다. 이렇듯 기존 방송미디어사업자들 중에서 스마트미디어의 도래로 인해 가장 염려가 되는 미디어사업자는 아날로그 기반에서 시작한 케이블TV SO사업자들이다.

케이블TV의 예상되는 어려움은 첫째, 네트워크와 플랫폼의 노후화, 둘째는 주파수 분할의 한계, 셋째는 가입자 감소와 경쟁 심화로 인한 수익 기반 약화 등이다. 앞의 두 가지는 기술적 한계인데, 이를 극복하려면 장기적으로 노후화되는 시스템을 IPTV 방식을 적용하여 효율을 높이는 것이 바람직한 대안으로, 이미 케이블TV SO들은 IP 방식의 전송에 익숙하다. 기술적으로 구현이 어렵지 않으며, VOD 및 양방향 서비스에서는 일부 IP 방식을 적용하고 있다. IPTV로 전환될 경우 플랫폼과 네크워크의 신규 투자가 부담될 수 있으나, 장기적으로는 결국 IPTV가 해답이 될 수 있다. 현재 HD 대역폭의 4배에 달하는 UHDTV(초고화질TV) 등의 서비스와 넘쳐나는 상하향 데이터의 요구는 아날로그 대역을 모두 디지털 대역으로 활용한다고 해도 어려울 수 있다. 그러나 아날로그 대역을 모두 디지털 대역으로 전환하는 것은 매우 신중한 접근이 필요하다. 따라서 점차 IPTV 시스템으로 교체하면서 자연스럽게 아날로그 시청자를 상향 이전시키고, 규제 측면에서 IPTV에 비해 불리한 규제를 피해갈 수 있다면 더욱 유리한 고지를 점할 수 있을 것이다. 또한 무엇보다 바람직한 점은 IPTV사업자가 DCS(접시 없는 위성방송) 등 다양한 융합 서비스로 결합하는 것을 카피하여 경쟁할 수도 있다는 점이다.

실제로 케이블TV SO들은 변화를 위한 다양한 노력을 시도하고 있다. 2012년 6월, 케이블TV SO 사장단과 삼성전자가 스마트TV 셋톱박스 추진을 위해 제휴하고, 스마트TV의 기능을 수용하고자 하였으며(아이뉴스24, 〈삼성전자, 삼성앱스에 케이블TV 앱 등록 제안〉, 2012년 6월 19일자), 2013년 5월, 한국케이블TV방송협회의 KCTA 행사에서 케이블방송업계에선 공공연한 비밀처럼 논의되던 케이블방송의 IPTV 허용 요구가 공식적으로 언급되었다(아이뉴스24, 〈양휘부 회장 "정부, 케이블 IP전송 허용해야"—스마트 서비스 위해 기술 규제와 시장 규제 풀어야〉, 2013년 5월 23일자). 아울러 2013년 7월 정부에서는 동일 서비스 동일 규제 원칙을 제도화하기 위해 2014년부터 케이블TV와 IPTV의 비대칭 규제를 해소하겠다고 발표하였다(방송통신위원회, 보도자료 〈방통위, 케이블·IPTV 등 사업자간 제재 차별 없앤다〉, 2013년 7월 11일자). 발표 자료에는 '방송법과 IPTV법 상의 금지행위 등 사후규제 수준과, 허가·승인 등 사전규제 위반 관련 제재 수준의 차이를 규제 형평성 차원에서 합리적으로 정비하기 위한 법제도 개선' 등이 포함되어 있어 제도의 정비를 통해 향후 도래하는 신규 미디어 서비스의 활성화에도 도움이 될 것으로 예상된다.

인터넷과 TV 기반 스마트미디어의 특징 TV 기반의 스마트미디어는 스마트TV, OTTOver the Top 서비스, OVDOnline Video Distributors 서비스, 커넥티드TVConnected TV, 하이브리드TVHybrid TV 등의 명칭으로 혼재되어 사용되는데(wikipedia.com), 2010년 스마트폰의 보급 이후 점차 스마트TV 또는 OTT(최근 미국에선 OVD를 병기함)로 집중되고 있다. 간혹 인터넷TV라고 불리기도 하는데 이는 인터넷과 TV의 연결을 의미하는 지나치게 넓은 표현이거나, 2000년 전후 잠깐 등장했던 IPTV의 초기 모델을 웹TV 또는 인터넷TV라고 명명했던 것과 혼동되는 표현으로 스마트미디어를 의미하기엔 부적절하다.

스마트TV와 OTT가 허가받은 방송사업자가 아닌 가전사, 포털 및 플랫폼사가 제공하는 미디어서비스인 점은 유사하나, 스마트TV가 앱스토어 기반의 앱서비스가 중심이라면 OTT는 VOD/실시간 방송 등의 콘텐츠 서비스를 중심으로 하는 서비스라는 점에서 차이를 찾을 수 있다. 또한 스마트TV가 스마트폰의 앱생태계를 모방한 가전사의 독자생존 모델이라면, OTT는 영상콘텐츠를 (기존 방송이 아닌) 다른 경로로 계약한 써드파티3rd party 사업자들이 인터넷으로 제공하는 TV 혹은 PC용 서비스라고도 할 수 있다. 예컨대 OTT는 NowTV, Netflix, WhereverTV, Hulu, MyTV, 곰TV, 다음TV+ 등 인터넷망을 보유하지 않은 사업자들이 IP패킷 방식으로 제공하는 영상서비스이므로 네트워크의 품질을 보장할 필요도 없고, 사용단말을 TV(스마트TV 포함)로 한정하지 않아도 무방하며, PC, 모바일 기기, 게임 콘솔 등을 통해서도 연결이 가능한 특징이 있다(wikipedia.com). 결국 스마트TV보다 OTT가 훨씬 유연한 콘텐츠 공급망을 보유하고 수익구조도 선순환이라고 볼 수 있다. ABI 리서치는 2012년 80억 달러 규모에서 2015년 200억 달러 규모로 성장할 것이며, 북미, 유럽, 아태 지역에서 매년 50% 이상의 성장을 할 것이라고 예측하고 있다(정인숙, 2013; ABI Research, 2013). 이는 시청자의 측면에서도 설명이 가능한데, TV를 통해 앱을 이용하는 데 익숙하지 않은 사용자들은 과거의 소비습관처럼 소파에 편히 앉아 TV를 통해 영화나 드라마를 보는 데 더욱 친숙해할 것이다. 결국 앱스토어 중심의 스마트TV가 독자생존이 매우 불투명한 반면 OTT의 장래는 매우 긍정적이라는 것이 미디어산업의 미래를 예측하는 열쇠가 되는 것이다.

다음의 [표 13-1]은 IPTV와 스마트미디어(스마트TV와 OTT)를 구분하여 비교한 것이다. 출시의 배경과 규제 근거, 주요 사업자를 정리하였는데, IPTV가 합법적인 규제 하에 제공되기까지 상당한 기간이

| 표 13-1 | IPTV와 스마트미디어(스마트TV, OTT)의 산업적 배경 비교

구분	IPTV	스마트TV	OTT(OVD)
출시 배경	-초고속인터넷의 발전, 방송의 디지털화	-디지털TV의 기술 진화	-콘텐츠 전송 기술/경로의 다변화
산업생태계	-정부/정보통신업계 -가전/디지털장비 제조업체	-정부/가전장비 제조사 -앱 중심의 콘텐츠산업계	-독자적인 플랫폼사업자 -영상/앱을 모두 포함하는 콘텐츠산업계
출시 과정	-방송산업계의 반발 및 규제 이슈로 6년 지체. 2008년 정식 출시	-기존 IPTV 규제와 스마트폰 생태계 이슈로 인해 사업자 자율 출시. 현재 규제 공백	-인터넷을 이용한 콘텐츠사업으로 사업자 자율 출시. 현재 규제 공백
정책적배경	-정부 주도의 강력한 드라이브, 통신기업의 적극적인 호응	-새로운 산업 활성화 이슈로 등장. 그러나 태생적 한계로 성장이 어려움	-새로운 산업 활성화 이슈로 등장. 해외의 성공 사례 확인 중
규제 근거	-인터넷멀티미디어(IPTV)사업법 *특별법의 형태	-전기통신사업법 부가통신사업자 지위 *별도 규제 없음	-전기통신사업법 부가통신사업자 지위 *별도 규제 없음
사업 제공 주체	-통신네트워크보유사업자	-가전사, OS플랫폼 보유사	-포털, 가전, OS플랫폼 보유사
주요 사업자	-KT(미디어허브), LG U+, SK텔레콤 -장차 IPTV를 접목하게 될 유료방송사업자 -Verizon, AT&T, BT, FT 등의 통신사업자와 일부 CATV사업자	-구글, 애플 등 OS 보유사 *최근 구글은 구글TV를 IPTV사업자와 제휴하여 제공함 -삼성전자, LG전자 등 가전사	-NowTV, Netflix,Hulu, WhereverTV, MyTV -곰TV, 다음TV+

출처 : 이상호·김선진(2011), 이상호(2012)의 스마트미디어 비교표를 보강함

지체된 반면, 스마트TV와 OTT는 규제 논의에서 벗어나 자유로운 전기통신사업법의 인터넷 부가통신사업자로 진입하고 있음을 알 수 있다.

[표 13-2]에서 확인한 바와 같이 IPTV와 스마트TV, OTT(OVD) 등은 모두 인터넷망을 이용해 IP패킷을 전송하는 방식의 기술을 적용

| 표 13-2 | IPTV와 스마트미디어(스마트TV, OTT)의 서비스/기술 비교

구분		IPTV	스마트TV	OTT(OVD)
주요 서비스		유료디지털방송사업자의 서비스/융합콘텐츠 서비스 제공	현재는 앱 중심의 서비스, 향후 IPTV/DCATV와 유사해지거나 제휴 예상	현재는 영상콘텐츠 중심의 서비스, 향후 IPTV/DCATV의 주요 서비스를 능가할 것으로 예상
서비스 품질	실시간 방송	HD, UHD 고화질 제공	Through 혹은 미제공(제공하더라도 품질 보장 안 됨)	현재 SD급 화질이나 고화질 가능(네트워크 품질 보장 여전히 안 됨)
	VOD/양방향/앱스토어	VOD/양방향서비스/앱스토어 모두 제공(고화질 영상 중심)	풍부한 앱스토어 보유, 앱서비스 중심, VOD 소극적 제공(콘텐츠 부족, 저화질 영상 중심)	VOD 영상 중심 제공, TV향의 양방향서비스/앱 제공은 소극적
	통신 기능	VoIP 독립번호 자원(070)	VoIP(Skype 제휴)	PC의 인터넷 접속 기능을 활용 또는 VoIP
네트워크 품질	망 종류	QoS 보장된 Managed Network	QoS 보장 안 된 인터넷	QoS 보장 안 된 인터넷
	서비스 품질	14~50Mbps 이상의 균일한 대역 보장	균일한 품질 확보 곤란	균일한 품질 확보 곤란
	스트리밍 화질	HD급, 3D 등 고화질 제공 가능	SD급 이하 제공 HD급 스트리밍 불안정	SD급 이하 제공 HD급 스트리밍 불안정
플랫폼 특성		IPTV 연계한 다양한 BM 제공 IPTV 플랫폼+웹기반+위젯 시스템	TV 앱 중심으로 경량화 구축 가능 삼성의 경우, 모바일 플랫폼 기반	영상 스트리밍 중심으로 경량화 구축 가능 PC/인터넷 확장 가능한 유연한 개방형OS 플랫폼
단말	성능	IPTV 셋톱박스와 스마트TV 내장STB의 성능은 동일 혹은 유사(800MhzCPU/512MBMM/1GBflashMM)		단말 자체가 없는 경우도 가능
	구동환경	인터넷 IP패킷 방식의 플랫폼, ACAP 미들웨어, TV향 브라우저, HTML5 기반 미들웨어도 동시 구축		인터넷 IP패킷 방식, 개방형OS, 인터넷 HTML 기반
가격		단말 저가/무상임대 자체 빌링/정산시스템 월정액/유료PPV 부담	소비자가 TV 가격을 부담, 유료앱 외부PG 추가 부담	단말저가/무상임대 단말 자체가 없는 경우도 가능 월정액/유료PPV 부담
제품 수명		단말 수명에 따른 교체, 필요시 상시 교체/AS 가능	TV와 내장 단말의 수명이 상이하고, TV 수명에 좌우됨	단말 수명에 따른 교체, 단말 자체가 없는 경우도 가능

출처 : 이상호·김선진(2011), 이상호(2012)의 스마트미디어 비교표를 보강함

하고 있으며, 플랫폼의 표준이 상이할 뿐 장기적으로는 동일한 서비스 형상으로 진화할 수 있는 서비스임을 알 수 있다. 다만, 분명히 차이가 있는 점은 IPTV만이 네트워크의 품질, QoS를 보장하는 서비스를 제공한다는 점인데, 이마저도 점차 네트워크의 광대역화가 진행되면 모든 유무선 통신환경에서 서비스가 끊김 없이 제공될 수 있을 것으로 전망된다. 결국 스마트TV와 OTT는 모두 IPTV와 기술적으로 유사한 서비스이며, 산업 규모의 차이에 따라 소규모 시범적 플랫폼에 대한 규제는 유보하더라도 (청소년 보호, 시청자 보호를 위한) 최소한의 내용적인 규제는 필요한 서비스이다. 현재 다음커뮤니케이션스의 TV 서비스는 2008년 사업권 획득이 좌절된 IPTV 서비스의 형상보다 더욱 진화되어 제공되고 있다. IPTV로 허가되지 않은 서비스가 OTT라는 카테고리로 분류되어 서비스가 된다는 점이 정책 당국자의 고민이다. 과연 이러한 서비스를 발전시켜야 한다면 진흥 정책은 어떤 법규와 산업분류를 통해 논의되어야 하는 것인가? 정부와 산업계의 스마트미디어 규제 논의 분위기는 신규 미디어의 성장을 일단 지켜보자는 중립적 입장이다. 또한 최소한의 제도적 기반에 대한 논의는 산업 진흥을 위한 배려이기도 하다.

스마트TV 출시 이후 업계의 평가는 정책 부재/표준 부재, 콘텐츠 부족, 불안정한 시스템, 네트워크 품질 미보장, IPTV/케이블과의 제휴 어려움, 가전사의 TV 구매와 상이한 서비스의 유지 가능성 등에 대해 의구심을 갖는 부정적인 평가가 상당수였으며, 무엇보다 TV 시청자의 이용행태와 상이한 앱 서비스 중심이라는 문제점 등으로 인해 독자생존이 불가능하다는 평가도 다수였다(이상호·김선진, 2011). 그에 반해 OTT는 TV 시청자의 행태를 이해한 콘텐츠와 유연한 플랫폼, 제휴가 용이한 구조, 소비자 접근 편의성 등을 무기로 빠른 성장을 이루고 있다. 아직 국내에선 해외와 같은 성공 사례가 발견되지 않는데, 이는 국내 콘텐츠 시장을 장악하고 있는 지상파 콘텐츠의 철저한 창구 관리가 주효하고 있으며, 한편으론 저렴하거나 무료로 다운로드할 수 있는 인터넷 서비스가 광범위하게 보급된 것이 이들의 초기 성장을 어렵게 하는 것으로 볼 수 있다. 다만, 스마트TV 및 OTT사업자들이 IPTV 등의 서비스와 융합하여 제공할 경우 산업계의 판도를 바꿀 정도의 위력이 생길 수 있다는 점을 주목해야 할 것이다.

| 그림 13-1 | 올레TV, 삼성 스마트TV, 넷플릭스 (위쪽부터)

인터넷과 TV 기반 스마트미디어의 쟁점 IPTV와 스마트미디어의 비교표에서 확인한 바와 같이, 현재 서비스와 기술 측면에서 다소간 차이가 있으나, 점차 두 서비스는 유사하게 서로를 카피할 것이고 시청자의 입장에서 구분하여 이용한다는 것은 어려운 것이 현실이다. 이미 LG가 구글TV와 제휴하여 서비스를 출시하고, IPTV사업자들도 HTML5 기반의 단말과 플랫폼으로 변신하고 있다. KT는 HTML5 기반의 플랫폼과 셋톱박스STB 개발에 따른 후속으로 2013년 7~8월 중 전 지사에 교육을 실시한 바 있다. 조만간 케이블TV SO들이 IPTV 방식으로 서비스를 하게 되면, 방송통신 네트워크를 보유한 사업자와 이를 임대하거나 제휴하는 OS 및 콘텐츠 보유 사업자 간의 조합에 따라 서비스가 다양해질 것이다.

현재 방송법상 케이블TV SO사업자는 전국 방송구역 3분의 1 이하에서 사업을 영위하도록 허가되었으며, 전국 케이블 가입가구의 점유율 3분의 1, 매출액은 33%를 넘지 못하도록 규제되어 있고, 위성방송은 그 제한 자체가 없다(방송법 8조 6항/8항, 시행령 4조 5항/7항). 한편 인터넷멀티미디어방송사업법(IPTV법)에서 IPTV는 전체 유료방송 가입가구의 3분의 1로 가입자 점유율을 제한하고 있으며(인터넷멀티미디어방송사업법 13조 1항), IPTV사업자의 타 방송서비스와의 결합에 대한 규정이나, 타 방송서비스사업자의 IPTV 서비스 제공에 관한 규정은 부재하다. 예컨대, 케이블TV SO가 위성방송이나 IPTV와 결합된 서비스를 제공할 경우나 IPTV사업자가 여타 방송사업자와 제휴할 경우 참조할 수 있는 법규가 없는 것이다. 현실적인 방법은 규제

기관에 사전에 검토를 요청하거나, 시범 서비스를 진행하면서 산업계의 반응을 살펴보는 것이다. IPTV 제공 사업자가 DCS 서비스를 제공하던 중 방송통신위원회로부터 중단 결정을 통보받은 것이 그 사례인데(2012년 8월), 이러한 경우는 소비자를 볼모로 하는 힘겨루기 양상으로 번져 결국 시청자가 피해를 보는 부작용이 발생한다.

방송통신 융합을 넘어 스마트미디어의 시대로 접어드는 시점에 방송통신사업자 간 서비스 융합을 가로막는 것은 시대의 흐름에 뒤처진 규제방식이라는 점에 대해 다수의 학자와 산업계가 동의하고 있다. 아울러 케이블TV SO사업자와 IPTV사업자의 규제를 구분하는 것도 구시대적이고, 점유율과 관련된 제한도 변화가 필요하다는 점을 상당수의 전문가와 정부 관계자는 인식하고 있다. 일부에서 IPTV와 위성방송을 동시에 보유한 특정한 통신사업자를 규제하기 위해, 통합 점유율로 규제하자는 의견이 나오는 것도 현재 규제체계의 문제점을 여실히 드러내는 현상이다. 그것이 바로 융합과 스마트 시대를 가로막는 '칸막이 규제'의 단면인 것이다. 2013년 새 정부의 정책에는 '미디어산업의 칸막이 규제를 철폐'하고 '신규 융합서비스를 육성'하겠다는 방향 하에 '위성+IPTV 서비스 규제 개선', '방송법과 IPTV법의 일원화' 등의 세부 규제 개선안이 준비되었다(미래창조과학부, 2013b).

이와 같은 법체계의 개편은 스마트미디어의 시장 안착과 기존 방송산업계의 발전에 긍정적으로 기여할 것으로 기대되는데, 이는 과거에 경험하였던 기존 미디어와 신규 진입자 간의 불필요한 갈등과 시청자 피해를 예방하는 데 도움이 될 것이라고 보기 때문이다. 결국 기존의 합법적 방송통신미디어사업자 간의 규제가 비대칭 시비에서 벗어나 형평성 있는 수평 규제로 정착되고, 신규 미디어의 진입 이후 산업 내 조화가 이뤄질 수 있도록 한다는 데 의미가 있을 것이라고 본다.

스마트폰 기반 스마트미디어의 쟁점 이슈

스마트폰의 등장과 함께 N-스크린으로 변화하는 미디어 트렌드

지상파의 푹pooq과 케이블TV SO의 티빙TVing, IPTV사업자의 올레TV나우OTN(2013년 10월 올레TV모바일로 명칭이 변경됨) 등이 경쟁하고 있는 새로운 유료방송 플랫폼이 스마트폰 기반의 모바일IPTVM-IPTV 서비스이다. 2005년 지상파DMB와 위성DMB가 등장하는 시기에 새로운 신규 미디어의 기선을 잡고자 지상파와 이동통신사업자가 서로를 견제하며 오래 갈등하였다면, 5년이 지난 2010년 스마트폰 보편화 이후 스마트폰으로 모바일 방송을 제공하는 사업자들은 비교적 조용히 자사 서비스 확대에만 주력하는 형국이다. 한편 전문가들은 스마트폰으로 제공되는 미디어가 현재 규제 공백 상태인 서비스이며, 기술적으로 모바일IPTV 서비스이기 때문에 기존 모회사의 방송서비스 규제를 적용받지 않도록 유의해야 한다고 지적한다. 모회사의 사업과 연계되어 기존 방송법의 규제를 받을 경우 서비스를 중단하거나 불가피한 제약을 받을 가능성이 있다는 것이다. 그러나 전문가 다수는 규제기관이 갑자기 서비스 중단을 요구하기가 쉽지 않을 것으로 전망한다. 스마트폰으로 관련된 미디어 앱을 다운로드한 건수가 이미 1,600만 건 이상이며, 100만 명에 근접하는 유료 가입자가 존재하기 때문이다.

스마트폰TV 앱 서비스(M-IPTV)에 가장 먼저 진입한 사업자는 KT와 CJ헬로비전이다(2010년 4월 KT의 OTN 출시, 2010년 6월 CJ헬로비전의 티빙 출시). 2010년 이들 사업자가 제공한 서비스는 기존 방송서비스 가입자를 위한 N-스크린 개념의 부가서비스였다(실제 유료서비스임). 실시간 방송과 VOD 일부를 제공하면서 기존 IPTV와 디지털 케이블 가입자에게 N-스크린 기능을 제공하기 위함이었다. 이후 HCN이 에브리온 TV를, LG U+가 U+HDTV를 출시하면서 유료방송

| 그림 13-2 | K-player, 푹, 티빙, 올레TV모바일(위쪽부터 시계 방향으로)

사업자들의 N-스크린 서비스로 확대되는 양상이었으며, KBS의 K-Player와 MBC, SBS 등의 푹이 출시되면서 경쟁의 구도가 변화하기 시작했다. 2012년 들어 다수의 사업자들은 서비스를 유료로 전환하게 되는데, KBS가 제공하는 K-Player만 무료로 유지되고, 현재는 대부분의 서비스가 유료로 제공되고 있다.

앞서 예로 든 서비스들이 유료방송사업자의 고객서비스를 위한 확장서비스 성격으로 출시되었던 반면, 푹은 무료 지상파방송사업

| 표 13-3 | 스마트폰 기반 모바일IPTV 서비스 비교

사업 유형	사업자	서비스 명	개시일	사업모델	콘텐츠	가입자 수
지상파	KBS	K-Player	'11. 9	로그인 없이 무료	실시간 방송 (TV7,R7 채널)	620만 건 다운로드
	MBC, SBS	pooq	'12. 7	유료(5,000원)	실시간 및 VOD	200만 명 (유료 20만명)
케이블	CJ헬로비전	TVing	'10. 6	유료(7,000원)	실시간 및 VOD	500만 명 (유료 20만 명)
	HCN, 판도라TV	에브리온TV	'12. 5	동영상 광고 및 오픈채널	실시간 및 VOD	160만 명
통신사 (가전사)	KT	올레TV나우 (OTN)	'10. 4	IPTV올레TV 가입자만 무료	실시간 및 VOD	300만 명 (유료 40만 명)
	SKT	BTV 모바일	'12. 7	SKT BTV 가입자만 무료	실시간 및 VOD	100만 명 추정
	SK플래닛	호핀	'11. 1	유료	VOD	350만 명
	LGU+ 삼성전자	U+ HDTV	'11.10	유료 (한달 5,000원)	실시간 및 VOD	220만 명

출처 : 도준호(2012), 이상호(2012) 발표자료에 기업 발표자료를 추가하여 작성

자로 허가된 사업자가 자신의 콘텐츠로 유료 다채널 서비스를 제공한다는 점에서 지상파방송 고유의 비즈니스라고 하기 어렵다. 이젠 시청료로 운영되는 KBS마저 K-Player에서는 무료로 제공하고, 푹에선 자사의 채널과 콘텐츠를 유료로 제공하고 있다. 결국 기존 방송법제 하에서는 영위할 수 없는 새로운 사업영역을 발굴한 것이다. [표 13-3]은 제공 중인 N-스크린 서비스들을 정리한 것으로, 가입자 수는 2012년 혹은 2013년 초 기업이 공개한 수치이다.

스마트폰 TV 앱 서비스의 규제 이슈 고찰 유료방송사업자의 M-IPTV 서비스는 다음 세 가지 측면의 이점이 있다. 첫째, 가입자에게 N-스크린 기능을 제공함으로써 TV를 직접 시청하지 않는 젊은 층과 이동이 잦은 수요층을 고착화시켜 본 서비스의 해지율을 낮춘다는 장점이 있다. 둘째, 기술적으로 미성숙한 새로운 미디어서비스를 시범적으로 제공하여 수요자의 잠재 요구사항을 파악하고 미래 사업의 확장 방향성을 확인한다는 점이다. 셋째, 현행 방송법의 규제를 벗어나 새롭게 발굴되는 비즈니스 모델과 수익 창출이라는 이점이 있다.

사업자들이 가장 주목하는 부분은 다름 아닌 세 번째의 이점이다. 방송법을 근거로 하여 설립/경영되는 지상파, 케이블SO, IPTV사업자 등은 소유 규제 및 내용 규제 등의 엄격한 감독이 이뤄지는 방송사업자이다. 그러나 M-IPTV 서비스는 IP미디어 방식의 부가통신서비스 사업으로 방송사 본사에서 하든, 자회사에서 하든 문제가 없으며, 자회사의 지분 제한에도 문제가 없다(방송법 8조 소유제한). 데이터방송사업을 위해 변경 허가, 전파법상 방송구역에 따른 허가 등을 받아야 하는 방송법 9조 허가 및 재허가 조항도 M-IPTV 서비스는 불필요하며, 서울의 방송이 전국으로 방송되어도 법에 저촉되지 않는다. 이것은 완전히 새로운 사업이며, 광고의 시청대상이 기존 방송과 전혀 상이한 신규 수익 원천이라는 점에서 획기적이다. 따라서 지역의 방송사업자들에게 M-IPTV는 잠재된 불편한 이슈인 것이다.

또한 방송의 내용 심의조항인 32조, 공정성과 공공성 심의대상이 되지 않으므로 지상파방송의 심의를 통과하지 못할 내용이 방송되거나, 방송광고 금지품목의 광고가 편성될 가능성이 있다. 그리고 방송프로그램의 편성 규제조항인 69조, 편성비율 제한, 시청점유율 제한으로부터 자유롭고, 방송광고 관련 73조의 광고 유형에 대한 규제, 미디어랩 규제 등에 해당되지 않는다. 더욱이 유료방송서비스를 제공함에도 불구하고, 유료방송의 약관(77조)의 신고, 요금승인 등이 미적용되는 (사업자의 입장에서 매우 자유도가 높은) 서비스가 될 수 있다.

그렇다면 M-IPTV 서비스는 IPTV법 상의 IPTV에 해당하는가? 이 대목은 전 절의 스마트TV와 OTT도 동일하게 검토해볼 수 있는 부분이다. 전 절에서 스마트TV와 OTT는 네트워크의 품질 보장을 제외하고는 기술적으로 IPTV와 유사하다고 하였는데, 이 점은 M-IPTV와 동일한 상황이다. 이제 이들 서비스에 대한 규제 이슈를 고찰해보도록 한다.

인터넷멀티미디어방송사업법은 2조(정의)에서 '인터넷멀티미디어

방송'이란 광대역통합정보통신망 등을 이용하여 양방향성을 가진 인터넷 프로토콜 방식으로 일정한 서비스 품질이 보장되는 가운데 텔레비전 수상기 등을 통하여 이용자에게 실시간 방송프로그램을 포함하여 데이터·영상·음성·음향 및 전자상거래 등의 콘텐츠를 복합적으로 제공하는 방송으로 정의하고 있다. 이때 정보통신망은 전파법 제10조에 해당하는 할당주파수를 제외한다는 단서가 있으므로, 기존 주파수를 사용하는 지상파, 케이블TV, 위성방송은 제외된다. 또한 IP방식의 서비스 품질을 보장해야 하는데, 이때의 서비스는 특별히 네트워크의 품질 보장을 의미하는 것으로 IP패킷에 별도의 부호를 추가하여 패킷을 우선적으로 보호하는 설비가 구축되어야 하며, 이러한 품질 보장이 안 될 경우 IPTV라고 인정할 수 없다. 이때 망은 유선이든 무선이든 무관하고, 자가 소유하든 임차하든 상관없으니, 망을 보유하지 않은 사업자도 유무선 서비스가 가능한 것은 이러한 근거 때문이다. 그리고 TV 등을 통한 미디어서비스 제공을 전제하고 있으므로 스마트폰이나 모바일기기를 통한 제공은 포함 혹은 제외되었다고 할 수 있다. 결론적으로 M-IPTV, 스마트TV와 OTT 서비스는 상기의 정의 중에서 '서비스 품질 보장'이 안 되는 점이 유일한 결격사유가 되는 것이다.

상기의 의미는 두 가지 측면으로 상반된 해석이 가능한데, 첫째 IPTV의 조건에 미달하므로 IPTV와 같이 품질 보장을 해서 규제의 틀에 들어올 수 없다면, IPTV 서비스를 중지해야 한다는 제26조(시정명령 등) 조항에 저촉된다는 점이다. 또한, 'TV only'가 아니라 'TV

등(텔레비전 수상기 등)'이라고 표현되어 있어 모바일 서비스가 제외되었다고 볼 수 없다는 점이다. 따라서 M-IPTV는 현행 방송법 제105조(벌칙)에 저촉되는 것이 아니라, IPTV법에 의해 규제를 받아야 한다고 볼 수 있다. 즉 IPTV법 제26조에 의해 서비스 제공 중지나 벌칙(2년 이하의 징역 또는 3천만 원 이하의 벌금)을 받을 수 있다.

둘째, 반대의 해석도 가능한데, IPTV의 조건에 미달하므로 IPTV가 아니고, 따라서 전기통신사업법상의 부가통신서비스로 제공이 가능하다는 점이다. 양쪽의 해석이 모두 가능하지만 규제기관이 무리해서 첫 번째 법리해석을 적용하지 않는 것은 여러 가지 산업적 배려를 염두에 두는 것으로 볼 수 있다. 정부는 무법 서비스라고 해도 다수 소비자의 피해를 방치하지 않는 경향이 있는데, 관련된 사례로 KT의 스마트TV 중단에 대한 정부의 대응 사례가 있었다. KT는 2012년 2월 삼성전자의 스마트TV 앱 접속을 차단하였으며, 같은 해 5월 방송통신위원회로부터 경고를 받은 바 있다. 물론 내막은 망중립성과 관련된 KT와 삼성전자 간의 갈등이었지만, 볼모로 잡힌 소비자의 피해 사례가 재발되지 않도록 하는 대응이었다. 이러한 처방은 차단된 서비스가 M-IPTV라고 해도 마찬가지일 것이다. 이유는 현재의 M-IPTV, 스마트TV, OTT 등의 서비스가 현재 규제가 어느 정도 필요한지 규제당국이 파악하기 이전에 사업자 간의 불필요한 분쟁을 최소화하려는 의도와 연관되어 있으며, 유료 가입자가 수십만에 달하는 상용서비스를 중단하는 것에 따른 부담도 작용하였을 것이라고 본다. 또한, M-IPTV를 영위하는 사업자들이 기존 방송사업을 영위하는 사업자들이 대부분이라는 점, 방송산업 내에서 M-IPTV 규제에 관한 요구사항이 많지 않은 점도 신규 서비스에 대한 예외적 배려 사유로 인정되었다고 본다.

분명한 것은 과거 규제기관의 신규 서비스에 대한 정책은 그렇게 유연하지 않았다는 점이다. 2005년경 IPTV의 법제화를 준비하는 단계에서는 동일한 상황에서도 IPTV의 시범 서비스가 무법이 아닌 '불법'으로 간주되어 사전 허가 없이 소규모 시범 사업조차 제공하기 어려웠다. 전 절에서 언급한, KT의 DCS가 불법 소지가 있다는 점을 들어 방송통신위원회가 사후적으로 가입자 모집을 중지시킨 것이 불과 1년 전의 일이다. 이들 사례의 공통점은 방송산업 내 사업자들의 반발이 매우 심했던 경우라는 것이다. 또한 규제기관이 조만간 법제화한 이후 상용서비스를 출시하도록 하는 것이 바람직하다는 판단을 했을 수도 있다.

이미 상용화되어 제공되고 있는 서비스의 중지를 명하는 것은 매우 바람직하지 못한 규제행위라는 점에 다수가 동의할 것이다. 규제가 필요하다면 서비스의 출시 이전에 규제 수준을 정하거나, 만약 (선서비스 후규제의 전례가 없음에도) 후규제 하겠다면 어느 시점에 후규제 할 것인지 명시하거나, 사업자에게 통보하여야 한다. 2011년과 2012년은 한국 정치상황이 순탄하지 못했으며, 특히 방송통신위원회의 수장과 관련된 일련의 사건들로 인해 정황상 규제기관이 M-IPTV에 대한 입장을 심각하게 고민하지 못했을 가능성이 크다. 또한 2013년 들어 사업자들은 유료 가입자 수가 많지 않고, 이제 자리를 잡아가는 신생 미디어인 점을 들어 규제 없이 서비스하기를 희망하고 있다. 이 점은 과거 IPTV가 규제의 틀 안에서 서비스하고 싶어 하던 양상과는 완전히 다른 모습이다. 이는 IPTV가 방송산업 외부에서 내부로 진입하는 미디어였던 반면, M-IPTV는 방송산업 내부에서 자생한 미디어라는 점에서 그 차이를 이해할 수 있다. 그럼에도 불구하고, M-IPTV 서비스가 방송서비스의 확장 역무로서 법령의 범위 내에 있어야 한다는 점은 분명하다. 적어도 시청자 보호를 위한 최소한의 내용 규제, 편성과 광고와 관련된 지침, 각종 공익적 의무 등의 제도가 필요하다는 점을 인식하여야 할 것이다. M-IPTV, OTT 서비스의 비대칭 규제는 규제범위 내에 있는 방송사업자와 신규사업자 간의 공정경쟁 관련 갈등을 야기할 것이며, 높은 수준의 규제를 받는 방송사업자들에게 규제에 대한 정당성을 설명하기 어려워지는 문제점을 낳는다.

실제로 미국 FCC는 OTT를 기존 방송사업자와 다른 보완재 성격의 서비스로 규정하고 다채널방송서비스MVPD 수준의 규제를 하지 않고 있으며, 캐나다 CRTC는 OTT에 대한 의무나 규제가 없다. 그러나 기존 방송산업 내 경쟁구도가 변화하고, OTT의 지배력이 확대된다면 규제에 대한 입장이 달라질 수 있을 것으로 본다. 반면, 영국 OFcom은 광고와 유해콘텐츠에 대해 강력한 규제를 하고 있으며, 프랑스 CSA는 세금, 제작쿼터, 지역콘텐츠 등에 관한 의무, 다양성, 프로그램 품질, 아동보호 등의 규제를 해야 한다는 입장이다(이기훈, 2012).

스마트미디어산업의 향후 과제

앞에서 스마트미디어를 둘러싼 법적, 제도적 이슈를 정리하면서 PC/TV로 제공되는 스마트미디어와 스마트폰으로 제공되는 스마트미디어를 구분하여 산업 내 이슈를 요약하고, 법과 제도 관련 논의를 함께 정리하였다. 또한 스마트미디어의 특징을 정리하여 독자가 스마트미디어의 특징을 이해할 수 있도록 하였으며, 각 절에서 현재 이슈가 되는 제도적 논의점들을 정리하였다. 특히 2절에서는 인터넷과 TV 기반 스마트미디어의 쟁점 이슈를 다루면서 PC/TV로 제공되는 스마트TV와 OTT를 IPTV와 구분하여 세밀하게 비교하였고 3절에서는 스마트폰 기반 스마트미디어의 쟁점 이슈를 정리하면서 스마트폰으로 제공되는 방송사업자의 모바일IPTV 서비스를 비교하였다. 이러한 유사 미디어서비스의 비교는 제도적 공백기에 해당 미디어를 이해하는 데 도움이 될 것이다. 전 절들에서 다룬 내용을 요약하면 다음과 같다.

첫째, 스마트미디어의 특징은 1)앱스토어의 존재, 2)저장 및 전송의 제약이 없다는 점, 3)점차 고도화된 개인화로 소비자 중심의 편익이 극대화된다는 점, 4)모든 사용자들이 네트워크로 초연결된다는 점 등으로 요약 가능하며, 이러한 특성으로 인해 미래 생태계에 획기적인 변화를 줄 것이다.

둘째, 인터넷과 TV 기반 스마트미디어는 스마트TV, OTT 등이 있으며, 이들 서비스들은 HTML5 적용 이후에는 기술적으로 IPTV와 매우 유사해질 것이나, 여전히 시범적인 수준을 막 넘어선 서비스인 점을 감안하여 아직 규제의 잣대를 들이대진 않고 있다. 그러나 케이블 및 IPTV사업자의 입장에서 느낄 수 있는 비대칭 규제는 해소될 필요가 있다.

셋째, 양방향TV서비스인 앱 위주의 스마트TV는 독자적인 미디어 서비스로서의 생존이 부정적이었으나, 실시간 채널 중심의 OTT는 스마트폰이 이동통신시장의 구조를 개편한 것과 같이 미디어산업 내 질서를 재편할 정도의 파괴력을 지니고 있다. 따라서 국내 방송산업을 지속적으로 시장에 맡길 것이 아니라면 적절한 시점에 내용적 측면의 가이드라인이 필요하며, 기존 방송법제가 좀 더 유연해져야 할 것으로 기대한다.

넷째, 스마트폰 기반 스마트미디어는 M-IPTV가 대표적이며, 제도적 논의에 대해 이견이 많으나, 사후적인 제도 정비는 필요하다는 입장이다. 또한 M-IPTV는 기존 방송법 체계에서 불가능한 신규 사업모델이 시도되는 등 참신한 반면, 방송사업자의 우회적 출구가 될 수 있고 심의 및 정제되지 않은 콘텐츠가 범람하기 전에 최소한 청소년과 시청자를 보호하는 장치가 필요하다. 특히 현재 국내 방송법제가 개편되지 않는다면, 기존 및 신규 방송사업자는 M-IPTV와 OTT에 주력할 것이며, 지상파의 콘텐츠 지배력이 강한 한국의 경우 지상파의 지배력이 M-IPTV와 OTT로 집중되어 방송산업의 구조가 지속적으로 왜곡될 수 있다.

전술한 논의들을 종합하자면 스마트미디어는 디지털미디어의 계열에서 진화한 서비스로서 장기적으로 산업 내 형평에 맞도록 합리적 수준의 시청자를 위한 미디어로서의 의무를 이행해야 할 것이다. 본문에서 누차 밝혔듯이 신규 미디어가 (최소한이라 할지라도) 규제의 틀 속에서 제공되어야 하는 것은 전술한 산업 및 기술적인 논리보다 수용자의 보호 측면이 강한 이유가 된다. 자체적으로 심의 편성팀을 보유하고 외부 모니터링을 지속하는 지상파의 경우와 달리 유료방송사업자인 PP는 내용에 대한 자체 심의에 매우 부담스러운 반응을 보인다. 실제 2010년에서 2012년까지 진행된 방송사업자의 청소년 보호지수 연구결과에서도 지상파 계열 PP 및 대기업 계열 MPP의 경우 형식적인 내용 심의를 할 뿐 실무자의 인식 인터뷰나 모니터링에 의한 감시결과는 다소 부정적이었다. 규제의 틀 속에 있는 허가받은 사업자들마저도 상업적인 유혹에 흔들리는데, 그렇지 않은 사업자의 경우 기업의 존폐를 가리는 순간에 허가받은 방송사업의 광고와 커머스 내용을 변형하여 제공하고 싶은 유혹을 받게 될 것이다. 결국 사회와 가정 내에서 윤리와 품위를 지킬 만한 콘텐츠를 편성하는 것보다는 당장 시청률이 올라 광고가 들어오고 돈이 되는 콘텐츠를 편성하는 것이 현실적인 결정일 것이다. 이는 청소년 보호뿐만 아니라, 시청자 전반의 권리 보호 면에서도 문제가 된다. 시청자는 시청 품질 유지와 사회문화적 질서에 반하는 반사회적 혹은 폭력적 콘텐츠를 거부할 권리가 있다. 청소년을 중독으로 이끄는 스마트폰의 경우 이 문제는 더욱 심각하여, 선정적이고 폭력적인 콘텐츠와 비속어가 난무하는 콘텐츠들이 사전 및 사후 여과 없이 제공되고 확대된다면 결국에는 기존 방송사업자에게도 악영향을 줄 것이 명확하므로, 내용적인 측면의 제도적 보완책을 도출하는 것이 매우 시급한 이슈이다.

필자는 스마트미디어산업계의 이슈를 서비스의 비교, 사업자들 간의 전략, 규제에 관한 논의 환기 측면에서 다루고자 하였다. 상기와 같은 법체계의 개편은 스마트미디어의 시장 안착과 기존 방송산업계의 발전에 긍정적으로 기여할 것으로 기대되는데, 이는 과거에 경험하였던 기존 미디어와 신규 진입자 간의 불필요한 갈등과 시청자 피해를 예방하는 데 도움이 될 것이라고 보기 때문이다. 결국 기존의 합법적 방송통신미디어사업자 간의 비대칭 규제가 불평등 시비에서 벗어나 형평성 있는 규제로 정착되고, 신규 미디어의 진입 이후 산업 내 조화가 이뤄질 수 있도록 한다는 데 의미가 있을 것이라고 본다.

정보통신기술혁명을 통해 형성된 스마트사회에서 제기되는 비인간화, 비인격화와 같은 문제에 대한 윤리적 대응들도 더욱 요청되고 있다. 급격한 사회변화에 있어서 발생하는 여러 가지 윤리적 문제들은 인간의 가치와 존엄성에도 지대한 위협이 되고 있기 때문이다. 이와 더불어 정보의 상품화에 따른 부작용과 프라이버시 침해 방지를 위한 정책적인 노력 역시 매우 요구되는 시점이다. 특히, 사생활 정보의 유출과 불법 정보수집, 해킹이나 스팸메일 등 불법적 행위 사례들은 정보를 이용하고 관리하는 사람들의 윤리의식 확립을 진지하게 요청한다. 이에 따른 정보윤리의 중요성이 더욱 커지고 있다.

현대사회의 급격한 산업화와 통신매체의 발달로 본격화된 정보사회는 이미 언제 어디서나 어떤 형태로도 접속할 수 있는 유비쿼터스 시대로 진입한 지 오래되었다. 이러한 변화의 핵심에 있는 것이 바로 모바일Mobile이다. 그러나 모바일은 더 이상 전통적인 전화와 통신을 위한 수단이나 사무기기로서만 자신의 기능과 역할을 제한하지 않는다. 마셜 맥루언Mashall Mcluan의 언급처럼 모바일은 '인간 감각과 신체의 확장' 현상과도 부합하는, 인간의 오감五感을 마사지하며 신체의 일부분으로 기능하고 있기 때문이다. 모바일은 확장된 인간의 감각기관처럼 확장된 신체이자 옵션과도 같이 무한대의 정보를 수집하고 있다. 바야흐로 오늘날의 모바일은 욕망하는 개인의 자기표현과 욕구를 표출하는 주요한 수단이자 숭배의 대상으로까지 부상하고 있다. 우리는 이를 가장 많은 광고비와 많은 주목을 받고 있는 스타가 바로 모바일광고에서 주목받고 있다는 데서 확인할 수 있다. 뿐만 아니라 스마트미디어는 사람들 간의 행위양식과 감정의 소

통 및 교환을 위한 문화적 도구이기도 하다. 국가적으로도 새로운 부가가치를 만들어내는 주요한 생산도구로서의 지위까지 부상한 모바일 관련 산업은 이제 SNS를 통한 새로운 사회적 관계망의 형성을 통해 문화적 확산과 대중문화 전파의 첨병으로서의 기능과 역할까지 독차지하고 있다.

스마트사회의 도래와 모바일의 일상화

이제 모바일은 신문·잡지와 라디오 그리고 텔레비전이라는 전통적인 대중매체가 차지하던 대중매체로서의 위상과 역할을 대행하고 있다. 스마트폰을 통한 1인미디어의 시대가 본격화되었다. 전통적인 커뮤니케이션의 매체로 기능하던 미디어의 역할과 기능을 뛰어넘어 새로운 커뮤니케이션의 시대를 열어가고 있는 것이다. 친구들 간의 의사소통과 관계망, 시간과 공간의 제약을 넘어선 커뮤니티의 형성, 사회적 활동의 필수불가결한 수단으로서의 기능을 수행하기 위한 필수품으로서의 위상과 역할을 차지함으로써 모바일은 전통적인 대중매체의 기능과 역할을 대체하였다고 해도 지나치지 않을 것이다. 단순한 전화통화를 중심으로 하는 통신과 연락수단으로서의 역할만을 수행하였던 휴대폰이 이제는 일상의 모든 영역에서의 생활필수품이 되어 현대인의 일상적 삶과 관련하여 폰 없이 살아가는 것을 생각하는 것조차 불가능한 시대가 되었기 때문이다.

이렇듯 모바일을 중심으로 하는 스마트미디어문화에 대한 이해는 현대사회를 읽는 가장 중요한 키워드이다. 현대인의 일상과 삶에 막강한 영향력을 미치고 있는 모바일은 이제 일상생활과 문화에서의 변화를 가져올 뿐만 아니라 산업이나 국가 측면에서도 사회경제적으로 막대한 비중을 차지하며 영향력을 넓혀나가고 있다. 그러므로 현대사회에서의 스마트미디어에 대한 이해와 사회학적 조망은 바로 현대사회와 문화에 대한 성찰이라고 할 수 있다.

오늘날의 모바일은 개개인의 자기표현을 위한 중요한 수단으로 부상하였다. 여기에는 중요한 사회적 요인들이 개인의 행동에도 지속적인 영향을 미치고 있기 때문임이 틀림없다. 우리는 이를 한국인의 생활문화와 관련해서도 충분히 살펴볼 수 있다. 특히, 모바일과 관련한 일상과 문화의 변화를 초래한 요인에는 한국인의 기질적 속성도 중요한 영향을 미친 것으로 보인다. 예를 들어, 조금의 변화만 있어도 보다 빠른 속도를 지닌 기종의 스마트폰이 최우선순위로 판매되고 있는 현실에서 우리는 이러한 '속도 지향'의 한국인의 일상이 정보사회의 중요한 속성과 부합하는 것을 발견할 수 있다. '빨리 빨리'의 속도전과 같은 압축적인 경제성장을 거친 한국 자본주의 성장사는 정보고속도로의 세계적 경쟁에서도 속도제일주의의 효능을 유감없이 발휘하게 한다. 더구나 스마트폰이 출시된 지 채 2년이 지나지 않아 전 국민의 대다수가 스마트폰으로 무장한 사실에서는 무조건 남이 하는 것과 보조를 맞추려는 성역 부재의 '극단적 평등주의'를 발견하게 된다. 이웃나라들과 달리 오래된 폰을 쓰는 것이 오히려 부담이 될 지경이니 말이다. 이러한 스마트폰 중심 정보화사회에서도 박재환(2004)이 언급한 한국인의 기질적 속성과 모바일을 중심으로 하는 일상생활문화는 그대로 현재화하고 있다.

결과적으로 스마트폰을 중심으로 하는 정보화사회는 개인의 인격 형성에서부터 한국인의 사회적 성격에 이르기까지 지대한 영향을 미친다. 모바일사회의 도래는 현대인의 사생활과 관련한 다양한 문제들도 드러내고 있다. 날로 심각해져가는 개인주의와 발달된 정보사회와 조응하지 못하는 인격의 부조화 같은 왜곡된 사회적 성격의 형성도 나타나고 있다. 이렇듯 스마트미디어를 중심으로 하는 일상생활문화는 이전에는 직면하지 못했던 다양한 문제를 표출하고 있다. 우리는 교육현장에서 스마트폰으로 인해 나타나는 교육 파괴의 다양한 장면들과 문화현상에 있어서의 부정적 측면에 대한 사례를 빈번히 발견하게 된다. 특히 와이파이를 통해 연결되는 유비쿼터스적인 속성은 언제 어디서나 직면하게 되는 '감시'와 '촬영', '사생활 침해' 그리고 '저작권'을 둘러싼 새로운 쟁점들을 사회적 문제로 부각시키고 있다.

그러나 이러한 부정적인 문제점들이 있다고 해서 스마트미디어 이전의 사회로 돌아가기에는 이미 늦었다. 그렇다면 이미 만들어진 문명의 이기에 대해 곁눈질이 아니라 정면으로 바라볼 수 있는 시야와 바람직한 윤리의 형성에 더 많은 관심을 기울여야 하지 않을까? 우리는 여기서 스마트미디어 시대에 초래되고 있는 '프라이버시' 침해의 다양한 양상과 해결방향에 대해 살펴보고자 한다.

사이버스페이스의 등장과 익명성

이제 모바일은 더 이상 전화기가 아니라 휴대용컴퓨터이면서 사회적 연결을 위한 중요한 도구로 작용하고 있다. 불과 몇 년 전만 해도 영화 속 상상의 장면들이었던 것이 이제는 실시간의 생활문화로 정착되고 있다. 이러한 현대인의 가장 중요한 특징은 '전화하는 인간'이다. 호모 텔레포니쿠스Homo telephonicus의 시대가 도래한 것이다. 휴대폰으로 무장하고 최첨단 인텔리전트 빌딩 숲속을 헤매는 호모 노마드의 시대의 가장 강력한 무기는 모바일이다. 현대인들은 무미건조한 타인의 일상을 담은 SNS를 하릴없이 뒤적거리며 우울해한다. 그러나 휴대폰이 없으면 바로 심각한 불안감과 고립감에 어쩔 줄 몰라 한다. 폰을 잃어버리면 모든 관계망으로부터 단절된 것처럼 느끼기 때문이다. 모바일은 이제 내 몸의 일부분이자 모든 관계망의 중심으로 여겨지고 있는 것이다.

모바일은 현대인의 일상생활의 중요한 문화코드로서 기능한다. 모바일 알람에 눈을 뜨고 캘린더에서 일정을 확인하며 오늘의 실시간 뉴스 기사를 찾아본다. 그리고 내비게이션 기능으로 교통지도를 확인하고, 모바일 교통카드로 체크와 결제를 한다. 혼자 있을 때도 책을 보는 경우는 거의 없다. 거의 모든 사람이 모바일게임이나 TV 드라마 시청 또는 카카오톡을 통해 주고받는 대화에 열중하는 지하철 안 풍경은 더 이상 낯선 장면이 아니다. 바야흐로 무인도에 가더라도 모바일 하나면 모든 것이 가능한 시대가 도래한 것이다.

그러나 이러한 정보통신환경의 변화는 동시에 컴퓨터나 네트워크를 활용한 다양한 형태들의 범죄들도 양산하고 있다. 저작권을 둘러싼 갈등, 개인정보 유출로 인한 다양한 사건들, 네트워크를 활용한 해킹과 같은 새로운 형태의 범죄나 사회문제가 표출되고 있다. 1980년대 중반부터 제임스 무어James Moor, 데보라 존슨Deborah Johnson 등이 이러한 문제들을 '정보윤리'의 차원에서 다루기 시작한 이래로 정보통신기술의 발달과 더불어 더욱 부각되고 있는 인터넷상에서의 표현의 자유나 지적재산권 그리고 익명성과 관련한 쟁점들이 사생활과 관련한 핵심적인 관심사로 부각되고 있다.

이제 더 이상 '정보의 바다'로 비유되는 인터넷은 21세기형의 도서관이라는 이미지로만 한정되지 않는다. 여기서는 정보 획득과 더불어 머무르며 생활까지도 함께한다. 정보통신 네트워크를 통한 다양한 인간관계가 형성되고 있고 새로운 인간형이 만들어지고 있는 것이다. 실시간으로 네트워크를 매개로 이루어지는 관심의 교환과 이해관계는 우리 일상의 주요한 부분이다. 이렇듯 새로운 온라인공간에서의 유대와 지속적인 상호작용을 중심으로 이루어지는 공간을 우리는 사이버스페이스라고 한다. 이곳은 실재하는 영역이 아니면서도 현대인의 생활세계에 실제적인 영향력을 미치고 있다. 현실세계 안의 또 다른 세계인 것이다.

사이버스페이스라는 새로운 공동체에 주어지는 자유에 있어서 가장 중요한 힘의 원천은 익명성이다. 익명성은 사이버스페이스의 시민들에게 특별한 자유를 부여한다. 근대 대중사회의 법적인 기초로서의 개인은 그 어원이 페르조나persona에서 유래한다. 가면을 쓰고 자신의 실체를 드러내지 않으면서도 '공공성'이라는 이름으로 자신의 주장을 드러낼 수 있었던 것은 근대 대중사회의 주요한 속성이 이러한 '익명성'에 근거하고 있음을 반증한다.

인터넷이 등장했던 초기에도 네트를 중심으로 하는 가상공간이 고대 그리스의 직접민주주의를 가능하게 할 것이라는 낙관론적 예찬이 줄을 이은 적이 있었다. 그것은 사이버공간에서의 공론장에 부여되었던 자유로운 토론과 다양한 의견들의 폭발적인 제시를 통해 그럴 가능성을 충분히 발견할 수 있었기 때문이다. 이는 근대성의 발현 당시에 영국을 중심으로 부르주아들의 카페와 살롱문화를 발달시켰던 '커피하우스'에 새로운 자유와 의사소통의 공간이 될 것이라는 극찬에 가까운 찬사들이 쏟아졌던 데서도 마찬가지였다. 이러한 관점의 연장선상에서 보면 현대사회에서의 정보화와 민주주의를 일단 긍정적으로 바라보게 된다. 정보화와 네트워크의 확장이 형식적인 민주주의를 보다 실질적인 의미에서의 민주주의로 변화시킬 수 있을 것이라고 기대하기 때문이다. 물론 정보사회의 일반적 특성은 그럴 가능성을 충분히 보여준다. 인터넷의 '익명성'이 누구든지 어떤 제약도 고려하지 않고 자신의 주장들을 피력할 수 있게 해준다는 점을 고려한다면 말이다.

그러나 사이버스페이스의 현실은 그 기대에 부응할 만큼 이상적이지 못하다는 것이 대부분 사람들의 판단이다. 현실에서 우리는 너무도 자주 이를 경험하게 된다. 자유로운 소통과 평등 그리고 평화와 자유의 공간이어야 할 사이버스페이스에서 오히려 극단적인 언어폭력과 절제되지 않은 음란물이 범람하고 있다. 무의미한 시간 죽이기는 일상화된다. 어떤 사람이 공공장소에서 한 사소한 실수도 한 번 잘못 걸리면 인터넷 공간에서 수만 건의 '댓글'과 '퍼나르기'를 통해 매장되는 것은 일순간이다. 자신의 가족과 일신상의 내용들이 '신상 털기'를 통해 순식간에 폭로된다. 인터넷에 개인 사진과 프로필이 공개되고 개인의 인권과 관련된 수많은 사생활 정보들이 모욕과 무례한 공격의 대상으로 노출되고 있는 것이 사이버스페이스의 현실적 면모이다.

사이버스페이스가 꿈의 신세계가 될 것이라고 예찬하던 낙관론자들은 온라인 커뮤니케이션의 활성화가, 특히 그 쌍방향적 능동성이 '중독'과 같은 대중매체에 의한 부정적인 측면을 뛰어넘을 것이라고 장담하기도 하였다. 그러나 사이버스페이스에서의 중독성은 TV에서 보여주었던 중독의 수준을 넘어서고 있다. 사이버공간에서의 네티즌은 대중사회에서의 집합적인 대중의 모습을 뛰어넘는 폭발적인 양상도 보인다. 일순간에 수만 건의 댓글이 달리거나, 싸이의 공연에 전 세계 수억 명이 실시간으로 접속하는 것처럼 그 동시성과 파급력이 상상을 뛰어넘고 있기 때문이다. 많은 긍정적인 측면이 있음에도 불구하고 사이버공간에서의 참여가 익명성에 기댄 군중심리와 독설과 같은 폭력적인 양상으로 수많은 문제점들을 드러내고 있음에 주목할 필요가 있다.

오늘날 인터넷과 정보통신혁명을 통한 수많은 온라인 시장의 발달은 사이버공간을 점차 사실상의 현실공간으로 만들어가고 있다. 그러나 사이버공간에서의 익명성과 사생활 침해 그리고 사이버범죄와 같은 사회적 문제들과 역기능적인 모습들은 앞으로 더욱 큰 사회문제로 부상하게 될 것이다.

스마트미디어와 프라이버시 침해

발달된 정보사회의 문명상은 그만큼이나 많은 문제점들을 일으키고 있다. 가장 대표적인 것이 바로 개인의 '프라이버시'와 관련한 문제들이다. 정보사회의 도래와 함께 사생활 침해가 제기되는 이유는 근본적으로 도덕이나 윤리적 문제들에서 그 원인을 찾아볼 수 있을 것이다. 특히 급격한 정보화와 네트워크화 같은 물질적 환경의 변화는 이에 따른 수많은 정신적 문제를 야기한다. 넘쳐나는 정보의 홍수 속에서 나타나는 주체성과 정체성의 상실은 익히 알려진 바이다. 또한 속도 중심의 사회에서는 꿈도 꾸기 힘든 일상의 성찰성과 여가의 박탈은 사회적 통제와 규범의 영역을 넘어서는 윤리적 정체성의 와해와 일탈적인 상황과 같은 위기의 일상에 직면하게 한다.

최근 들어 정보화가 급속하게 진행됨에 따라 개인의 프라이버시에 대한 침해 문제가 중요한 사회적, 윤리적 문제로 등장하고 있다. 물론 과거에도 프라이버시에 대한 침해 문제는 쟁점이 되어왔다. 그러나 컴퓨터의 광범위한 사용을 넘어 스마트사회가 도래한 이래로는 개인의 정보에 대한 유출과 사생활 침해와 관련한 일상적인 위험이 더욱 증가하고 있다. '빅데이터'로 불리는 수집되는 정보량의 급증과 처리는 그만큼 남용과 오용의 위험성도 키우고 있다. 더 나아가 이러한 사생활 침해 문제는 스마트미디어 중심의 정보사회가 거대한 국가적 통제사회가 될 것이라는 비관론적 문명비판론의 중요한 근거가 되기도 한다. 토마스 홉스가 우려했던 통제 불능의 '리바이어던Leviathan' 같은 괴수나 조지 오웰이 소설 『1984』에서 언급한 '빅브라더Big Brother'에 의한 감시가 현실화될 수도 있다는 것이다.

기본적으로 프라이버시privacy는 '개인의 사적인 일이나 일상생활' 또는 '그것을 타인에게 간섭받지 않을 권리'를 지칭한다. 초기에는 '공직에서 벗어난 상태'와 같이 소극적인 의미로 사용되었지만 최근에는 권리의 측면을 강조하는 보다 적극적인 의미로 이해되고 있다. 특히 정보사회에서는 사생활과 관련한 개인의 정보가 수집·관리·처리·유통되는 과정과 관련하여 다양한 쟁점을 형성하고 있다. 프라이버시는 단순한 개인적 차원에서만의 문제만이 아니라 사회적 가치도 함께 반영한다. 개인에게 있어서는 한 인간으로서의 정체성과 존엄성의 차원에서 중요한 의미를 지닌다. 이는 결국 개인 자신의 정보에 대한 '자기결정권'의 문제로 귀결된다고 할 수 있을 것이다. 그러나 사회적인 측면에서도 다양한 인간관계와 다양한 가치의 존중이라는 차원에서 중요한 의미를 지니게 된다. 이는 결국 한 사회의 민주주의와 인권의 수준과도 밀접한 관련을 지니기 때문이다.

프라이버시에 대해 벤(Benn, 1988)은 '첫째, 개인의 이익을 보호해야 한다. 둘째, 인간관계의 중요성 때문에 보호되어야 한다. 셋째, 프라이버시에 대한 보호는 개인의 인격에 대한 존중의 표시이기 때문에 보호되어야 한다'고 주장한다. 기본적으로 프라이버시에 대한 침해는 개인의 인격과 존엄성에 심대한 손상을 가져올 수 있고, 사회적으로도 자신의 능력을 존중받기 위한 최소한의 장치라는 측면에서 보장받을 필요가 있는 것이다. 나의 정보에 대한 자기 통제권에 의하지 않는 한 공개되지 않을 수 있는 권리가 프라이버시 개념에 포함되어 있다는 점을 고려하면 정보화사회에서는 더욱더 절실히 요구되는 덕목이 된다. 개인정보에 대한 유출과 접근이 더욱 용이해지는 스마트사회에서 개인의 프라이버시에 대한 관심과 주의가 더욱 필요한 이유가 여기에 있다.

특히 현대 대중사회에서는 익명성을 그 핵심적 특성으로 한다. 그래서 자신의 의견을 빈번하게 표출하면서도 타인의 정보에 쉽게 접근할 수 있다. 더구나 방대하게 쏟아져 나오는 수많은 자료의 집적과 집중 그리고 축적으로 형성된 방대한 양의 자료들이 현대인에게 분명 '양날의 칼'이 될 수 있음은 주지의 사실이다. 여기서는 현대사회에서 프라이버시와 관련하여 주로 제기되는 문제점들을 다음과 같이 정리해볼 수 있을 것이다.

먼저 개인적 측면에서 주로 쟁점이 되고 있는 것은 '스팸메일', '음란물의 범람', '악의적 정보', '허위정보의 성행', '해킹'과 '크래킹'을 예로 들 수 있다. 이들은 개인정보 유출과 사생활 침해의 주된 내용이면서 재산권의 행사과정에서도 문제가 되고 있다. 개인의 사적인 정보를 악용하는 행위는 단순히 피해자의 기분을 나쁘게 하는 차원을 넘어 개인에게 엄청난 재산상의 손실과 피해를 가져올 수 있다.

과자를 의미하는 '쿠키cookies'라는 디지털파일과 같은 기술적 측면에서도 문제가 제기된다. 내가 어떤 웹사이트를 방문했을 때 그 서버는 내가 방문한 웹사이트의 이름과 패스워드 그리고 신용카드 번호는 물론 전자우편 주소까지 담긴 디지털 정보를 나의 컴퓨터에 저장시킨다. 이 쿠키를 통해 누구든지 나의 정보를 열람할 수 있게 되는 것이다. 이는 P2P 서버를 활용한 다양한 정보에서 더욱 심각해진다. 나도 모르게 공유된 나의 정보가 유출되고 전달되어서 경찰조사를 받는 사례가 부지기수이기 때문이다.

스팸메일 무료 메일서비스와 같은 전자우편의 사용은 우리 일상의 주요한 모습이 되었다. 그러나 늘어나는 전자우편량만큼 증가하고 있는 것이 바로 스팸메일이다. 이는 인터넷이나 전자우편의 상당량을 차지한다. 사이버공간에서 발신자가 자신과 아무 상관 없는 수신자에게 동의를 구하지 않고서 보내는 매일을 '스팸spam'메일이라고 한다. '정크Junk'메일 또는 '벌크Bulk'메일이라고도 불린다. 이런 쓰레기정보를 열어보는 데만도 천문학적인 시간과 비용이 든다는 연구결과가 있다. 우리가 원하지 않았음에도 불구하고 어쩔 수 없이 받게 되는 메일이나 게시판의 글들은 수많은 개인 이용자들에게 불편을 초래할뿐더러 시스템이나 네트워크를 마비시키는 악의적인 경우까지도 있다. 문제는 상업적으로 이용되는 광고우편물을 너무나 손쉬운 방법을 통해 쉽게 보낼 수 있다는 사실이다. 이는 개인의 프라이버시에 대한 침해는 물론 사회적으로도 많은 손실을 가져오고 있다.

음란물의 범람 정보의 바다라는 인터넷이 이미 '음란물의 바다'로 불린 지 오래이다. 인터넷이 음란물에 의해 오염되어 변질되었다는 우려의 목소리인데, 더 큰 문제는 한창 성에 대한 호기심이 가득한 청소년들에게 왜곡된 성의식과 잘못된 도덕관념을 심어주고 있다는 것이다. 이를 얄팍한 상업적인 이기심으로 악용하면서 성에 대한 왜곡되고 폭력적인 정보가 초기사회화되고 있다. 최근 들어 스마트폰의 보급이 보편화되면서 음란물의 접촉 시기가 초등학교 때부터라는 다양한 연구결과가 보고되고 있다. 음란한 정보나 폭력적인 정보가 개인의 프라이버시는 물론 사회 전체에 미치는 부정적인 결과가 우려되는 이유가 여기에 있다.

악의적 정보·허위정보의 성행 인터넷이나 네트워크 상에서 자신의 신분이 드러나지 않는 익명적인 상황에 있다는 사실을 악용하여 악의적이고 거짓된 정보를 유통하는 것은 사회적으로 많은 문제점을 초래하고 있다. 인터넷의 게시판이나 댓글에서 왜곡된 정보나 불확실한 소문 수준의 정보를 지속적으로 게시하여 수많은 연예인들이 게시판을 폐쇄하거나 자살을 한 경우가 많았다. 심지어 '타진요'의 사례에서처럼 소송과 재판을 통해 진실이 아니라는 사실이 밝혀졌음에도 불구하고 끊임없이 왜곡된 정보를 유포하고 그걸 믿는 사람들이 많다는 사실에서 우리는 사이버스페이스의 위험성을 확인할 수 있다. 인터넷공간에서의 담론에 나타나는 왜곡된 군중심리가 개인의 사생활 침해는 물론 죽음으로도 내몰 수 있는 것이다.

해킹과 크래킹 해킹에 대한 정의는 시간에 따라 변화해왔다. 초기에는 '단순한 개인의 지적 호기심에 의한 컴퓨터와 컴퓨터 간의 네트워크 탐험'이라는 의미로 긍정적인 의미로 사용되었다. 그러나 이후 악의적인 행동을 통해 '다른 컴퓨터의 시스템을 침입하고 파괴하는 행위'를 지칭하는 부정적인 의미로 사용되고 있다. 어떤 논자는 해킹을 긍정적 의미로 읽으며, 부정적인 의미의 해킹을 '크래킹'으로 부르기도 한다. 그러나 다른 사람의 동의 없이 개인정보나 기업의 전산망 또는 시스템에 접속하는 것은 기본적으로 사생활 침해의 위험성을 그대로 보여준다. 이는 쿠키파일에서도 마찬가지이다. 쿠키파일에 대한 암호 해독과 정보 축적을 통해 웹 사용자의 정보를 획득하고 이를 영리를 목적으로 광고 전략을 펼치는 개인이나 기업에 팔고 있기 때문이다. 이는 개인적인 측면만이 아니라 기업이나 국가기간전산망에 대한 공격이 행해질 때는 더욱 파괴적인 영향력을 보여주고 있다.

위에서 살펴본 것처럼 정보통신혁명을 통한 비약적인 발전과 동시에 그만큼이나 발달하고 있는 것이 사생활 침해의 기술이라는 사실을 확인할 수 있다. 프라이버시와 관련하여 개인정보의 유출은 개인의 재산상 손실뿐만 아니라 그 피해자를 죽음으로 내모는 경우도 많았다는 사실에 문제의 심각성이 있다. 최근 들어 발달된 정보통신 기술과 사회적 규범이 조응할 수 있는 정보통신윤리나 인터넷 관련 법률의 제·개정이 활발히 논의되고 있는 것도 이런 이유 때문이다.

사생활 정보 유출의 문제는 더 이상 단순한 개인적인 문제로만 인식되지 않는다. 특히 '기업의 핵심 정보나 기술 유출'은 산업스파이나 해커들의 활동력이 강화된 만큼이나 그 피해 규모나 양상을 상상하기 어렵게 한다. 국내의 핵심 IT기술을 유출해서 중국이나 해외 법인을 통해 유사품을 만들어내는 것으로 인해 피해를 입는 기업들이 해마다 급증하고 있다. 정보기술을 관리하는 개인의 윤리의식이 시장에서의 기업 가치뿐만 아니라 국가경쟁력에도 지대한 영향을 미친다.

그러나 국가적인 차원에서 프라이버시에 대한 정보를 수집하고자 할 경우에는 어떻게 해야 할 것인가? 우리는 국가가 완벽한 감시 사회의 사령탑이 될 수 있음을 미국 국가안보국NSA에서 추진하였던 에셜론 프로젝트Echelon Project에서 발견할 수 있다. 에셜론이란 5개 국가(미국, 영국, 캐나다, 호주, 뉴질랜드)의 첩보기관이 전 세계적으로 운영하는 자동화된 정보 수집과 전달 시스템을 지칭하는 암호라고 한다. 안보를 위한 명분으로 최첨단 감청장비로 전 세계의 인터넷과 전화, 통신, 이메일, 팩스 등 모든 통신수단 및 개인에 대한 도청과 감청이 가능한 위성추적시스템을 구축하고 정보를 수집하였다는 사실이 드러났다. 또한 최근에는 미 국가안보국이 프리즘PRISM이라는 사업을 통해 구글, 마이크로소프트, 야후, 페이스북 등 미국의 주요 IT기업들로부터 이메일, 사진, 인터넷전화 등에 대한 정보를 대량으로 가져왔고 무차별적 감청을 행했다는 사실이 에드워드 스노든Edward Snowden에 의해 폭로되면서 세계적인 쟁점이 되고 있다. 이는 세계 모든 국가와 국민들의 사생활을 침해하는 행위를 자행하고 있다는 점에서 현대사회의 프라이버시 침해 문제가 세계적인 쟁점으로 확대될 것임을 우려하지 않을 수 없는 것이 현실이다.

스마트미디어와 프라이버시 그리고 민주주의: 양날의 칼

위에서 살펴본 것처럼 사이버스페이스와 스마트폰의 시대가 도래한 오늘날의 사회에서도 정보사회에서 제기되는 보편적인 쟁점들은 그대로 나타나고 있다. 사이버공간에서는 분명 이전 어느 곳에서도 누리지 못한 자유가 있다. 사이버스페이스에서는 사회적 상황으로부터의 자유를 부여한다. 인간의 자유는 어떤 외부적인 압박이나 압력에 처해 있을 때 쉽게 자각되기 마련이다. 이러한 자유의 공간으로서의 사이버스페이스에 있어서도 정보화로 인한 급격한 변화가 현대정치에 미칠 영향에 대한 평가는 핵심적인 쟁점으로 부각된다.

정보통신혁명의 기술적 변화에 주목하는 낙관론적 관점에서는 정보화와 네트워크사회의 도래가 민주주의를 위한 새로운 장을 열어 보여줄 것이라고 기대한다. 이들은 현대 민주주의가 점차 형식적인 절차주의로 전락해버렸다고 판단하며 정보통신혁명과 스마트폰으로 무장한 신세대가 새로운 자극을 줄 것이라고 기대한다. SNS와 더불어 지속적인 상호작용을 하는 세대는 새로운 담론으로 무장한 새로운 세대라고 판단하는 것이다. 이렇듯 현대사회에서의 정보화와 민주주의를 긍정적으로 바라보는 관점에서는 정보화와 광범위한 인터넷의 보급이 형식적으로 전락한 민주주의를 보다 실질적인 의미의 민주주의로 변화시킬 수 있는 토대가 될 수 있을 것이라고 본다. 물론 네트워크로 연결된 스마트사회의 여러 특성은 그럴 가능성을 충분히 열어놓고 있다. 특히 인터넷의 '익명성'과 더불어 언제, 어디서든, 어떤 형태를 통해서라도, 접속할 수 있는 공간이라는 측면에서 더욱 그러하다.

정보사회에서 민주주의와 관련하여 제기되는 쟁점들은 스마트미디어시대에도 그대로 관철되고 있다. 인터넷과 네트워크를 통해 연결된 대중들이 다양한 정보에 접근할 수 있는 기회와 '접근성'을 높였다고 한다면, 이제는 모바일로 언제 어디서나 정보에 접근할 수 있는 시대가 도래함에 따라 다양한 쟁점들에 대해 즉각적으로 개입할 수 있게 되었다는 사실에 주목할 필요가 있다. 이로 인해 차별과 배제가 없는 동등한 입장에서의 토론과 공론의 장을 열어갈 수 있게 되었기 때문이다. 이러한 토론의 장은 실시간 네트워크에서의 토론에서만 제약되지 않고 사회적인 여론 형성의 실질적인 기제가 되기도 한다. 페이스북이나 카카오스토리와 같은 '실시간 동기화'와 '친구 추가'를 통한 공론장은 '다음'의 아고라Agora를 보다 동질성 있는 집단끼리의 심화된 토론으로 승화시키고 있다.

정보사회 이후 인터넷과 네트워크를 통한 새로운 언론환경의 조성은 여론 형성과정에 있어서도 다양성을 보여준다. 수많은 온라인과 오프라인 신문들의 등장이 그것이다. 대표적인 인터넷 언론을 '오마이뉴스'를 통해 살펴볼 수 있다. 이들은 시민기자단이라는 취재의 다양성을 통해, 시민들 누구나 자신들의 삶의 영역에서 이루어지는 현실의 문제를 취재해 기사를 발송할 수 있도록 한다. 실시간 문자중계나 인터넷 방송중계 등의 방법으로 현장성을 최대한 반영한 보도를 시도한다. 팟캐스트 방송이라 불리는 '나는 꼼수다'나 '나는 꼽사리다'도 마찬가지이다. 이들은 라디오 방송과 인터넷 매체의 기능을 동시에 활용한 미디어로서, 이때까지 정치적 무관심에 젖어 있던 20~30대 청년층의 정치적 관심을 폭발적으로 증가시키며 스마트미디어시대에 그 진가를 드러냈다. 이들이 선거에서 미치는 영향력은 자본과 보수적인 언론권력이 주도하고 있는 시장에 새로운 환경을 조성하며 대중들이 다양한 정보에 접근할 수 있는 가능성을 열어주고 있다.

그러나 인터넷 여론 공간은 또 다른 문제점도 유발한다. 인터넷에 참여하는 시민들은 책임과 의무, 시민으로서의 교양과 지식을 체현한 '성찰적 주체'로 보기 어렵다. 그들은 비록 자유롭게 토론하고 여론을 형성하지만 정념이 치유된 이성적 주체가 아니라 공포와 불안에 노출된 동요하는 군중이다. 군중이 지닌 가장 큰 특징은 주체적이고 개별적인 사고와 비판의식을 갖지 못하고 스스로를 타인과 동일시함으로써 자신들의 정체성을 확인하는 집단이라는 점이다. 이런 '인터넷 군중'은 누군가 선동을 일삼으면 그에 부화뇌동하여 집단적인 광적인 주체로 언제든지 변할 수 있다는 사실에 주목할 필요가 있다. 이른바 '타진요 사태'는 이러한 인터넷 군중심리가 만들어낸 가장 비극적인 상황 가운데 하나였다. 사회적인 소외와 불평등, 실업의 위기에 노출된 네티즌들은 선동꾼들이 지목한 '사회적 악'이 나타나면 가차없이 그들을 공격하고, 유린하고, 개인의 인권을 파괴한다. 그러면서도 자신들은 정의의 실현 주체인 양 의기양양하다. 이들이 이끌어낸 여론은 성찰적 토론을 매개로 한 여론이 아니라 인터넷 군중심리를 통해 만들어진 '광기'의 표현일 뿐이다. 이런 군중심리는 인터넷이라는 매체가 발달하지 않았다면 결코 쉽게 형성될 수 없는 것이다. 더불어 이와 같은 군중심리와 '마녀사냥'이 지배하는 공간이라면 이것은 민주주의의 성숙이 아니라 민주주의 파괴의 진원지가 될 수 있음을 우리는 인지해야 할 것이다.

이와 같이 정보화와 네트워크사회의 도래로 인해 새롭게 나타나고 있는 정치현실 또한 언제나 긍정적인 방향으로만 작동하고 있는 것은 아니다. 이미 현실사회에서 발견되고 있듯이 정보화가 가져온 가장 주된 우려는 바로 '감시사회'의 출현이다. 미셸 푸코Michel Foucault가 『감시와 처벌』에서 자세히 언급하고 있는 것처럼 벤덤이 설계한 원형감옥(파놉티콘)의 이상은 물리적인 감옥 구조에서보다 현대와 같은 세계화와 정보화사회에서 훨씬 더 정교하게 작동할 수 있음을 우리는 위키리크스의 폭로나 에셜론, 정보기관의 불법적인 정보 수집 사례에서처럼 여실히 확인할 수 있다.

오늘날의 권력은 그가 의식하든 그렇지 못하든 간에 개인들의 일상을 완벽하게 통제할 수 있다. 권력은 자신의 감시대상이 된 개인들을 실시간으로 일상적으로 감시한다. 누군가 자신의 일상과 생활을 감시하고 있다는 생각이 들면 그 순간부터 그의 의식은 자유로워지기 어렵다. 왜냐하면 언제나 감시하는 시선을 의식하게 되기 때문이다. 그래서 감시당하는 주체들은 자신의 발언과 행위를 권력의 시선에 맞추어 '내면화'한다. 권력은 개인들의 일상에 두드러진 개입을 하지 않고서도 개인들의 의식과 일상을 지배할 수 있게 되는 것이다. 권력의 시선과 지배를 내면화한 주체들은 직접적인 저항과 비판에 소극적이 된다. 이것이 바로 정보화사회에서 나타나는 '전자감시사회electronic surveillance society'의 출현이다.

이러한 감시는 현대인들의 필수품인 모바일과 관련하여 일상생활문화에서 현재화한다. 정보통신기술의 발달과 유비쿼터스 사회는 휴대폰 하나로 세상의 거의 모든 것을 실현할 수 있도록 한다. 이러한 휴대폰의 기능은 사회적 추세와 흐름을 읽어내는 필수적인 아이콘이다. 폰을 활용한 원격PC제어나 가정 내의 모든 것을 확인할 수 있는 것은 기본이다. 모바일은 이미 폰이 아니라 휴대용 컴퓨터로 분류된다. 폰보다 많은 편리한 기능들로 무장하고 있기 때문이다. 폰에 내장된 RFID칩과 GPS는 인공위성을 통해 언제든 실시간 위치추적을 가능하게 한다. 고속도로의 HIPASS나 교통카드기능, 그리고 은행의 신용카드를 내장한 모든 형태의 전자상거래와 은행업무들도 폰 하나로 수행 가능하다. 이렇게 때와 장소를 가리지 않고 연결되는 통화음과 GPS의 실시간 위치를 노출하는 나의 행선지는 유심Usim 칩 하나만 있으면, 한 달 동안의 나의 모든 행로를 그대로 드러낸다.

배려의 사회화와 공공성의 윤리를 위하여

인터넷 이용의 신속성, 편리성과 비례하여 개인정보 유출이 상상을 초월할 정도로 다양하게 나타나고 있으며, 앞으로의 피해 또한 천문학적으로 늘어날 것이다. 이러한 온라인 상의 문제점들이 준비되지 않은 우리들에게 새로운 부담으로 다가올 것은 부인할 수 없는 사실이다. 급속히 발달하는 과학기술과 더불어 사이버스페이스의 중요성은 나날이 커지고 있다. 사이버스페이스는 기본적으로 개개인의 컴퓨터와 스마트폰을 네트워크로 연결한 통신망 상의 가상공간이다. 그곳의 모든 정보는 개인의 의지에 의해 형성되고 접속한 모든 사람들에게 개방된다. 이곳은 자유의 공간이며 자율성의 원리에 의해 움직여진다. 자의에 기초하며, 접속한 누구에게나 열려 있는 곳이다.

정보통신기술혁명을 통해 형성된 스마트사회에서 제기되는 비인간화, 비인격화와 같은 문제에 대한 윤리적 대응들도 더욱 요청되고 있다. 급격한 사회변화에 있어서 발생하는 여러 가지 윤리적 문제들은 인간의 가치와 존엄성에도 지대한 위협이 되고 있기 때문이다. 이와 더불어 정보의 상품화에 따른 부작용과 프라이버시 침해 방지를 위한 정책적인 노력 역시 매우 요구되는 시점이다. 특히, 사생활 정보의 유출과 불법 정보수집, 해킹이나 스팸메일 등 불법적 행위 사례들은 정보를 이용하고 관리하는 사람들의 윤리의식 확립을 진지하게 요청한다. 이에 따른 정보윤리의 중요성이 더욱 커지고 있다.

일반적으로 '정보윤리information ethics'는 정보사회에서 야기되고 있는 많은 윤리적 · 도덕적 문제들을 해결하기 위한 규범체계를 지칭할 때 사용하고 있다. 이러한 정보윤리에서는 열린 공간에서의 책임감과 더불어 타인에 대한 '존중'과 '배려'가 상당히 필수적이다. 이것이 사이버스페이스에서의 윤리를 위한 기초가 될 수 있기 때문이다. 이러한 공공성의 윤리 없이 고립된 개인들이 익명성으로 만난 사이버스페이스에서 군중으로 뭉칠 경우 그들은 특정한 개인의 인권이나 자유에는 아무 관심 없는 무서운 폭도로 변할 수 있다. 따라서 이러한 윤리적인 덕목들은 사이버스페이스에서의 군중심리를 억제하는 힘의 원천이 될 수 있을 것이다.

또한 적극적인 정보 수용자로서의 개인은 자신에게 필요하고 가치 있는 정보에 대한 선택적인 접근을 하는 것이 필수적이다. 정보 수용자로서의 개인의 판단과 자율성도 대단히 중요한 덕목이기 때문이다. 이와 더불어 자기 행위에 대한 자기결정성과 책임성도 중시된다. 정보를 선택하고 판단할 수 있는 자기결정성은 주체적인 정보 수용에 필수적이기 때문이다.

지금까지 정보화사회의 특징과 그로 인한 도덕적 문제들, 그리고 정보화시대의 윤리규범과 윤리교육의 과제에 대해 살펴보았다. 주지하다시피, 급격한 정보통신기술혁명을 통한 스마트사회는 정보사회가 지니고 있는 긍정적인 측면과 부정적인 측면을 동시에 지니고 있다. 너무나 급격한 기술 변화와 이에 따라가지 못하는 규범적인 문화 사이의 괴리, 정체성 상실 그리고 소외의 문제를 주목하는 부정적인 관점에서는 특히 스마트사회에 어울리는 정보윤리의 문제에 주목한다. 이러한 문제는 스쳐 지나가는 과도기적인 문제들이 아니다. 기술적 합리성의 비합리성이 초래하는 현대사회에서 지속적으로 영향을 미치는 문제점이기 때문이다.

특히 사이버스페이스의 여론 공간은 많은 문제점을 유발한다. 1인미디어를 중심으로 인터넷과 네트워크에 참여하는 시민들은 책임과 의무, 시민으로서의 교양과 지식을 체현한 '성찰적 주체'로 자리매김하기 어렵다. 그들은 비록 자유롭게 토론하고 여론을 형성하지만 '이성적 주체'라기보다는 공포와 불안에 노출된, 재미를 찾아서 부단히 동요하는 '군중'이기 때문이다. 군중이 지닌 가장 큰 특징은 주체적이고 개별적인 사고와 비판의식을 갖지 못하고 스스로를 타인과 동일시함으로써 자신들의 정체성을 확인하는 집단이라는 것이다. 이러한 인터넷군중은 언제든지 광적인 주체로 변화될 수 있는 가능성을 지닌다. 이러한 군중심리는 인터넷이나 네트워크가 없었다면 쉽게 형성되지 않았을 것이다. 이러한 군중심리와 마녀사냥이 횡행하는 공간은 민주주의의 성숙이 아니라 민주주의 파괴의 진원지가 될 수 있음을 주지해야 할 것이다.

인간이 주체가 되어 질적으로 보다 나은 삶을 영위하기 위해 정보통신혁명을 통한 기술적인 효율성과 합리성을 활용할 때 정보화사회의 미래는 희망적일 것이다. 이러한 형식적인 언명이 보다 구체화되고 현실화되기 위해서는 사회 구성원 모두의 도덕적 반성과 노력이 요구되며, 이를 위해 체계적인 윤리교육이 필요하다고 생각한다.

CHAP 01

김도훈(2012), 〈스마트미디어 생태계〉, 《정보와 통신》 29(10), 3-8.

김은미 · 심미선 · 김반야 · 오하영(2012), 〈미디어화 관점에서 본 스마트미디어 이용과 일상경험의 변화〉, 《한국언론학보》 56(4), 133-159.

김희경 · 김재철 · 오경수(2011), 〈글로벌 미디어 시대, 스마트 TV의 법적 지위와 규제방향 연구〉, 《방송과 커뮤니케이션》 12(2), 79-116.

박준우 · 유금(2012), 〈스마트미디어 환경에서의 N-스크린 기반 반응형 웹 콘텐츠 고찰〉, 《디지털디자인학연구》 12(3), 257-266.

성대훈(2011), 〈스마트미디어 등장과 출판산업이 직면한 도전과 기회〉, 《DIGIECO Focus》 11월호, KT경제연구소.

송경재(2011), 〈디지털디바이드에서 다층적 스마트 디바이드 사회로: 한국 네티즌 조사를 중심으로〉, Net Focus.

심미선 · 김은미 · 오하영 · 김반야(2012a), 〈스마트미디어 서비스 이용실태조사〉, 방송통신위원회.

심미선 · 김은미 · 오하영 · 김반야(2012b), 〈스마트함이란 무엇인가?: 이용자의 스마트미디어에 대한 인식을 중심으로〉, 《한국방송학보》 26(3), 255-297.

양일영 · 이수영(2011), 〈이용동기에 기반한 스마트폰 초기 이용자 유형에 관한 탐색적 연구〉, 《한국언론학보》 55(1), 109-139.

윤장우(2013), 〈스마트미디어 시대의 도래 및 발전 방향〉, 《방송공학회지》 18(1), 49-61.

이혜인 · 배영(2011), 〈스마트폰 이용과 사회자본: 스마트폰 이용동기와 이용정도가 사회자본 구성요소에 미치는 영향을 중심으로〉, 《정보와 사회》 21, 35-71.

정부연(2012), 〈모바일 환경 변화에 따른 모바일 콘텐츠 및 애플리케이션의 변화 추세와 시사점〉, 《방송통신정책》 22(18), 37-64.

천현진 · 김동규(2012), 〈스마트미디어 기반의 융합 콘텐츠 비즈니스모델 연구〉, 《애니메이션연구》 8(3), 74-100.

최민재(2013), 〈스마트미디어 이용동기가 애플리케이션의 이용에 미치는 영향에 관한 연구〉, 《한국언론정보학보》 61, 52-73.

최세경(2012), 〈스마트 시대에 EBS의 플랫폼 및 콘텐츠 전략 방안〉, 2012년 봄철 언론학회 정기 학술대회 특별세션 '스마트미디어 시대의 소외와 소통' EBS의 역할과 과제, 31-59.

최세경 · 박상호(2010), 〈멀티 플랫폼 콘텐츠 포맷의 개발과 텔레비전 적용〉, 《방송과 커뮤니케이션》 11(1), 5-46.

하성보 · 강승묵(2011), 〈스마트폰의 이용형태와 이용환경이 갖는 사회문화적 함의 고찰: 미디어생태학적 관점을 중심으로〉, 《한국콘텐츠학회논문지》 11(7), 89-99.

홍진우(2012), 〈Beyond smart TV〉, Beyond smart TV 워크숍 발표자료.

황유선(2012), 「소셜미디어란 무엇인가」, 소셜미디어연구포럼, 『소셜미디어의 이해』, 미래인.

황주성 · 박윤정(2010), 〈휴대전화 인터넷과 공간인식의 변화: 풀브라우징 인터넷을 중심으로〉, 《정보와 사회》 17, 1-31.

KT경제경영연구소(2012), 〈스마트 혁명이 가져온 변화: 주요 성과와 과제〉.

Karson, A., Meyers, B., Jacobs, A., Johns, P., & Kane, S. (2009). Working overtime: